国家自然科学基金青年项目"国内市场整合驱动企业技地区技术多样化的视角"（72203107）成果

经济管理学术文库·经济类

区域市场分割对中国经济绿色发展的影响研究

Research on the Impact of Regional Market Segmentation on the Green Development of China's Economy

卞元超／著

经济管理出版社
ECONOMY & MANAGEMENT PUBLISHING HOUSE

图书在版编目（CIP）数据

区域市场分割对中国经济绿色发展的影响研究/卞元超著.—北京：经济管理出版社，2023.11

ISBN 978-7-5096-9488-6

Ⅰ.①区… Ⅱ.①卞… Ⅲ.①区域经济—市场经济—影响—绿色经济—经济发展—研究—中国 Ⅳ.①F124.5

中国国家版本馆 CIP 数据核字（2023）第 229143 号

组稿编辑：杨　雪
责任编辑：杨　雪
助理编辑：王　慧
责任印制：许　艳
责任校对：张晓燕

出版发行：经济管理出版社
　　　　　（北京市海淀区北蜂窝 8 号中雅大厦 A 座 11 层　100038）
网　　址：www.E-mp.com.cn
电　　话：（010）51915602
印　　刷：北京晨旭印刷厂
经　　销：新华书店
开　　本：720mm×1000mm/16
印　　张：14.25
字　　数：272 千字
版　　次：2023 年 12 月第 1 版　2023 年 12 月第 1 次印刷
书　　号：ISBN 978-7-5096-9488-6
定　　价：88.00 元

·版权所有　翻印必究·

凡购本社图书，如有印装错误，由本社发行部负责调换。
联系地址：北京市海淀区北蜂窝 8 号中雅大厦 11 层
电话：（010）68022974　邮编：100038

前　言

当前，中国正处于构建以国内大循环为主体新发展格局的关键时期，更加有效地打破区域市场分割、构建全国统一大市场，对于促进经济社会的绿色转型具有重要意义。环境污染具有空间外溢性和准公共物品的特征，空间外溢性使得环境污染的影响不再局限于单个地区，区域之间环境污染过程呈现出同步性和交叉性，并引发跨界污染；而准公共物品所具有的非排他性和非竞争性使得环境污染物的产权无法清晰界定，导致地方政府在环境污染治理方面容易形成"搭便车"激励。加强地方政府之间在治理环境污染等方面的合作、开展协同治理日益成为社会各界的广泛共识。然而，对于中国这样一个转型经济体来说，地方政府因保护本地区经济增长而采取的地方保护主义行为导致了区域性的市场分割状态，这不仅会加剧本地区的环境污染，其所引发的"片块化"区域经济发展模式还会阻碍地方政府之间围绕环境污染的区域协同治理。因此，在经济高质量发展、"既要金山银山，也要绿水青山"的战略背景下，如何更加有效地打破区域市场分割、构建全国统一大市场，实现经济增长与环境治理"共赢"局面的绿色经济增长也成为一个亟须解决的关键问题。

本书紧密围绕当前中国构建全国统一大市场、加快经济绿色发展的现实背景，深入探究区域市场分割与环境污染之间的内在关系，旨在探究以下五个方面的关键问题：第一，地方政府之间的区域市场分割是否提升了企业污染排放的动机，即区域市场分割是否对环境污染产生了显著的影响？影响机制又是什么？第二，区域市场分割所引发的"片块化"发展模式阻碍了地方政府之间的交流与协作，这是否显著地影响了地区之间围绕环境污染的区域协同治理行为？第三，面对"跨界污染"和污染物空间溢出的情况，区域市场分割对环境污染的影响具有哪些特征？存在什么样的治理难题？第四，"以邻为壑"的区域市场分割所存在的策略均衡在影响环境污染过程中是否存在着"囚徒困境"？第五，在构建全国统一大市场进程中,面对地方政府在经济增长与环境治理方面的双重责任约束,打破这种区域市场分割、构建全国统一大市场能否促进经济增长与环境治理的"共赢"?即全国统一大市场能否促进绿色经济增长?基于上述五个问题,本书的主要结构包括中国区域市场分割与环境污染的理论框架、中国区域市场分割与环境污染的特征事实、区域市场分割对环境污染及其协同治理的影响效应、在全国统一大市场中促进经济绿色转型的路径分析、总结与展望五个部分共 10 个章节,各研究内容之间体现了从发现问题、分析问题到解决问题,从理论分析到实证分析这一层层递进、逐步深入、相互支撑的逻辑关系。

本书研究发现,在中国经济转型时期地方政府之间的市场分割不仅从结构转型机制、技术进步机制和资源配置机制三个方面显著加剧了环境污染,而且还阻碍了地方政府之间围绕环境污染的协同治理。尤其是在存在跨界污染的情况下,区域市场分割对那些溢出性更加明显的污染物排放具有更强的影响效应。区域市场分割还存在着策略性特征,从而引发地方政府环境治理的"囚徒困境"。最后,在构建国内大循环新发展格局进程中,打造全国统一大市场有助于加快经济绿色转型、实现"既要金山银山,也要绿水青山"的绿色经济增长。整体而言,本书的研究不仅进一步拓展了环境污染影响因素的研究内容、深化了环境污染协同治理的研究视角,还丰富了关于绿色经济增长的影响体系。更为重要的是,本书关于区域市场分割的研究也为进一步优化地方政府之间的关系、推动区域市场整合和区域协调发展,构建全国统一大市场,进而促进中国经济高质量发展提供有益启示。

目 录

第一章 绪论 ··· 1

一、研究出发点：中国环境污染的现实困境 ···················· 1

二、核心概念界定 ·· 7

（一）区域市场分割 ·· 7

（二）环境污染 ·· 9

（三）环境协同治理 ··· 10

（四）绿色经济增长 ··· 11

三、本书的研究思路 ·· 13

（一）研究的出发点 ··· 13

（二）研究的内在逻辑 ··· 13

（三）研究的落脚点 ··· 14

第二章 区域市场分割影响环境污染的理论逻辑 ············ 15

一、区域市场分割影响环境污染的理论基础 ···················· 15

（一）公共选择理论 ··· 15

（二）外部性理论 ··· 17

（三）区域市场一体化理论 ··· 18

（四）分权理论：财政分权与环境分权 ······························· 22

二、分权体制下的区域市场分割与地方政府策略选择 ··· 26

（一）财政分权体制与区域市场分割的衍生逻辑 ··············· 26

（二）区域市场分割与地方政府策略选择：经济增长和
环境治理 ·· 27

三、全国统一大市场中经济增长与环境污染的"共赢" ………………… 29
  （一）绿色经济增长：经济增长与环境污染的"共赢" ………… 29
  （二）全国统一大市场建设与绿色经济增长的关系 ……………… 32

第三章 中国区域市场分割的发展历程与形成机制 ……………………… 34

一、中国区域市场分割的演进历程 …………………………………… 34
二、中国区域市场分割的形成机制 …………………………………… 37
  （一）自然因素 ……………………………………………………… 37
  （二）文化因素 ……………………………………………………… 38
  （三）制度因素 ……………………………………………………… 39
  （四）其他因素 ……………………………………………………… 42
三、中国区域市场分割的现状分析与典型特征 ……………………… 43
  （一）中国区域市场分割的测度 …………………………………… 43
  （二）区域市场分割的典型特征分析 ……………………………… 45

第四章 中国环境污染的影响因素、特征事实与治理体制 ……………… 47

一、中国环境污染的影响因素：基于文献分析 ……………………… 47
  （一）经济增长 ……………………………………………………… 48
  （二）对外开放 ……………………………………………………… 49
  （三）产业发展 ……………………………………………………… 51
  （四）财政分权 ……………………………………………………… 53
  （五）地方政府竞争 ………………………………………………… 55
二、中国环境污染的现状与特征事实分析 …………………………… 58
  （一）中国环境污染物的基本构成 ………………………………… 58
  （二）环境污染物的地区分布特征 ………………………………… 60
  （三）环境污染物的时间演变特征 ………………………………… 63
  （四）环境污染综合指数 …………………………………………… 65
三、中国绿色经济发展状况：绿水青山与金山银山 ………………… 67
  （一）Malmquist-Luenberger 指数及其分解 ……………………… 67
  （二）基于 Malmquist-Luenberger 指数的中国绿色全要素
     生产率分析 …………………………………………………… 70
四、中国环境治理体制的演变轨迹与主要特征 ……………………… 72

（一）中国环境规制的演变轨迹 ………………………………… 72
　　（二）中国环境规制的主要类型 ………………………………… 76

第五章　区域市场分割的环境代价：影响机制与实证评估 ……… 80
　一、问题的提出 …………………………………………………………… 80
　二、区域市场分割影响环境污染的内在机制 ………………………… 82
　　（一）结构转型机制 ……………………………………………… 82
　　（二）技术进步机制 ……………………………………………… 83
　　（三）资源配置机制 ……………………………………………… 85
　三、区域市场分割影响环境污染的效果评估 ………………………… 86
　　（一）实证分析策略与数据说明 ………………………………… 86
　　（二）基准回归模型估计结果的分析与讨论 …………………… 89
　　（三）模型的稳健性与内生性检验 ……………………………… 90
　四、区域市场分割影响环境污染的机制检验 ………………………… 95

第六章　区域市场分割与环境协同治理 ……………………………… 98
　一、问题的提出 …………………………………………………………… 98
　二、中国区域环境协同治理的测度 …………………………………… 103
　　（一）测算方法：复杂系统协同度模型 ………………………… 104
　　（二）序参量指标体系构建 ……………………………………… 105
　　（三）结果分析与讨论 …………………………………………… 107
　三、区域市场分割影响环境协同治理的效果评估 …………………… 110
　　（一）实证分析策略与数据说明 ………………………………… 110
　　（二）基准回归模型估计结果的分析与讨论 …………………… 111
　　（三）模型的稳健性与内生性检验 ……………………………… 113
　四、区域市场分割与中国环境协同治理的路径 ……………………… 116
　　（一）环境协同治理的人员投入 ………………………………… 117
　　（二）环境协同治理的资金投入 ………………………………… 119
　　（三）环境协同治理的政策投入 ………………………………… 120
　　（四）环境协同治理的组织投入 ………………………………… 122

第七章　区域市场分割与"跨界污染" ……………………………… 124
　一、问题的提出 …………………………………………………………… 124

二、区域市场分割对"跨界污染"的影响·················· 125
　　（一）中国"跨界污染"的整体特征·················· 125
　　（二）区域市场分割对"跨界污染"的影响效应评估·········· 129
三、区域市场分割与"跨界污染"：污染物空间溢出的异质性······· 134
　　（一）不同污染物空间溢出特征的识别················ 135
　　（二）区域市场分割对不同污染物空间溢出的影响·········· 138
四、区域市场分割对"跨界污染"协同治理的影响············ 141
　　（一）"跨界污染"协同治理的内在逻辑··············· 141
　　（二）区域市场分割对"跨界污染"协同治理的影响········· 142
　　（三）区域市场分割与异质性污染物的协同治理··········· 144

第八章　区域市场分割的策略互动对环境污染的影响·········· 148
一、问题的提出····························· 148
二、区域市场分割的策略互动与"囚徒困境"·············· 151
三、区域市场分割的策略互动对环境污染的影响············· 152
　　（一）区域市场分割策略互动的识别················ 152
　　（二）区域市场分割策略互动对环境污染的影响效果········· 154
四、区域市场分割的策略互动对环境污染协同治理的影响········· 157
　　（一）区域市场分割策略互动影响环境污染协同治理的逻辑······ 157
　　（二）区域市场分割策略互动影响环境污染协同治理的
　　　　　效果分析························· 157

第九章　全国统一大市场对中国绿色经济增长的影响··········· 161
一、问题的提出····························· 161
二、全国统一大市场的典型特征与形成逻辑··············· 163
　　（一）全国统一大市场的主要内涵与典型特征············ 163
　　（二）全国统一大市场的形成逻辑················· 165
三、全国统一大市场对绿色经济增长的影响效果分析··········· 167
　　（一）实证策略与变量选取···················· 167
　　（二）基准回归模型估计结果分析················· 168
　　（三）模型的稳健性与内生性检验················· 170
四、全国统一大市场与绿色经济增长：技术进步还是效率改善······· 171

（一）全国统一大市场建设与绿色技术进步 ………………………… 172
（二）全国统一大市场建设与绿色效率改善 ………………………… 173

第十章　全国统一大市场建设与经济绿色转型的对策 …………………… 176

一、中国构建全国统一大市场的重点环节与逻辑框架 ……………… 176
（一）中国构建全国统一大市场建设的重点环节 …………………… 176
（二）全国统一大市场建设的逻辑框架 ……………………………… 180
二、中国经济绿色转型的路径 …………………………………………… 183
（一）加快产业结构的绿色转型 ……………………………………… 183
（二）促进绿色技术进步 ……………………………………………… 184
（三）强化区域协同治理 ……………………………………………… 185
（四）实现经济增长与环境治理共赢 ………………………………… 186
三、依托全国统一大市场促进经济绿色转型的策略 …………………… 187

参考文献 ……………………………………………………………………… 191

第一章 绪论

一、研究出发点：中国环境污染的现实困境

自工业革命以来，随着工业化的快速推进和技术水平的进步，人类社会开发和利用自然的能力不断增强，这在给人类带来巨大财富的同时，也进一步导致了自然资源的过度开采和生态环境的破坏。对于中国来说，改革开放40多年来，社会主义市场经济体制改革的深入推进推动了经济的持续快速发展，并取得了举世瞩目的"增长奇迹"。然而，经济的高速增长让中国付出了惨痛的代价，生态破坏和环境污染等问题接踵而至。《中国生态环境状况公报（2022）》结果显示，2022年，全国339个地级及以上城市中，126个城市的环境空气质量超标，占比为37.2%。全国地表水监测的3629个国控断面中，劣Ⅴ类水质断面比例为0.7%，主要污染指标为化学需氧量、高锰酸盐指数和总磷；太湖、巢湖、滇池，以及松花江流域和海河流域等出现了轻度污染的情况。

不可否认，日益严重的环境污染有着深刻的内在原因，如自然环境、地理环境、技术条件、能源结构、人口规模等。但是，这些因素依然无法解释中国环境污染问题的内在根源，也不存在普遍性的意义。事实上，从工业革命以来的世界经济发展的历史来看，人为因素仍然是导致环境污染持续恶化的关键所在，人口的高度集聚、化石能源的过度使用、快速的城市化进程都是造成环境污染的重要因素，这些背后更有着纷繁复杂的制度因素。对于中国这样一个转型经济体来说，持续恶化的环境污染问题有其内在的制度成因。恰如蔡昉等（2008）在研究中所指出的，中国目前的环境问题主要是粗放式的经济增长方式的后果，而这种

增长方式又源于分权体制下的地方政府行为。作为中央政府、地方政府以及企业之间所形成的一种契约关系，财政分权体制也成为学者考察环境污染问题的重要突破口（黄寿峰，2017），这对于本书从制度因素的角度考察影响环境污染的关键因素具有非常重要的借鉴和启示意义。

尽管财政分权体制是影响地方政府关系和中国经济转型的核心制度根源。但仅从这一制度本身层面进行考察依然无法更加精准地识别制度因素与环境污染之间的内在关系。特别是对于中国这样一个财政分权和行政集权并行体制下的转型经济体来说，以多元行政单位为主体的扁平式区域行政治理格局使得地方政府之间的关系往往表现为一种竞争激励下的地方保护主义，以及由此形成区域之间的市场分割状态（Poncet，2005；银温泉和才婉茹，2001）。在"囚徒困境"中，地方政府之间的市场分割行为从表面上来说可能会带来收益，却也为此付出了规模不经济的代价（陆铭和陈钊，2009），即区域市场分割使得大国发展可能享受的"规模红利"并不一定能够实现（陆铭，2017）。就区域市场分割与环境污染的关系而言，在分权体制下，地方政府所保护的对象大多是那些税基大、竞争力较弱的传统制造企业，这些企业往往具有高能耗、高污染的特征，因而地方政府的保护行为和市场分割可能会进一步加剧本地区的环境污染。遗憾的是，以往研究在考察制度因素与环境污染之间关系的过程中忽视了分权体制下区域市场分割对环境污染的影响。

诚然，尽管以往诸多学者研究发现财政分权体制是导致区域市场分割的重要因素（Young，2000；Poncet，2005；范子英和张军，2010）。但财政分权与区域市场分割之间并非等同的关系，分权体制下的地方政府竞争也不能完全揭示环境污染的制度成因。一般来说，区域市场分割与整合是一个渐进的历史过程（范欣等，2017），而且区域市场分割并非分权体制下特有的现象，即财政分权不是导致市场分割的充分条件，在世界范围内还存在一些财政高度分权与市场高度整合并存的案例（林毅夫和刘培林，2004），即在分权体制下，地方政府之间仍然存在着相互合作与地方保护的双重策略选择。从这一层面来说，如果仅从财政分权角度考察其与环境污染的关系势必会掩盖区域市场分割对环境污染的影响效应，这不仅不利于我们更加全面地认识制度因素与环境污染之间的关系，也阻碍了相关政策的科学制定。

此外，环境污染作为一种特殊的现象，其存在着空间外溢性的特征，这使得环境污染问题不再局限于单个地区，区域之间环境污染过程呈现出同步性和交叉性，某一地区的环境污染往往会对周边或其他地区产生影响，导致跨界污染

（Transboundary Pollution）。更为重要的是，环境污染还存在着公共物品的特征，即具有非排他性和非竞争性，这也使得环境污染物的产权无法清晰界定。此时，在环境污染排放和污染治理等问题上，一个地区容易形成对其他地区的"搭便车"激励，即通过排放更多的污染物、投入更多的治理成本来达到本地区利益最大化的目的。面对这种空间外溢性和"搭便车"，传统的治污手段，如庇古税和科斯手段等在实施过程中可能会失效。因此，加强地方政府之间在治理环境污染等方面的合作、开展协同治理日益成为社会各界的广泛共识。但是，区域市场分割形成了区域经济发展的"片块化"模式阻碍了地方政府之间的交流和沟通，这势必也会对地方政府之间围绕环境污染的区域协同治理产生不利影响。遗憾的是，尽管以往研究中已经有学者关注到了环境污染的区域协同治理问题（Frutos and Martín-Herrán, 2017; Chang et al., 2018; 张可等, 2016）。但是，这些研究要么缺乏完善的理论支撑，要么缺乏系统的实证研究，这都不利于更加全面地分析区域市场分割因素对环境污染区域协同治理的影响，也不利于更加深刻地识别影响和制约中国环境污染区域协同治理的内在因素。

当前，中国正致力于构建全国统一的大市场、破除各种类型的地方保护主义和区域市场分割。2022年4月10日，中共中央、国务院发布了《关于加快建设全国统一大市场的意见》（以下简称《意见》），提出建设全国统一大市场是构建新发展格局的基础支撑和内在要求。因此，如何在统一的全国大市场中培育加快经济绿色发展的动能、实现环境效益和经济效益"共赢"的绿色经济增长成为中国构建双循环新发展格局、促进经济高质量发展进程中值得关注的重要议题。本书围绕全面加快社会主义市场经济体制改革、构建全国统一大市场和统筹区域协调发展的现实背景，采用理论分析与实证研究相结合的方法，考察地方政府之间的区域市场分割行为与绿色经济发展之间的内在关系，在对中国区域市场分割的历史演进与全国统一大市场形成机制进行剖析的基础上，探究中国环境问题产生的内在原因和现实状况，进而考察区域市场分割对环境污染的影响机理与作用效果，探讨区域市场分割所引发的"片块化"发展模式对地方政府之间环境污染区域协同治理的影响。在此基础上，本书还进一步关注了当前中国环境污染过程中的"跨境污染"及其治理困境，识别了不同污染物的溢出性特征及其与区域市场分割的关系，考察了地方保护主义和区域市场分割的策略均衡与"囚徒困境"对环境污染的影响。最后，结合当前中国经济高质量发展、"五位一体"总体布局和新时期"五大发展理念"的要求，立足经济增长与环境治理"共赢"局面的绿色经济增长，分析中国破除区域市场分割、加快构建统一的全国大市场对绿色经济增长的影响效应。本书拟主要分析以下五个逻辑一致的关键科学问题：

关键问题之一：地方政府之间的区域市场分割对环境污染的影响效应究竟如何？影响机制是什么？

在财政分权体制下，地方政府基于本地区利益最大化的考虑，加大对本地区财政来源和税收基础的扶持和保护，由此引发了区域市场分割。这些受保护的对象往往是那些传统行业，具有高污染、高能耗的特征。因此，地方政府的这种地方保护主义和区域市场分割行为也可能会导致环境污染问题。那么，区域市场分割对环境污染的影响效应究竟如何？不仅如此，环境污染主要受制于区域产业结构、技术进步水平和资源配置效率三个方面，地方政府之间的区域市场分割是否通过上述三个路径对环境污染产生显著影响？本书拟对此作重点关注，通过测算中国的区域市场分割程度和环境污染指数，采用面板数据计量经济学模型实证考察区域市场分割对环境污染的影响效应以及相应的异质性特征，并从结构转型机制、技术进步机制和资源配置机制三个方面进一步考察区域市场分割影响环境污染的内在机制。

关键问题之二：区域市场分割所引发的"片块化"发展模式是否影响了地方政府之间围绕环境污染的协同治理行为？

一般来说，环境污染的空间外溢性特征使得其往往呈现出自然属性和社会属性的双重性质：就自然属性而言，空间外溢性导致环境污染不再局限于单个地区，区域之间环境污染过程呈现同步性和交叉性，从而形成跨界污染；就社会属性而言，这种空间外溢性使得环境污染具有公共物品的特征，产权无法清晰界定，这也使得一个地区容易形成对其他地区环境政策开展"搭便车"激励，从而使得环境污染在整体层面上难以治理。因此，加强地方政府之间在治理环境污染等环境问题方面的合作、开展协同治理日益成为社会各界的广泛共识。但是，恰如前文所述，分权体制下地方政府之间的区域市场分割使得区域经济增长呈现出"片块化"模式，这势必会阻碍地方政府之间的沟通和交流，也可能会对环境污染的区域协同治理产生不利影响。那么，区域市场分割对地方政府围绕环境污染的区域协同治理是否产生了显著影响？

关键问题之三：在存在"跨境污染"和污染物空间溢出的情况下，区域市场分割对环境污染的影响具有哪些特征？存在什么样的治理难题？

中国目前的环境污染问题较为复杂，其不仅体现在污染排放主体和区域治理的复杂性，更在于污染物种类的复杂性。工业化和城镇化发展过程中所产生的环境污染物种类众多，而各种污染物本身的扩散性质，以及影响这些污染物产生的外部因素均可能存在显著差异。而由于不同污染物在扩散性质上的差异，以及它们在"跨界污染"程度上的不同都会使得地方政府对于不同污染物的治理所采取的措施存在着差异。那么，地方政府在实施地方保护主义过程中，其所产生的区域市场分割究竟是否显著地加剧了这种"跨界污染"？尤其是对于废水、废气和固体废弃物等具有不同溢出性的污染物而言，区域市场分割的影响是否存在异质性？地方政府在实施协同治理过程中的决策是否也存在差异？

关键问题之四："以邻为壑"的区域市场分割所存在的策略均衡在影响环境污染过程中是否存在着"囚徒困境"？

地方保护主义和区域市场分割是一种"以邻为壑"的发展策略。地方政府在实施地方保护主义过程中势必存在着策略性互动，即如果其他相关联地区的地方保护主义程度越高，则本地区政府也可能采用相似的应对策略，进而不仅导致区域市场分割呈现出"囚徒困境"的特征，也会对环境污染及其协同治理产生重要影响。那么，地方政府之间开展地方保护主义的策略均衡究竟是如何形成的？其如何导致了区域市场分割的"囚徒困境"？更为重要的是，区域市场分割的策略性特征对环境污染及其协同治理会产生何种影响？其他地区政府的地方保护主义和区域市场分割行为如何作用于本地区的环境污染和协同治理？

关键问题之五：在以国内大循环为主体的新发展格局中，全国统一大市场是否有助于促进经济增长与环境污染的"共赢"？

中国依然是一个发展中国家，仍处于并将长期处于社会主义初级阶段，经济增长仍然是中国社会发展的核心议题。与此同时，近年来，随着中国经济的转型升级，中国经济逐渐由高速增长转为高质量增长，降低环境污染、提升环境质量也一直是高质量发展的题中之义。如何实现"既要金山银山，也要绿水青山""绿水青山就是金山银山"的绿色经济增长对于促进经济高质量发展具有重要意义。当前，中国正致力于构建全国统一的大市场、打破区域市场分割和地方保护主义，这势必会进一步降低市场分割对于环境污染的恶化作用，加快经济的绿色发展。那么，如果将经济增长和环境污染纳入一个统一的分析体系内，构建绿色经济增长的研究框架，全国统一大市场建设与绿色经济增长之间是否存在显著的关联？全国统一大市场中经济增长与环境污染能否实现"共赢"？

本书首先在对以往研究文献、相关基础理论进行归纳和梳理的基础上，围绕区域市场分割与环境污染之间的关系展开演进，从结构转型机制、技术进步机制和资源配置机制三个方面考察了区域市场分割影响环境污染的内在机制。其次考察了区域市场分割所引发的"片块化"发展模式对地方政府围绕环境污染的区域协同治理的影响,识别了"跨境污染"和空间溢出条件下区域市场分割的作用特征,以及地方保护主义和区域市场分割的策略均衡作用。最后本书还将考察全国统一大市场建设对经济增长与环境治理"共赢"局面的绿色经济增长的影响。这可能存在以下三个方面的理论意义:

第一,拓展了影响环境污染的制度因素的研究体系。尽管以往研究中已经有学者从财政分权或地方政府竞争等角度考察了制度因素对环境污染的影响,但是这些研究忽视了分权体制下地方政府之间的区域市场分割与环境污染之间的内在关系。本书从区域市场分割这一角度出发,考察其对环境污染的影响以及相应的影响机制,这能够进一步拓展关于影响环境污染的制度因素的研究体系。

第二,丰富了环境污染治理领域的研究视角。以往的研究虽然关注了环境污染的协同治理,但是这些研究忽视了分权体制下地方政府之间的区域市场分割策略所导致的"片块化"发展模式对环境污染区域协同治理的影响。本书通过构建环境污染区域协同治理的动态博弈模型,并从区域市场分割的视角,考察其对环境污染区域协同治理的影响,这有助于进一步丰富环境污染协同治理领域的研究视角。

第三,深化了绿色经济增长理论的研究内容。在经济高质量发展背景下,实现经济增长和环境污染的"共赢"、实现绿色经济增长也是目前研究关注的另一个重要问题。同样遗憾的是,以往在对绿色经济增长进行研究的过程中忽视了市场分割这一制度因素的影响,更没有从构建全国统一大市场的角度对其中的关系进行剖析。基于此,本书通过构建绿色经济增长的分析框架,考察全国统一大市场建设对绿色经济增长的影响以及传导机制的作用效果,这也在一定程度上深化了关于绿色经济增长的研究内容。

本书首先围绕中国经济转型时期的市场分割问题,在对中国环境污染问题的基本结构、地区分布和时间变化趋势等进行分析的基础上,探讨区域市场分割与环境污染之间的关系;其次通过构建协同治理复合系统协同度模型,测算了环境污染区域协同治理程度,分析中国各地方政府之间围绕环境污染区域协同治理过程中所存在的问题;最后采用 Malmquist-Luenburger 指数测算了绿色全要素生产率,以此衡量中国绿色经济增长,并考察了全国统一大市场建设对绿色经济增长的影响效应。这可能存在以下三个方面的现实意义:

第一,有利于为改善环境污染、提升环境质量提供启示。在中国经济转轨过程中,制度因素是导致日益严重的环境污染问题的重要原因之一。本书从分权体制下地方政府之间市场分割的角度，考察区域市场分割对环境污染的影响及其影响机制。这有利于更加全面地识别影响中国环境污染的制度因素，研究结论为优化相关制度安排，进而改善环境污染、提升环境质量提供了有益启示。

第二，有利于为推动区域市场整合、促进中国区域协调发展和全国统一大市场建设提供启示。分权体制下地方政府为保护本地区经济的发展所采取的地方保护主义行为是导致市场分割的关键。本书通过探讨区域市场分割的形成机制，进而基于中国分省区零售商品销售价格指数测算了中国各地区的市场分割程度，并以此分析中国的区域市场分割情况以及相应的时间和地区分布特征，相关研究结论为提升中国区域市场整合、促进区域协调发展提供启示。

第三，有利于为加快经济高质量发展、构建双循环新发展格局提供启示。随着中国经济的转型升级，中国经济已经从高速增长转向高质量增长，如何实现经济增长和环境质量提升的"共赢"局面也成为促进经济高质量发展的重要方面。本书通过考察经济增长和环境治理"共赢"局面的绿色经济增长，并基于绿色全要素生产率的角度，采用Malmquist-Luenburger指数衡量中国绿色经济增长，进而分析了全国统一大市场与绿色经济增长之间的关系。这有助于进一步识别制约中国绿色经济增长的影响因素，进而为经济高质量发展相关政策的制定提供有益启示。

二、核心概念界定

（一）区域市场分割

一般来说，区域市场分割主要是指区域市场之间的非整合状态，包括"自然状态下的市场分割"和"非自然状态下的市场分割"。前者是指因自然地理环境、文化风俗、交通运输等因素所导致的两个地区之间的生产要素、商品等流动受阻而产生的市场非整合状态；后者主要是指地方政府为了保护本地区的税收基础、就业率，通过行政手段，如设置贸易和技术壁垒等措施对本地区企业或资源进行保护。相对而言，前者一般在长期中无法改变，故在研究中往往被视为外生给定，后者为多数研究关注的重要方面。事实上，从世界经济发展的历史经验来看，在区域经济发展过程中，既没有绝对意义上的、与世隔绝的"自给自足"

经济,也没有完全意义上的"统一市场",区域协调发展下的市场分割和非整合是现实经济中的常态。

目前研究中关于市场分割具体内涵的定义并未形成一致。马克思主义理论认为,"商品资本在自己的两个阶段上必须克服的实际空间长度,或市场远离产地的距离,比较一般的说法是市场的边沿;市场可以代表圆周或弧线的大小,如果把产地算作中心,其半径就不断延长,例如,市场从最近点开始,直至世界市场的最远点结束"[①]。因此,从家庭分工到地域分工的发展均体现了市场范围和商品交换空间的扩大,也反映了市场整合过程的动态变化(范欣等,2017)。这一观点从更加一般意义上对市场由分割状态向整合状态的转变进行了界定,也强调了市场分割是一个自然发展的过程。但该观点也存在一定的不足之处,例如,该观点认为市场是由分割走向整合的顺序化过程,这既无法解释现实中某些区域市场由整合走向分割的反顺序化现象,也无法说明当前中国区域市场分割衍生的内在根源。

尽管自然地理条件、文化风俗等因素是导致区域市场分割的重要因素,但是从制度因素或地方政府行为的角度探讨区域市场分割问题更加具有经济学意义,这也有助于进一步揭示为何那些自然地理条件类似、制度因素差异较大的经济体内部的区域市场分割程度存在显著不同。银温泉和才婉茹(2001)的研究更加强调地方政府的外在干预,认为地方市场分割主要是指在一国范围内,各地方政府为了本地的利益,采用行政管制等手段,限制外地商品、要素流入本地区市场,或本地区商品、要素流向外地的行为。但是,这一定义强调地方政府的行政管制手段,忽视了在统筹区域协调发展的背景下,地方政府在区域市场分割中逐渐开始采取更具隐蔽性的手段,一些相对无形的措施开始出现。

事实上,就中国区域市场分割的主要形式来说,2004年,国务院发展研究中心"中国统一市场建设"课题组的研究结果显示,中国国内商品市场分割主要表现在四个方面:一是地方政府直接对销往外地的商品数量进行控制;二是对外地商品的价格进行限制或对本地区商品进行价格补贴;三是对外来企业原材料投入进行干预;四是对阻止外地商品进入设置无形限制措施。但是,近年来,在深入推进社会主义市场经济体制改革、统筹区域协调发展的背景下,地方政府的保护主义行为逐渐从硬性的限制或禁止商品流动、价格管制等转变为一种"软硬兼施"的措施(银温泉和才婉茹,2001),如相对隐性的价格补贴或技术壁垒、对本地区企业的投资进行补贴、降低环境规制标准、低价出让土地等。

---

① 马克思,恩格斯. 马克思恩格斯全集(第49卷)[M]. 北京:人民出版社,1982:328-329.

尽管在一定条件下中央政府的行为往往也会导致市场处于分割状态（如户籍制度所引发的劳动力市场分割）。但是，由于本书主要考察的是整体的市场分割状态，而未区分具体劳动力等要素市场，且从目前中国区域市场分割的现状来说，其主要是由地方政府所引发的，中央政府依然是推动区域协调发展的核心力量。因此，本书在考察区域市场分割与环境污染之间关系的过程中，侧重于考察地方政府的地方保护主义行为对地区污染减排的影响，故本书对区域市场分割定义为：区域市场分割主要是指在分权体制下，地方政府为了保护本地区的经济利益，采用限制商品流动、价格管制、对本地区企业进行补贴、降低对本地区企业的环境规制强度、低价出让土地等措施，所导致的不同区域市场之间的分隔状态，这使得各类商品、劳动力和资本等生产要素无法在区域之间实现自由流动。

区域市场分割是相对的，在某一地方政府实施地方保护和市场分割策略的情况下，如果其他地方政府未采取类似的策略，这将会导致其利益受损（张宇，2018）。因此，某一地方政府采取市场分割策略会招致其他地方政府的报复行为，从而导致越来越多的地方政府采取地方保护主义行为，并形成一种"占优策略均衡"。在缺乏更高级别或行动一致的外部约束下，没有任何一个地方政府具有打破这种均衡的动力和激励。因此，在某一个地区实施市场分割行为后，会导致其他地区采取同样的措施，进而导致区域市场分割在各地区逐渐铺开。

（二）环境污染

环境污染是指由于人为因素向环境中添加某些有害物质，并超过了环境的自净能力，使得生态环境中有害物质增加、环境质量下降所导致的一种环境现象，这会扰乱生物的生长繁殖和人类的正常生产生活。一般来说，环境污染是各种污染物、各种因素相互作用所形成的结果，具有公害性、潜伏性和长久性等特征。就公害性来说，环境污染不受文化、种族、地区等限制，一旦污染产生，区域内的群体均会受到损害；就潜伏性来说，很多环境污染不会随时爆发，具有长期潜伏的特征，而一旦爆发，后果则非常严重；就长久性来说，很多环境污染的危害会持续很长时间，不易被消除。

环境污染具有多样性，根据人类活动的类型，可以将其划分为工业污染、农业污染、城市污染等；根据环境要素的类型，可以将其划分为大气污染、水污染、土壤污染、噪声污染、辐射污染、热污染等；根据造成环境污染的性质，可以将其划分为化学污染、物理污染、生物污染等；根据环境污染自身的属性，可以将其划分为显性污染和隐性污染。在本书中，基于当前中国环境污染的现状，以及数据的可获得性，我们主要从环境要素的角度，将环境污染划分为废水污染、废气污染和固体废弃物污染三种类型，这也构成了当前中国环境污染物的主要组成部分。

日益严重的环境污染对人们的生产生活和身体健康产生了重要危害，造成生态系统的破坏，特别是在经济全球化背景下，环境污染也逐渐呈现出国际化的趋势。环境污染是经济活动的产物，其也成为影响和制约经济持续快速发展的重要因素。对于人们的身体健康来说，环境污染损害了人体机能的正常运转，导致呼吸道受损、消化系统紊乱、生理机能障碍、神经系统异常、细胞癌变等。

（三）环境协同治理

对于区域协同治理概念的剖析，需要从四个层面引入，第一个层面是"何为治理"；第二个层面是"何为协同"；第三个层面是"何为协同治理"；第四个层面则是"何为区域协同治理"。

就第一个层面来说，对于"治理"一词的解释，1995年，全球治理委员会将其定义为："各种公共的或私人的个人和机构管理其共同事务的诸多方式之和。它是使冲突性或多样化利益得到调和并采取合作行动的持续性过程，既包括有权强制遵守的正式制度和体制，也包括个人和机构同意或认为符合他们利益的非正式制度安排。"[1] 这一解释较为全面，也非常具有权威性，我们在对环境污染的区域协同治理进行界定过程中，也支持这一概念。

就第二个层面来说，所谓协同，《辞海》中的解释为"同心合力，相互配合"[2]；《现代汉语词典》中进一步将协同定义为"各方相互配合或甲方协助乙方做某件事"[3]。由此可见，中文语境下对协同的解释更加倾向于操作性层面，而对于协同的内在含义、特征等缺乏实质界定。而且在中文语境下"协同"与"合作""协调"等词语之间是等义的，这显然是片面的。近年来，越来越多的西方学者开始从组织理论的角度对协同进行界定，其中，Wood 和 Gray（1991）认为"协同是身处问题领域的自主性利益相关者遵循共同的规则、规范和结构，对领域中的相关议题采取行动或做出决定的互动过程"，这一概念强调组织之间

---

[1] Commission on Global Governance. Our global neighborhood: The report of the commission on global governance [M]. Oxford: Oxford University Press, 1995.
[2] 辞海（第六版）[M]. 上海：上海辞书出版社，2009.
[3] 现代汉语词典（第6版）[M]. 北京：商务印书馆，2012.

的关系而非单个组织内部关系。Thomson 等（2009）将协同定义为"是一个涉及共同规范和互利互动的过程，在这个过程中，自主或半自主的行为者通过正式或非正式的协商，共同制定规则和结构以管理相互关系，并解决问题的行动和决策方式"。对于"协同"更加系统的定义来源于 Haken（1983）所提出的协同学理论，他从系统的观点，将自然界和社会视为一个复杂的系统，系统内部还存在许多子系统，即使这些子系统的性质可能完全不同，但是各子系统之间仍然可能通过采取合作和竞争的方式，最终实现从无序到有序状态的演变，这种有序状态即为"协同"。本书在对环境污染区域协同治理进行界定过程中，也支持并采用了基于系统角度的"协同"概念。

就第三个层面来说，对于"协同治理"，田培杰（2014）认为，协同治理主要是指政府、企业、社会组织或者个人等利益相关者，为解决共同的社会问题，以比较正式的方式进行互动和决策，并分别对结果承担相应责任。这一概念强调了协同治理的对象，即社会问题，而协同治理的主体是包括政府在内的利益相关者，协同治理的方式是互动和决策。对于这一概念，需要关注的是，对于社会问题的解决，政府发挥主导作用，但这并不意味着政府是唯一主体，包括企业、公众等在内的利益相关者都是协同治理的主体。当然，由于社会问题往往具有外部性特征，诸如环境污染，这就需要发挥地方政府在治理过程中的主导作用。

就第四个层面来说，本书对"协同治理"的定义和研究主要集中于"区域"维度，即"区域协同治理"，这就需要进一步将"协同治理"的概念拓宽至区域层面。因此，"区域协同治理"主要强调不同地区的利益相关者，为了解决共同的社会问题，形成共同的行动方案和目标，以及所开展的一系列互动行为，这种行动包括正式和非正式的制度安排和行动。这里不同地区的利益相关者也具有多元性，包括政府、企业、社会组织或者个人，其主体依然是政府。事实上，不同区域主体之间的协同治理活动依托于这些主体才能够顺利地开展，即不存在外部的阻碍，特别是区域之间的阻碍等。

（四）绿色经济增长

绿色经济增长的概念源于工业革命以来人类经济社会发展的现实需求，也反映了人类在环境污染和生态破坏等问题下对于经济增长与环境保护之间关系的重新认识和反思。工业革命起源于欧洲，其所产生的环境污染也较早在欧洲社会得到体现，因而欧洲学者也较早对传统工业化和城市化模式所存在的问题提出质疑，由此逐步形成了绿色经济增长的概念和理论框架。对于绿色经济增长概念的论述，《绿色经济的蓝图》、联合国环境规划署、2012年"里约+G20"峰会上联合国通过的《我们希望的未来》等文件中均有所提及，这些文件普遍认为绿色经济增长是"自然环境和人类自身能够承受的、不因人类盲目追求经济增长而导致生态危机和社会分裂，不因自然资源耗竭而导致经济不可持续发展的经济发展模式"。

改革开放40多年来，中国经济发展取得了举世瞩目的成就和增长奇迹，与此同时，以资本消耗和资源投入为主的粗放式发展模式也产生了日益严重的环境问题，环境污染、生态破坏、资源耗竭等问题接踵而至。习近平总书记指出："工业化进程创造了前所未有的物质财富，也产生了难以弥补的生态创伤。"[①] 粗放式的发展模式属于透支型发展，其虽然带来了物质财富的快速增加，但是生态环境问题也逐渐严重，资源环境的承载力日趋降低。习近平总书记指出："推动形成绿色发展方式和生活方式，是发展观的一场深刻革命。"[②] 因此，绿色经济增长是一种对传统经济发展理论和发展模式的革命、创新。

国内学者对于绿色经济增长的理解大多从生态文明建设、人与自然和谐发展、美丽中国建设、人民幸福等角度进行展开（胡鞍钢和周绍杰，2014；刘思华，2015），这些角度紧密结合了中国经济发展的实际。不仅如此，赵建军（2013）、潘家华（2015）基于发展方式的角度对绿色经济增长进行了定义，认为绿色经济增长是对传统发展方式的一种辩证否定，是绿色和发展内在融合所形成的高效、可持续的发展方式。洪银兴（2016）则从生产力的角度对绿色经济增长进行了界定，其认为生产力所涉及的生产关系调整是中国特色社会主义制度范围内的自我完善和自我革命，绿色发展就是树立绿水青山就是金山银山的理念，是保护生产力的有效手段。习近平总书记强调，"绿水青山就是金山银山""既要金山银山，也要绿水青山""绿水青山和金山银山不是对立的，关键在人，关键在思路"。在本书中我们倾向于采用洪银兴（2016）的观点，将绿色经济增长界定为一种经济增长和生态环境"共赢"的发展模式，是一种环境保护和经济

---

① 中共中央文献研究室. 习近平关于社会主义生态文明建设论述摘编［M］. 北京：中央文献出版社, 2017.

② 推动形成绿色发展方式和生活方式, 为人民群众创造良好生产生活环境［N］. 人民日报, 2017-05-28 (001).

高质量发展深度融合的发展模式,即"深绿色"模式。①

三、本书的研究思路

本书以问题分析为导向,遵循"发现问题—分析问题—解决问题"的内在逻辑。我们将从研究的出发点(为什么要研究这个问题)、研究的内在逻辑(如何研究这个问题)、研究的落脚点(得出什么样的结论)三个层面对本书的研究思路进行阐述。

(一) 研究的出发点

改革开放以来,随着中国社会主义市场经济体制改革的深入推进,特别是在1994年分税制改革之后,地方政府在财政收支方面的不匹配以及权责方面的差异进一步强化了地方政府的经济激励,也使得地方政府不断加强对本地区经济增长的扶持和保护,进而引发了区域市场分割。然而,地方政府所保护的对象可能是那些规模较大、税收贡献较多的传统企业,这些企业具有高污染、高能耗的特征。那么,地方政府的市场分割是否显著加剧了环境污染呢?其内在的传导机制又是什么呢?此外,区域市场分割势必会使得地区经济增长呈现出"片块化"模式,这在阻碍各类商品和生产要素自由流动的同时,也抑制了地方政府之间的交流与协助。那么,区域市场分割对于地方政府围绕环境污染所开展的区域协同治理是否也产生了显著的影响?最后,构建全国统一大市场与经济增长和环境污染"双赢"局面的绿色经济增长之间是否也存在显著的关系?对于这些问题的分析和思考构成了本书的逻辑出发点。

(二) 研究的内在逻辑

分权体制下的地方政府面临着经济增长与环境保护的双重约束。地方政府为本地区经济增长所采取的市场分割行为不仅会导致环境污染,其所引发的区域

---

① 诸大建在《绿色前沿译丛》的总序中指出,"浅绿色"理念更多地关注环境问题本身,包括对环境问题的描述、环境问题的影响等,常常表现出对人类未来的悲观情绪,"就环境论环境",较少讨论工业化以来人类发展方式本身的问题;"深绿色"理念则强调环境问题产生的社会经济原因以及相应的解决途径,推崇一种环境与发展双赢的积极态度,崇尚人类文明的创新和变革。

"片块化"发展模式也阻碍了地方政府之间围绕环境污染的区域协同治理；且这种区域市场分割也可能会对经济增长与环境治理"共赢"局面的绿色经济增长产生影响。基于这一逻辑，本书首先从结构转型机制、技术进步机制和资源配置机制三个方面考察区域市场分割影响环境污染的内在机制，通过构建一个动态博弈模型，分析区域市场分割对环境污染区域协同治理的影响路径，进而从绿色经济增长的视角，考察了全国统一大市场建设对经济增长与环境治理"共赢"局面的影响。其次通过测算中国各省区的市场分割和环境污染程度，采用面板数据计量经济学模型，实证分析了区域市场分割对环境污染、环境污染区域协同治理的影响效果，以及全国统一大市场建设对绿色经济增长的影响效应，进一步考察了相关的异质性结果，这是本书研究的内在逻辑。

（三）研究的落脚点

研究环境污染问题的落脚点在于寻求更加科学的治理和优化措施。本书致力于从制度因素的角度更加全面地剖析中国环境污染问题的内在成因，以寻求分权体制下经济增长与环境治理"共赢"的局面。研究结论进一步验证了区域市场分割是导致环境污染的重要因素，其还抑制了地方政府围绕环境污染所开展的协同治理行为，并对绿色经济增长产生了不利影响。基于上述研究结论，本书紧密结合当前中国区域协调发展的重要现实，提出了一系列切实可行的对策建议和优化措施。本书研究的目的不仅在于从学理上进一步完善影响环境污染的制度因素、环境污染区域协同治理、绿色经济增长等领域的研究视角和研究体系，还在于为优化中国地方政府之间的关系、促进区域协调发展和统一大市场建设、提升环境质量，进而推进供给侧结构性改革和经济社会高质量发展提供有益的启示。

第二章 区域市场分割影响环境污染的理论逻辑

本书理论基础主要包括制度经济学和区域经济学等。本部分内容结合区域市场分割与环境污染的内在特征，从公共选择理论、外部性理论、区域市场一体化理论与分权理论等方面对前期的基础理论进行阐述。通过对分权体制下区域市场分割的衍生逻辑以及地方政府所面临的"增长—污染"抉择进行分析，以此构建本书研究的理论分析框架；在此基础上，通过将经济增长和环境污染的"共赢"纳入绿色经济增长的分析框架，考察构建全国统一大市场与绿色经济增长之间的理论关系，以此为全书研究奠定理论基础。

一、区域市场分割影响环境污染的理论基础

（一）公共选择理论

1938 年，伯格森（Bergson）发表的《福利经济学可能前景的重述》一文被认为是公共选择理论的萌芽和雏形。1948 年，英国经济学家邓肯·布莱克（Dencan Black）发表了《论集体决策原理》一文，为公共选择理论奠定了理论基础。1951 年，肯尼斯·约瑟夫·阿罗（Kenneth Joseph Arrow）的《社会选择与个人价值》则将公共选择理论推向了公众的视野。这一理论正式形成于 20 世纪 60 年代，代表人物是美国经济学家布坎南和英国经济学家塔洛克，两人合作发表的《同意的计算：立宪民主的逻辑基础》一书正式标志着公共选择理论的形成。在此之后，布坎南发表了《成本与选择》《自由的限度》《公共选择理

论：经济学在政治方面的应用》等著作，对公共选择理论发展起到了进一步的推进作用。这一理论将政治市场中的"经济人"区分为选民、政治家和官僚三种类型，即"将政府视为与市场环境中的企业类似的性质，即作为一个公共物品的生产和提供者，由此来解释其在非市场环境中的行为方式和后果。"[①]

因此，公共选择理论的核心观点在于：一是人类社会是由政治市场和经济市场共同构成的。消费者和厂商是经济活动的主体，其活动是基于货币选票的私人利益的生产和交换，最终目标是实现私人利益的最大化，这都属于经济活动的决策；而在政治市场，其活动主体包含选民、社团、政府官员等，他们所生产和交换的产品是公共产品或公共利益，方式是通过政治选票来选择偏好的政策，最终目标是实现公共物品利益的最大化。二是个体在经济市场和政治市场上的行为方式具有类似性。因此，公共选择理论尝试用经济学中的"理性人"或"经济人"假设作为逻辑出发点，去分析政治市场中的集体选择行为。公共选择理论的主要结论在于，政府是由官员个人组成的，这就会出现个人的自私动机和自利行为，其在执行政府意志时也可能会追求自身利益的最大化。

唐斯（Downs）在《民主的经济理论》一书中提出，政治家和企业家在本质上是相似的，理性的政治家倾向于制定他们认为能够获得选民喜好的政策，因为选民的选票是帮助政治家获得晋升的重要保证，这与企业家期望获得消费者的认同是一致的。为了赢得选票，政治家会积极参与政治活动，并向那些具有较大影响力、较多选票的利益集团妥协，而这些利益集团希望通过政治游说、政治寻租等方式来拉拢政治家，以期望政治家制定有利于该利益集团的法律或政策。尼斯坎南（Niskanen）在《官僚制和代议制政府》一文中构建了官员预算最大化模型和官员效用最大化模型，政府官员的效用最大化逻辑与经济学中的个人效用最大化具有一致性。影响政府官员效用最大化的因素包括官员的工资所得、所在机构或部门的规模、官员的社会评价、额外收入、社会地位、权力等，因而追求效用最大化的政府官员也一定会追求预算拨款的最大化。

在集权制国家中，地方政府具有三种属性：中央政府的派出机构或附属机构、地方政府的管理机构、由众多成员组成的社会组织。因此，地方政府的利益动机也存在三种类型，即获取政绩、满足和实现地方民众的利益需要、实现自身利益的最大化。对于中国的地方政府来说，其如何才能够实现上述的三个目标呢？事实上，恰如前文分权理论中对于财政分权的阐述，在目前的财政体制和行政体制下，地区经济增长的速度和规模是中央政府考核地方政府的核心指标，这

---

① 刘海藩. 现代领导百科全书·经济与管理卷［M］. 北京：中共中央党校出版社，2008.

也有助于地方政府上述三个目标的实现：第一，地区经济增长的速度越快、规模越大，中央政府所能获得的税收和财政也就越多；第二，本地区经济增长与地方企业的利润、居民就业和收入等存在直接关联；第三，本地区经济的快速增长有利于为地方政府提供更多的财政收入，提高政府工作人员的福利和社会评价。但是，还需要指出的是，促进地区经济增长的途径一般包括两种：一是增加投入、扩大经济总体规模；二是提高效益、增加单位产出率。前者属于粗放型增长模式，后者则属于集约型增长模式。然而，在政府官员任期制和集约型增长模式长周期的相互牵制和矛盾下，地方政府往往基于短期利益选择那些"短、平、快"的项目，甚至采用行政手段干预企业经营，对本地区资源进行保护等，这会对地区经济的长期健康发展产生不利影响。

（二）外部性理论

外部性理论是经济学理论体系中的重要组成部分，近年来经济学领域的拓展也正是围绕外部性理论展开的。外部性也称为外部效应、外部成本或溢出效应，其包含正外部性和负外部性两种情形，前者和后者分别也被称为外部经济和外部不经济。然而，究竟什么是外部性，外部性的定义是什么等问题依然悬而未决，经济学家们也对此展开了深入的探讨。

外部性理论的提出者——新古典经济学派的代表人物马歇尔（Marshall）在《经济学原理》一书中提出了"外部经济"的概念，即由市场容量大小、运输便利程度等企业外部的各种因素所造成的生产费用的减少。Samuelson（1954）等研究认为，外部性是指特定的生产和消费对其他主体强征了不可补偿的成本或给予了无须补偿的收益。Randall（1972）则认为，外部性是一种低效率现象，当某种活动的收益或成本不在决策者的考虑范围内，这种收益或成本被强行加给了其他人。从上述的这些定义中可以发现，学者们对于外部性的定义主要存在两个方面的问题，即外部性的产生主体和外部性的接受主体，而前者被接受和认可的程度相对较高。因此，外部性主要体现了某个经济主体的活动对其他主体产生了额外的影响，而这种影响无须或无法通过市场机制进行买卖或补偿，其存在两个特征：第一，经济主体的活动会对其他主体产生影响；第二，这种影响具有非市场化的特征，即无法通过市场机制进行反映，市场机制无法产生有效的传递信号作用，产生资源配置的无效率现象。当然，这种非市场化的影响包含正外部性和负外部性两个方面。前者也称外部经济，指该经济活动对其他主体产生有利影响，在给其他主体带来收益的同时，没有向对方收取报酬；后者也称外部不经济,指该经济活动对其他主体产生不利影响,在给其他主体带来损害的同时,没有向该主体支付报酬或进行补偿。

就外部性理论的发展来说,马歇尔从外部经济的角度对影响企业成本变化的因素进行了分析,并提出了外部经济和内部经济两个概念。其中,外部经济是指外部整个产业的发展能够带来企业内部生产成本的降低,如产业发展所带来的运输体系的变化、产业技术水平的提升、供应链的完善等;而内部经济是指企业内部因素变化所导致企业的生产经营成本降低,这种内部因素包括生产规模扩大所带来的边际成本降低、企业技术水平提升和经营管理水平的提升等。马歇尔的外部经济概念为后期外部性理论的发展奠定了坚实的基础。庇古从福利经济学和边际概念(边际社会成本、边际私人成本、边际社会纯收益和边际私人纯收益等)的角度对外部性问题进行了研究。他在马歇尔"外部经济"的基础上提出了"外部不经济"概念,将外部性问题的研究从外部因素对企业的影响发展到了企业或个体对其他企业或个体产生的影响。庇古认为,正外部性(或"外部经济")是指如果经济主体的行为对他人产生了收益,此时边际外部收益是边际社会收益与边际私人收益的差额;而负外部性(或"外部不经济")是指当经济主体没有完全承担其经济行为对他人所产生损害成本时,此时边际外部成本可以表示为边际私人成本减去边际社会成本。从社会福利的角度来说,外部性导致资源配置效率降低,产生"市场失灵",这就需要政府的外部干预来纠正外部性所造成的"市场失灵",实现帕累托最优配置。庇古还认为,对于负外部性,需要政府向源头企业征税,将这些外部成本进行内部化,此即"庇古税";而对于正外部性,政府则需要对源头企业进行奖励或补贴,以此来实现社会所需的最优产量。

新制度经济学理论的奠基人罗纳德·科斯(Ronald loase)在《社会成本问题》一文中对"庇古税"问题进行了再次的拓展和研究。他认为,外部性问题产生的原因在于产权不清晰和交易成本较高,如果产权明晰,且交易成本较低,即使存在外部性问题也无须政府的外部干预,交易双方的讨价还价也能够实现帕累托最优配置。无论初始状态下产权赋予哪一方,如果交易成本为零,双方的交易和谈判能够实现资源的优化配置,而无需征收"庇古税";而如果存在交易成本,政府的干预措施会影响资源配置效率和社会福利。因此,在现实经济中,由于交易成本等因素广泛存在,经济主体之间的谈判和协商无法解决外部性问题,此时政府的外部干预和政策成为消除外部性的重要手段。

(三)区域市场一体化理论

在经济学研究中,区域市场一体化就是指某一地理区域内或区域之间为了实现彼此在货物、服务和生产要素等的自由流动,而取消关税和非关税贸易壁垒,并建立起超越行政空间单元的组织结构的过程。目前研究中关于国际范围内区域市场一体化理论研究主要集中于关税同盟理论,而对于国内层面的区域市场一体化理论尚未成熟,新经济地理学在该领域有一定论述。我们也主要从这两个维度对该领域的理论进行阐述。

1. 国际层面的区域市场一体化:关税同盟理论

关税同盟理论最早是由 Viner(1950)和 Lipsey(1960)分别在《关税同盟问题》(*The Customs Union Issue*)和《关税同盟理论综述》(*The Theory of Customs Unions: A General Survey*)等文章中提出的。他们认为,关税同盟是关税缔约国之间对内相互免征或少征关税,对外则采取统一的关税标准。因此,关税同盟是缔约国之间共同实行的内外有别的差异化政策。学者们也从关税同盟的角度分析了区域经济一体化的影响因素,但是这一角度的研究主要体现了新古典经济学的研究范式,即假设市场完全竞争、规模报酬不变。关税同盟理论强调了国家层面的区域贸易壁垒对于资源配置和社会福利的影响,引发贸易创造和贸易转移、贸易扩张、成本递减和贸易抑制等效应。

第一,就贸易创造和贸易转移效应来说,Viner(1950)最早对这两者进行了系统性论述,认为贸易创造是指在关税同盟内部实行自由贸易后,生产成本较高的国内产品会被同盟内部生产成本较低的产品所替代,那些原来由本国生产的产品变成从外部进口,"创造"了新的贸易。而原本生产成本较高的国内企业则转向生产其他成本较低的产品。贸易转移是指由于关税同盟内部实行对外一致的关税税率,这使得从第三方的进口减少,并转变为从同盟内部其他国家进行进口,这产生了贸易转移。当然,原来从第三方进口成本较低的产品现在转为从成员国进口,其成本可能更高。事实上,Viner(1950)所提出的关税同盟理念强调了关税的高低会影响从同盟中所得到的收益和损失。在关税同盟确立之前,对未来成员的高关税可能会增加贸易创造,而在关税同盟确立之后,这些未来成员从贸易中获得的收益也会增加。不仅如此,Viner(1950)还考察了同盟内部成员国之间的生产结构差异对关税同盟福利的影响,其强调成员国生产结构越相似,关税同盟福利增加效应也越大。当然,这种福利还取决于运输成本,在其他条件不变的情况下,运输成本越低,区域市场整合的收益越大。

第二,Viner(1950)的研究假定同盟内部各成员国消费者未来需求是稳定的,但是由于关税同盟确定后产品价格下降会影响消费者的剩余,这势必会影响未来需求,也会导致贸易创造和贸易转移发生变化。Lipsey(1957)等认为,贸易转移可能会使得同盟内部成员受益，因而价格的下降带来消费者剩余的增加，从而弥补了贸易转移所带来的不利影响。Meade（1955）提出了贸易扩张效应，认为同盟内部高效率成员的产品具有成本优势和价格优势，能够占领同盟内部市场，从而带来贸易量的增加，产生贸易扩张；而对于那些效率较低的成员国，国内市场价格的降低有助于刺激国内需求，这也能够引发贸易扩张效应。恰如一个特定商品在不同供给来源之间的替代关系（生产效应）、在商品间的替代关系（消费效应）中，贸易创造在增加福利的同时，也可能会降低贸易转移的福利。Lipsey（1957）认为，关税同盟的福利效应还取决于同盟建立之前成员国内部生产商品和从非成员国进口商品的相对重要性。例如，在其他情况不变的条件下，如果成员国内部生产商品的市场份额较大，而从非成员国进口商品的市场份额较小，那么关税同盟建立后福利增加的可能性也越大。

第三，由于上述的关于关税同盟的贸易创造效应、贸易转移效应和贸易扩张效应等都是从静态角度研究的，而未涉及关税同盟的动态效应。就关税同盟的动态效应来说，其主要是指由于关税同盟成立以后，成员国之间也开始了日趋激烈的竞争，这会加快这些国家之间的分工和经济结构的优化，促进资源合理配置。这种动态效应所引发的优势包含三个层面：规模经济效应、竞争效应和投资效应。规模经济效应是关税同盟形成后产品市场范围从国内市场拓展到国际市场，扩大了生产规模，降低了生产成本。竞争效应是指关税同盟的形成使得成员国内部之间更加开放，市场竞争也更加激烈，这将激励成员国内部企业增加技术创新投入，提高生产效率和竞争力。投资效应则是指关税缔约国内外差异化的关税政策促使同盟国内部成员之间开展相互投资，也使得非缔约国为消除关税壁垒选择在同盟国内部进行生产，从而避免贸易转移所带来的损失。当然，需要指出的是，关税同盟的动态效应也具有消极影响，如可能出现新的垄断、拉大成员国内部之间的经济差距等。

第四，随着经济学研究分析方法的改进，20世纪70年代至80年代初，Krugman（1991）等经济学家突破了新古典经济学完全竞争的分析框架，将产业组织理论和市场结构理论引入国际贸易理论，强调了规模经济、不完全竞争市场、产品异质性和偏好多样性等在贸易理论中的作用，这些理论更加科学地解释了要素禀赋相似的国家之间开展贸易以及产业内贸易的存在性，也标志着新贸易理论的诞生。新贸易理论关注国际层面的市场整合中成员和非成员之间的贸易互动和福利损益，这就是区域市场整合的外部性问题。这种外部性是指区域市场整合对不属于这种整合的其他类型的国际贸易的影响，并导致了"多边主义"和

"区域主义"的争论,其核心在于区域市场一体化对多边全球贸易和贸易自由化是否产生影响。Krugman(1991)的研究假定存在 N 个无差异的经济体,分属于 B 个贸易组织(即 $B<N$,如果 $B=N$ 说明每个经济体都是一个贸易组织,区域市场整合就不会发生)。假设每个经济体专业化生产某种不完全替代的商品,且所有经济体的需求偏好相同,其需求函数为:

$$U = \left[\sum_{i=1}^{N} c_i^{\theta}\right]^{1/\theta}, 0 < \theta < 1 \qquad (2-1)$$

其中,c_i 表示第 i 种产品的消费量,其替代弹性为 $\sigma=1/(1-\theta)$。因此,式(2-1)可以转化为:

$$U = \{B/[(1+t)^{\sigma}+B-1]\}[1-B^{-1}(1+t)^{\sigma\theta}]^{1/\theta} \qquad (2-2)$$

由于关税是 B 的函数,故式(2-2)可得出最佳关税 T^*,如式(2-3)所示:

$$T^* = 1/[(1-S)(\sigma-1)] \qquad (2-3)$$

其中,S 表示组织的出口份额,$S=1/[(1+t)^{\sigma}+B-1]$。因此,关税水平与 B 之间呈现出负相关关系。因此,市场整合对于社会福利的影响包含两种情形:在市场整合初期,区域市场一体化内部主体之间的自由贸易减弱了世界整体的贸易依存度,贸易转移效应更加明显,伴随着 B 数量的下降,世界福利也进一步减少;在区域市场整合程度越过某一临界点后,世界福利将趋于增加。

2. 国家层面的区域市场一体化:新经济地理学

与传统的经济增长理论不同,新经济地理学理论通过引入规模报酬递增、不完全竞争等概念,分析了经济活动的空间集聚及其自我强化过程。该理论认为,即使两个地区初始条件非常相似,一些偶然性因素的发生会打破这种均衡,导致经济活动在某一地区产生集聚。在收益递增的情况下,运输成本无法形成市场分割,产业就会出现集聚。不仅如此,新经济地理学理论还强调运输成本的作用,即任何产品在销售过程中均存在运输成本,其不仅包括有形的运输成本,还包括诸如地方保护和贸易壁垒等隐形的运输成本。

在上述假设的基础上,新经济地理学认为,厂商总是选择最接近于大市场空间的某一点进行生产。如果大多数厂商均采用这一决策时,"空间外部性"或"产业集聚"便会产生。在运输成本的作用下,一个具有初始优势的地区通过循环累积机制将这一优势进行扩大,从而形成一种"中心—外围"格局,引发极化效应和地区经济差距的扩大。伴随着市场整合程度的提高,这种极化效应会逐步缩小,扩散效应就会开始显现,且在这一时期,一些非贸易品的价格上升,环境污染、空间拥挤等问题开始出现。此时,那些技术含量低、劳动密集型产业会向外围地区进行转移，原来的中心可能进一步转变为技术创新、金融或贸易中心。上述的这一过程即形成了产业的梯度转移，产生区域分工，该过程如图2-1所示。

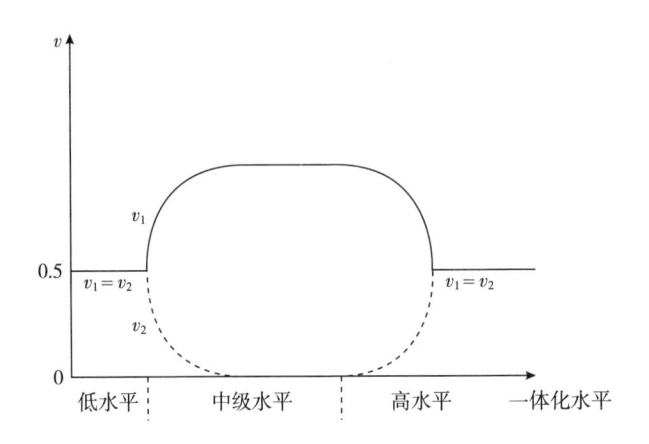

图 2-1 经济一体化对产业集聚的影响

资料来源：笔者参考范剑勇（2004）的研究绘制。

由图2-1可知，在一个封闭型经济体中，假设存在两个初始资源禀赋完全相同的地区1和地区2，其存在三种形式的整合状态：第一，当地区一体化水平很低，两个地区在产品生产和消费上自给自足，无贸易活动，此时两个地区产业集中率相等，即 $v_1 = v_2$。第二，当地区一体化水平处于中等水平，偶然的外部因素使得地区1形成初步优势，并通过循环累积机制得到扩大和巩固，形成"外围—中心"格局，此时地区1成为中心，地区2成为外围，且地区1的产业集中率上升。第三，当地区一体化水平处于较高阶段，原本的中心产业会出现外迁，产生产业转移，此时地区1的产业集中率下降。

（四）分权理论：财政分权与环境分权

地方保护主义和市场分割等行为的形成机制多种多样，但财政分权体制下的地方政府竞争依然是导致其产生的核心因素。所谓分权，是指中央政府将行政管理、税收征管、资源分配等权力和责任转移给中央政府的各专属部门、下属部门或地方政府、半自治的公共机构或团体、非政府组织等（Rondinelli, 1999; Bardhan, 2002），包含财政分权、政治分权、行政分权、经济分权和环境分权等多种形式。

1. 财政分权理论

财政分权不但是发达的联邦制国家的常态，在发展中国家也日益成为一种重要的行政治理模式。财政分权理论主要探讨了多级政府体系下政府间财政关系以及由此所衍生的治理问题，且该理论目前主要经历了两代发展。

就第一代财政分权理论来说，其主要讨论的是公共品供给问题。由于公共产品具有非排他性和非竞争性，单纯的市场机制在配置和供给公共产品过程中可能会存在失灵，导致社会实际的公共产品供给量低于社会最优规模。此时，就需要发挥政府在供给公共产品过程中的作用。但是，在多层级的政府体系中，公共产品的供给是需要中央政府还是地方政府来承担呢？Tiebout（1956）较早对这一问题进行了阐述，他认为，如果辖区内的居民能够自由流动和迁移，他们就会通过行使该权利来选择那些能够为其提供最佳需求的地区，并向这些地区进行迁移，因而各地方政府也面临着自由流动居民的"退出"威胁，产生"用脚投票"。这种"用脚投票"机制也将进一步引发地方政府为争夺优质居民而展开的竞争。Musgrave（1959）基于不同层级政府的经济职能，认为中央政府和地方政府在资源配置效率、居民收入分配和宏观经济稳定等方面需要采取不同的分工组合，以此实现公平和效率的兼顾。这一观点也被认为是财政分权理论的雏形。后期的研究中，Oates（1972）提出了"分权定理"，并围绕中央政府和地方政府在公共物品供给方面的分工问题展开了一系列深入探讨。他认为，相对于中央政府来说，地方政府在信息收集方面存在信息优势，能够更加了解本地区居民的偏好，因而地方政府在提供公共物品方面也更加有效；但是，对于那些规模效应或外溢性较强的公共物品来说，中央政府的供给效率更高（Oates，2002）。从这一层面来说，中央政府和地方政府在进行分权供给公共产品过程中存在着一个最优的分权水平。事实上，第一代分权理论假设政府组织的效用目标是最大化社会福利，为本地区居民的福利着想；但是在现实中，地方政府并非完全理性，其往往也会考虑到政府官员自身的效用函数和其他社会性目标等。

基于第一代财政分权理论的不足之处，第二代财政分权理论重点放松了"仁慈政府"的假设，关注了财政激励和契约理论下财政分权改革的内在动机与影响效应。Qian和Xu（1993）基于企业组织理论分析了中国和俄罗斯政府治理体系的差异，研究发现，中国的政府治理模式类似于一种"块块"的M型结构，政府的计划管理和经济安排主要是按照地域原则进行组织；而俄罗斯的政府治理模式类似于一种"条条"的U型组织，计划管理和经济安排主要是依据功能和专业分工进行组织的。就 M 型组织来说，由于地区内部的产业联系相对紧密，且地区之间相对独立，因而相关的改革可以采用试点模式，先选定某一地区进行试点，然后在全国范围内进行推广，这样的风险相对较小。不仅如此，M 型结构具有更强的灵活性，也有助于地区之间开展标尺竞争，从而对地方政府官员产生激励作用（Maskin et al.，2000）。就 U 型组织来说，功能和专业分工所确定的经济活动安排会因国家内部各产业之间的高度关联而产生改革风险，任何一个细小的改革失误都会引发"牵一发而动全身"的效果。在 M 型组织理论的基础上，一些学者提出了"市场维护型财政联邦主义"理论。Qian 和 Weingast（1997）、Qian 和 Roland（1998）等认为，地方政府具有自利偏好，只有提供一个有效的治理结构来对地方政府行为进行约束，才能实现地方政府官员和地区居民福利的激励相容。在财政分权体制下，地方政府之间的竞争所引发的要素流动会对政府的掠夺行为产生约束，进而对地方政府行为产生威胁。在此基础上，地方政府为了保护本地区的税收基础，其往往会采用一些保护主义行为来扶持本地区企业的发展。但是，这种保护主义行为也不是无限制的，过度扶持落后企业不仅不利于长期税基的培育，还可能会硬化地方政府的预算约束。

因此，相对于第一代财政分权理论来说，第二代财政分权理论更加强调了地方政府竞争的重要性。一个国家的政府是由多层级的政府体系所组成的，而在一定的利益驱动和政府官员偏好下，这些不同层级的政府之间就可能存在竞争行为。这种地方政府竞争不仅存在于发展中国家，在很多发达国家也存在。政府竞争可以按照政府层级的关系划分为纵向竞争和横向竞争，前者主要是指上级政府和下级政府之间开展的竞争行为，也称为"父子竞争"，后者则主要是指同级政府之间的竞争，这种竞争行为往往会通过选民的选举演变为一种标尺竞争（Yardstick Competition），也称"兄弟竞争"。事实上，Tiebout（1956）在对"用脚投票"机制进行阐述的时候就提及了地方政府竞争因素，即如果辖区内的居民可以自由流动，地方政府竞争就能够实现公共品供给的最优水平。

2. 环境分权理论

作为一种典型的公共物品，环境质量的提升是地方政府责无旁贷的工作内容之一，因此从地方政府的视角研究环境公共物品供给成为近年来学术界讨论环境问题的一个重要领域。恰如本书在绪论部分所述，环境污染具有较强的空间外溢性和区域异质性，因而环境质量具有公共品的特征。因此，对于一个国家内部不同层级的政府来说，究竟是由地方政府还是由中央政府来提供良好的环境质量、承担环境治理责任正是环境联邦主义理论所关注的重要问题。从理论上讲，环境公共物品究竟应该由中央政府还是由地方政府供给，主要取决于环境公共物品的外溢效应和区域间的异质性。那么，一个国家的环境公共品供给应该实行集权治理模式，即由中央政府统一提供，还是采用分权治理模式，即由各级地方政府结合辖区的实际情况进行提供？环境联邦主义理论就是关于不同政府层级间如何更加合理地分配环境治理职能的理论（Oates，2002）。事实上，Oates（1972）最先通过分析环境分权的成本与收益，提出了最优分权原则，即地方政府供给公共物品所带来的边际收益等于地方政府供给公共物品产生的外部性的边际成本。对于环境公共品供给模式的观点主要包含两个层面：集权模式和分权模式。

环境集权主义理论。该理论主要认为，环境公共品的提供主要由中央政府来承担，以 Stewart（1977）等学者为主要代表。这一观点认为，由中央政府统一供给环境公共物品的好处在于以下三个方面：第一，能够避免公地悲剧问题，防止地方政府进行环境治理产生的外溢效应所造成地方政府免费"搭便车"，最终使得环境公共物品供给不足；第二，由中央政府统一提供环境公共品有助于获取全国性的规模经济收益；第三，对于污染利益集团来说，地方政府更容易被污染利益集团捕获，而环保主义者在全国层面上也容易对政府施加有效的政治影响，因此环境集权可以克服环保主义者和污染利益集团之间在政治影响方面的不对等所形成的污染"寻租"。

环境分权主义理论。该理论主要认为，环境公共品的供给应该由地方政府来承担。由于不同区域对环境质量的要求存在差异，而地理位置、技术状况等因素对于环境治理的成本的影响也存在区域异质性，如果由中央政府统一提供环境公共物品，可能会忽视区域之间的这种异质性。因此，从社会福利最大化出发，最优的环境治理应该是考虑了各地区的成本—收益关系，并采取差异化的环境治理（Saveyn and Proost，2004）。Breton 和 Scott（1978）、Inman 和 Rubinfeld（1997）认为，对于环境污染的外部性问题来说，可以通过区域间的协调和合作来进行解决，无须中央政府的集中治理。不仅如此，Ogawa and Wildasin（2009）也认为尽管在不同地区间存在明显的外溢效应条件下，环境分权治理仍然可以产生有效的资源配置。即使在完全没有上级政府协调或"科斯谈判"，以及存在区域间消费者偏好和产品技术差异，政府拥有完全信息并且只关心本地区环境影响等情况下，实现分权治理仍然是有效的。

分权模式和集权模式的选择因条件而异。Oates（2002）认为，不同性质的环境公共物品需要采用不同的治理方式，即如果某种环境公共物品具有地域性时，如机动车尾气、湖泊污染和固体污染物等，此时需要地方政府进行治理，采用分权原则；但是，如果某种环境公共物品的外溢性强，且具有全国性的特征时，如温室气体、大气污染等，此时则需要由中央政府统一提供，即采用集权治理模式。Banzhaf 和 Chupp（2012）分析了环境公共物品供给的不同边际成本的形状对供给主体的影响，发现当环境公共物品供给边际成本的形状为凸形时，由中央政府集权治理能够提供更高的总体福利水平；而如果环境公共物品供给的边际成本形状为凹形时，由地方政府分权提供环境公共物品能够具有更高的总体福利水平。

分权体制下的地方政府为了进一步扩大税收来源和税收基础，其会不断地加大对本地区经济的保护，这就形成了地方保护主义和市场分割的动力来源。然而，这些受保护的企业往往是那些利税高、增收快的传统产业，其同时也具有高污染和高能耗的特征，这使得市场分割成为环境污染的重要影响因素。

二、分权体制下的区域市场分割与地方政府策略选择

（一）财政分权体制与区域市场分割的衍生逻辑

恰如前文所指出的，财政分权是引发地方保护主义和市场分割的重要因素。1994年中国的分税制改革缺乏对中央政府和地方政府之间支出责任的相应调整和完善，导致中央政府不断上移财权、下放事权，从而引发了地方政府在财政收入和支出方面的不匹配现象。从当前中央政府和地方政府一般公共预算收入和支出规模的情况可知，一方面，近年来，中央政府和地方政府在一般公共预算收入规模方面保持基本一致的增长态势；另一方面，1994年后，中央政府和地方政府在一般公共预算支出方面的差异逐渐加大，中央政府的财政支出规模增长缓慢，而地方政府的支出压力明显攀升。这种财政收入和支出的不匹配势必会带来中央政府和地方政府在财权和事权方面的不协调。

这一体制下，地方政府只能通过争取中央政府转移支付、预算外收入和支出结余、提高预算内财政收入等方式获取更多的财政收入以维持其支出责任，但并不是所有地方政府都能获得中央的转移支付，而中央政府对预算外收入的

法制化管理使得地方政府预算外收入规模在逐渐变小。特别是从2011年开始，财政部印发了《财政部关于将按预算外资金管理的收入纳入预算管理的通知》，这意味着预算外收入已经被正式取消。因此，各地方政府可能会采用提高预算内收入的方式来获取财政收入，但分税制改革并没有赋予地方政府确定税率的自主权，所以地方政府提高预算内收入唯一可能的办法就是扩大税基，即支持那些具有较强税收能力的主体的发展。而就相关的考核标准来说，改革开放以来，随着中国社会主要矛盾的转变，中央政府对于下级地方政府的考核也已经逐渐从单纯的政治挂帅转变为经济增长等显性指标，那些经济增长速度更快、经济增长规模更大的地方政府更能得到中央政府的认可，这也使得各级地方政府官员出于自身政治前途的考虑，会积极发展本地区经济，以争取在竞争中胜出。周黎安（2004）等所提出的"晋升锦标赛"理论正是对这一现象进行了较为全面的阐述和分析。

在地方政府扩大税基的过程中，为了避免有税收创造能力的主体从本地区流入其他地区，其往往会加大对这些主体的保护，并采取诸如直接对销往外地的商品数量进行控制、对外地商品的价格进行限制或对本地区商品进行价格补贴、对外来企业原材料投入进行干预、对阻止外地商品进入设置无形限制措施（工商质监部门的歧视）等手段进行地方保护，从而也形成了区域之间的市场分割。

（二）区域市场分割与地方政府策略选择：经济增长和环境治理

恰如前文所述，分权体制下的地方政府为了保护本地区的税收基础和经济增长来源，其往往会采用行政手段对本地区的税收基础进行保护和支持，从而引发市场分割。当然，本书在文献回顾部分对于市场分割的影响效应分析也发现，尽管以往研究中对于这种市场分割与经济增长之间关系的研究结论并未形成完全一致，即虽然地方保护主义和市场分割能够对本地区企业进行保护，从而有助于本地区企业的成长壮大，也保证了本地区企业在本地区的市场需求空间，这在短期内可能会促进区域经济增长（陆铭和陈钊，2009）。但是，这种地方保护主义行为和市场分割也进一步阻碍了外部市场的开拓，导致区域经济增长呈现出"片块化"模式，阻碍了区域经济的规模扩张，抑制了规模经济效应的发挥，从而可能会对区域经济增长产生不利影响。暂且不论市场分割究竟会对经济增长产生何种形式的影响，两者之间的内在关联仍然是存在的。

然而，地方政府所保护的对象往往是那些具有高利税特征的传统制造行业。

统计数据显示，2014年，中国国内增值税收入占全部税收收入的比重达到25.89%，煤炭开采、黑色金属和有色金属开采、电力及热力生产和供应业、造纸和纸制品业、化学原料和化学制品制造业等行业应交增值税总额占国内增值税收入的比重更是超过50%。[①] 重工业部门的发展对地方财政、就业和经济发展贡献巨大，因而也成为地方政府重点支持和保护的对象，各级地方政府愿意通过低价出让工业用地、降低环境执行标准、优先提供信贷支持等隐形保护主义措施和市场分割策略对其进行扶持。但是，还有一个值得关注的问题是，以上这些地方政府所保护的重工业企业往往也具有高污染和高能耗的特征，其所排放的废水污染物、二氧化硫、烟（粉）尘以及固体废弃物等构成了中国环境污染的主要来源。因此，地方政府在对本地区经济进行保护过程中不仅引发了市场分割，也带来了环境污染问题。

近年来，随着中国经济的转型升级，经济增长的降速换挡以及部分地方政府"去产能""去杠杆"，在财政收入空间进一步缩小的同时，支出权责依然较大，地方政府的财政压力不断凸显。在这一过程中，"稳增长"的压力也被进一步释放，如何更好地促进本地区经济增长依然是本地区政府工作的核心内容。尽管中央政府不断强调要统筹区域协调发展，地方政府也在名义上逐步取消了一些对商品和要素流动进行管制的政策壁垒。但是，恰如前文关于市场分割内涵界定中所指出的，在统筹区域协调发展的背景下，地方政府的地方保护主义行为和市场分割策略逐渐从"硬性壁垒""软硬兼施"转向了"隐性壁垒"，这也使得地方保护和市场分割在区域经济发展过程中依然广泛存在。

但是，在市场分割过程中，中国的环境污染问题凸显，已成为影响人民群众身体健康的重要因素之一，阻碍了国民经济的持续健康发展。因此，近年来，中国政府提出要加强生态保护和环境治理、走可持续发展之路、建设生态文明、提升经济发展质量等。在绿色工艺和绿色技术尚未成熟等条件下，环境治理势必会进一步降低经济增长的速度和规模，这与分权体制下地方政府的初衷形成背离。综上所述，在财政分权体制下，地方政府的市场分割行为虽然能够在一定程度上保护本地区经济增长，但也加剧了环境污染，而加大环境治理则可能会进一步降低本地区经济增长势头。因此，分权体制下地方政府的市场分割行为同时影响着经济增长与环境污染。

---

① 原始数据来自2015年《中国财政年鉴》。

三、全国统一大市场中经济增长与环境污染的"共赢"

(一)绿色经济增长:经济增长与环境污染的"共赢"

恰如本书在概念剖析部分所指出的,绿色经济增长本身是一个较为宽泛的概念,其内在包含了经济增长与环境效益的"双赢"局面。因此,目前研究中围绕绿色经济增长的相关基础理论主要包含循环经济理论、低碳经济理论和可持续发展理论,本书也将从这三个方面对绿色增长理论进行阐述和分析。

对于循环经济理论,其最早是由美国经济学家波尔丁在20世纪60年代提出的。波尔丁受到当时美国宇宙飞船发射的启发,认为宇宙飞船是一个与世隔绝、孤立的系统,其主要靠消耗自身的资源得以运行,因而保持宇宙飞船长久存活下去的唯一方法是实现宇宙飞船内部资源的循环利用,减少废物的产生。对于地球的资源系统来说亦是如此,只有实现对地球上资源的循环利用才能使得地球长期存活下去。因此,"宇宙飞船理论"可以被视为循环经济理论的早期基础和代表。从本质上来说,循环经济是一种生态经济,其要求人类社会的经济活动不能以机械论规律为导向,而是要以生态学规律为导向。以机械论规律为导向的传统经济模式是一种遵循"资源—产品—污染"的线性模式,具有高开采、高投入、低利用和高排放等特征,人类通过高强度的资源开采进行生产,然后把生产过程中所产生的污染排放到自然环境中。对于以生态学规律为导向的循环经济,其遵循"资源—产品—再生资源"的反馈式模式,具有低开采、高利用和低排放等特征。在循环经济中,所有的资源都能够得到不断利用,把人类经济活动对自然环境的影响尽可能地降到最低。因此,循环经济理论强调了新的系统观、新的经济观、新的价值观和新的生产观。对于新的系统观,循环经济认为经济活动是一个由人、自然资源和技术等要素组成的系统,人类活动不能置身于系统之外,而是要把自身作为这个系统之内的一个部分;对于新的经济观,要求人类的活动要在生态环境的可承受范围之内,强调先进生产技术、废旧资源再利用技术、清洁生产技术等对经济发展的影响;对于新的价值观,认为人类的经济活动不能仅以经济产出为唯一的导向,而且要考虑人类与自然的和谐相处,以人类社会的全面发展为导向；对于新的生产观，强调从循环的意义上进行经济活动，采用清洁生产，不断提高自然资源的利用效率，在生产的全过程中充分利用自然资源，在每个环节上减少投入和排放，增加资源利用程度。

对于低碳经济理论，其最早是由英国政府提出的。2003年，英国政府发表了《我们能源的未来：创建低碳经济》(Our energy future: creating a low carbon economy)的白皮书，提出英国要在2050年之前将二氧化碳排放量控制在1990年基础上的40%以内。就低碳经济的概念来说，庄贵阳（2007）在研究中指出，低碳经济的实质在于实现高能源利用效率和清洁能源结构，最终的战略意义在于缓解经济增长与环境污染之间的矛盾。Liu和Feng（2011）从环境库兹涅茨曲线的角度将经济发展与碳排放的关系划分为三个依次循环的环境库兹涅茨曲线倒U型关系曲线规律，即碳排放强度倒U型曲线、人均碳排放量倒U型曲线和碳排放总量倒U型曲线，如图2-2所示。

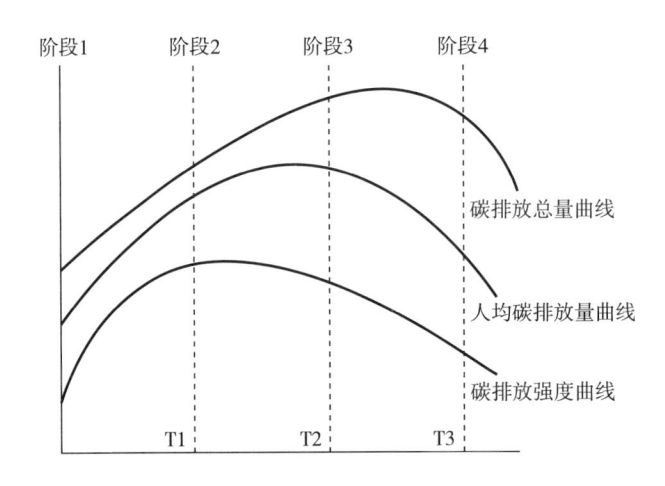

图2-2 碳排放与经济增长的关系：三种曲线

资料来源：作者参考Liu和Feng（2011）的研究结论绘制。

根据图2-2可知，经济增长与碳排放之间的关系可以划分为四个阶段：第一阶段是碳排放强度高峰阶段，该阶段是由能源使用和碳密集型技术进步推动的阶段；第二阶段是碳排放强度高峰到人均碳排放高峰阶段，该阶段是由经济增长驱动的阶段；第三阶段是人均碳排放高峰阶段到碳排放总量高峰阶段，此时是碳减排技术推动的阶段；第四阶段是碳排放总量稳定下降阶段，这主要是因为碳减排技术占据了主导地位，该阶段是实现经济增长与碳排放强脱钩的低碳经济阶段。

在中国，2006年3月发布的《中华人民共和国国民经济和社会发展第十一个五年规划纲要》明确提出，在"十一五"期间建设低投入、高产出、低消耗、少排放、能循环、可持续的国民经济体系和资源节约型、环境友好型社会，这与低碳经济在本质上是一致的。2007年，时任中国国家主席胡锦涛在APEC第十五次领导人非正式会议上明确主张研发并推广低碳能源技术、增加碳汇、促进碳吸收技术发展、发展低碳经济。2009年，国务院常务会议中，中国提出将减排的约束性指标作为政府考核工作的标准，提出到2020年，实现单位国内生产总值二氧化碳排放量比2005年下降40%～45%。中国环境与发展国际合作委员会发布的《中国发展低碳经济途径研究》报告指出，低碳经济是一个新的经济、技术和社会体系，与传统经济体系相比在生产和消费中能够节省能源，减少温室气体排放，同时也能保持经济和社会发展势头。①"十三五"期间，中国提出在2020年实现相比2015年碳强度下降18%，单位GDP能耗下降15%，以深入推进供给侧结构性改革为契机、推动经济发展、绿色低碳转型，要变应对气候变化的挑战为机遇，推动生产方式、生活方式绿色化、低碳化，坚持创新驱动，推动传统制造业优化升级，加快高耗能、高排放行业过剩产能出清，加快节能低碳环保等战略性产业服务业，不断提升企业低碳的竞争力，强化节能优先的战略，全面推进工业、建筑、交通、公共机构等领域的节能、降碳、减排。②

对于可持续发展理论，1987年，世界环境与发展委员会发布了《我们共同的未来》(Our common future)的报告，第一次阐述了"可持续发展"的概念，将其概括为"既满足当代人的需要，又不对后代人满足其需要的能力构成危害的发展模式"。1992年，联合国环境与发展大会在里约热内卢通过了《21世纪议程》《气候变化框架公约》等文件，提出了可持续发展战略，并将该战略推向全球付诸实施。可持续发展理论虽然起源于环境问题，但是其内容仍然超越了环境问题本身，强调环境问题和发展问题的有机结合，以及可持续经济、可持续生态和可持续社会的协调统一，在人类发展过程中关注生态和谐与社会公平。其中，可持续经济不仅强调经济增长的数量，更强调经济增长的质量，不能以环境保护为由而牺牲经济增长，要实现集约型的经济增长；可持续生态强调经济和社会发展需要与生态环境的承载力相协调，实现以可持续的方式利用自然资源，将人类的发展控制在地球的承载力范围之内；可持续社会强调社会公平是环境保护的最

---

① 中国环境与发展国际合作委员会. 中国发展低碳经济途径研究［R］. 北京：中国环境与发展国际合作委员会，2009.
② 节选自《中华人民共和国国民经济和社会发展第十三个五年规划纲要》。

终目标,发展的本质在于改善人类生活质量、提高人类健康水平、创造一个保障人类自由、平等的社会环境。因此,从上述内容可以看出,可持续发展并不否定经济增长,它以自然资源为基础,强调人类活动与环境承载力相协调,其最终目标在于实现提高人类的生活质量和社会进步。

(二) 全国统一大市场建设与绿色经济增长的关系

恰如前文所述,绿色经济增长体现为经济增长和环境治理"共赢"局面。然而,无论是经济增长,还是本书中所关注的环境污染,其均受到分权体制下地方政府的市场分割行为的影响。那么,从这一角度来说,如果将经济增长和环境污染纳入一个统一的分析框架内,打破这种市场分割、构建全国统一大市场势必会产生积极的效果,即全国统一大市场建设有助于促进经济增长和环境治理的共赢,实现绿色经济增长。

一方面,全国统一大市场建设有助于从需求端和供给端两个方面促进区域经济增长。分权体制下地方政府的地方保护主义行为和市场分割策略的初衷主要在于对本地区企业和经济增长进行扶持和保护,即区域市场分割是影响区域经济增长的重要因素。尽管"斯密—杨格定理"指出,市场规模的扩大有利于促进分工,进而实现经济增长,地方保护和市场分割则会限制分工的扩大,从而对经济增长产生不利影响;陆铭和陈钊(2009)的研究则认为,市场分割在一定程度上促进了中国经济的发展。无论市场分割与经济增长之间呈现出何种关系,多数学者的研究观点均认为,地方保护是影响经济增长的重要因素。当然,本书在"文献回顾"部分中已经就市场分割与区域经济增长之间关系的相关文献进行了回顾,且学者也基本认同了市场分割对区域经济增长存在显著的影响效应。因此,打破区域市场分割势必会有助于扩大各类商品与服务的贸易范围,提升企业产品的市场空间,从而在需求端促进区域经济增长。此外,构建统一的全国大市场还有助于消除各类要素、资源在区域之间自由流动与配置的壁垒,促进资源配置效率的提升,从而在供给端促进区域经济增长。

另一方面,全国统一大市场建设还有助于降低环境污染。从现实角度来看,地方政府所保护的对象往往是那些高污染、高能耗的传统产业,尽管这些传统产业具有较大的税收规模基础,但是这些产业的快速发展也导致了环境污染。因此,通过打破这种区域市场分割,构建统一的大市场有助于降低政府对于高污染、高能耗产业的不正当保护,尤其是在市场机制的作用下,这些产业能够在竞争中被逐步淘汰,从而降低区域的环境污染程度。不仅如此,全国统一大市场建设所形成的国内不同区域之间的竞争还有助于激励各地区促进产业结构的转型升级、加快技术研发和技术进步，这也有助于促进本地区的绿色发展。基于上述分析，全国统一大市场建设有助于促进区域经济增长和环境治理的共赢，实现绿色经济增长。

第三章 中国区域市场分割的发展历程与形成机制

在中国经济由计划体制向市场体制转轨过程中,以分税制为代表的财政分权体制改革赋予了地方政府更多的受制度保障的经济利益,也进一步强化了地方政府发展本地区经济的积极性和动力。在以 GDP 竞争锦标赛为主要模式的地方政府竞争过程中,各地方政府逐渐形成了一种"以邻为壑"的地方保护主义倾向,以多种形式的措施对本地区经济进行保护。当这种地方保护主义在各地区形成一种策略均衡时,区域之间的市场将呈现出分割化的态势。

本章拟基于一个经验事实角度对中国区域市场分割的制度背景、历史演进和典型特征进行分析,以期更加直观地识别地方政府之间的市场分割发展趋势。我们将首先对近年来中国市场分割的制度背景和历史演进进行考察,并通过采用价格法测算中国各省区的市场分割程度,进而对其现状进行描述和分析。

一、中国区域市场分割的演进历程

恰如前文所述,分权体制下地方政府财政收入和支出的不匹配以及行政治理的"晋升锦标赛"模式不断强化地方政府对于财政收入的追求与渴望,从而促使地方政府将自身利益与地区利益相结合,以地区利益为核心,采用行政权力和行政垄断加强对本地区生产要素、资源、企业等的保护,阻碍生产要素和商品的自由流动,导致地方保护主义和国内市场呈现分割状态。在深入推进社会主义市场经济体制改革、统筹区域协调发展的背景下,地方政府的保护主义行为逐渐从硬性的限制商品流动、价格管制等转变为相对隐性的价格补贴或技术壁垒，如对本地区企业的投资进行补贴、降低环境规制标准、低价出让土地等。

近年来，随着中国社会主义市场经济体制改革的不断推进，培育更加完善的区域要素市场、产品市场等政策层出不穷，中央政府也提出了加快统筹区域协调发展的口号，实现了资源、要素和商品在区域之间充分流动的状态，国内市场整合趋势进一步凸显，市场分割有所缓和。根据地方保护主义和市场整合两者之间的此消彼长，我们可以将改革开放以来中国区域市场分割划分为四个阶段：

第一阶段（地方保护主义强化阶段），主要从改革开放伊始至20世纪80年代末。这一阶段中国经济增长仍然存在较为严重的资源短缺，且财政体制改革加剧了地方政府的财政压力，各级地方政府为了优先满足本地市场和本地企业发展的需要，采取了诸如限制农副产品、原材料等初级产品流向外地市场，此时区域市场分割状态较为严重。

第二阶段（区域市场整合开始起步），主要从20世纪90年代初至21世纪初。由于快速的工业化进程和政府投资导致了国内经济增长的重复建设和产能过剩，短缺状态转变为相对过剩状态，地方政府对于初级产品市场的封锁逐步减少，而针对一般产品市场的分割和保护现象开始出现，此时的国内市场虽然呈现出一定的整合态势，但是区域之间的市场分割问题依然较为严重。

第三阶段（区域市场整合的快速推进阶段），主要从2002年至2019年。该阶段伴随着社会主义市场经济体制改革的快速推进以及加入世界贸易组织，市场分割问题有所缓解。但是，地方政府在财政压力下依然具有足够的动力开展地方保护，且这种地方保护主要集中于电子信息、医药等高新技术行业，而传统和耐用消费品市场的整合程度相对提升。此时，由于中央政府对于区域协调发展的统筹，地方保护主义的形式逐渐从硬性的限制商品流动、价格管制等转变为相对隐性的价格补贴或技术壁垒，如对本地区企业的投资进行补贴、降低环境规制标准、低价出让土地等。

第四阶段（构建全国统一大市场的阶段），主要从2020年至今。2020年以来，伴随着新冠疫情全球暴发所形成的全球经济发展的不稳定性，以及以美国等西方国家在世界范围内掀起一轮又一轮的贸易保护和贸易制裁，全球范围内的产业链、供应链和创新链趋于脱节。这一背景下，2020年4月，习近平总书记在中央财经委员会第七次会议上明确提出构建新发展格局重要思想，即要构建以国内大循环为主体、国内国际双循环相互促进的新发展格局。2020年10月，党的十九届五中全会通过的《中共中央关于制定国民经济和社会发展第十四个五年规划和二〇三五年远景目标的建议》，对构建新发展格局作出全面部署。党的十九届六中全会审议通过的《中共中央关于党的百年奋斗重大成就和历史经验的决议》，把"加快构建以国内大循环为主体、国内国际双循环相互促进的新发展格局"作为"十个明确"中的重要内容，更加突出了构建新发展格局的政治意义、战略意义和时代意义。值得关注的是，在以国内大循环为主体的新发展格局中，超大规模国内市场优势的发挥建立在国内市场的统一性之上。因此，2022年4月10日，中共中央、国务院发布了《关于加快建设全国统一大市场的意见》（以下简称《意见》），提出建设全国统一大市场是构建新发展格局的基础支撑和内在要求，提出构建一个市场基础制度规则统一，市场设施高标准联通，要素和资源市场、商品和服务市场、市场监管公平统一的大市场，其具体目标是持续推动国内市场高效畅通和规模拓展、加快营造稳定公平透明可预期的营商环境、进一步降低市场交易成本、促进科技创新和产业升级、培育参与国际竞争合作新优势。《意见》中对于全国统一大市场的内容进行了以下界定（见表3-1）。

表3-1 全国统一大市场的主要内容

总体框架	具体事项
强化市场基础制度规则统一	完善统一的产权保护制度 实行统一的市场准入制度 维护统一的公平竞争制度 健全统一的社会信用制度
推进市场设施高标准联通	建设现代流通网络 完善市场信息交互渠道 推动交易平台优化升级
打造统一的要素和资源市场	健全城乡统一的土地和劳动力市场 加快发展统一的资本市场 加快培育统一的技术和数据市场 建设全国统一的能源市场 培育发展全国统一的生态环境市场
推进商品和服务市场高水平统一	健全商品质量体系 完善标准和计量体系 全面提升消费服务质量
推进市场监管公平统一	健全统一市场监管规则 强化统一市场监管执法 全面提升市场监管能力

续表

总体框架	具体事项
进一步规范不当市场竞争和市场干预行为	着力强化反垄断 依法查处不正当竞争行为 破除地方保护和区域壁垒 清理废除妨碍依法平等准入和退出的规定做法 持续清理招标采购领域违反统一市场建设的规定和做法

资料来源：《中共中央 国务院关于加快建设全国统一大市场的意见》。

二、中国区域市场分割的形成机制

区域之间的市场分割状态有其内在的形成机制，而对于中国这样一个转型经济体来说，"激励"地方政府开展地方保护的动机纷繁复杂，从而使得市场分割的形成机制存在多样性。当然，探究市场分割的内在成因是考察这一问题的逻辑起点，也成为学者们研究过程中关注的重要议题。综合来看，对于中国区域市场分割问题形成机制的探讨主要集中于以下四个维度：自然因素、文化因素、制度因素和其他因素。

（一）自然因素

在对市场分割的概念进行剖析过程中，本书已经指出，区域之间的市场分割状态主要包含自然意义上的市场分割和非自然意义上的市场分割（石磊和马士国，2006）。其中，自然意义上的市场分割是指由于自然地理、交通运输、文化习俗等因素所导致的区域市场之间的天然非整合状态。一般来说，这些因素在短期是无法改变的，在长期具有相对稳定的特征。当然，从世界各国区域经济增长的现实情况来说，由于以上因素所导致的市场分割状态非常普遍，特别是对于中国这样一个国土面积幅员辽阔、自然地理条件复杂的国家，自然意义上的市场分割是一个不可忽视的方面。

自然地理因素是影响区域经济发展和地方政府决策的重要因素。一般来说，对于那些地形复杂、山脉和河流众多的地区，其在历史上被分割成不同的相对封闭的区域的可能性也越大（戴亦一等，2016）。而且从区域经济发展的历史脉络来看，中国广大西部地区内部，以及西部地区与其他地区之间市场分割程度较高的一个重要原因就是地理条件的限制。吕越等（2018）的研究也认为诸如海拔等地形因素是影响贸易成本，进而导致区域市场分割的重要因素。

进一步地，自然地理因素对于区域之间商品贸易和要素流动的阻碍作用主要来源于交通运输，恰是因为自然地理条件复杂带来了交通运输成本的提升。交通运输是连接不同区域之间商品贸易和要素流动的重要桥梁和纽带。一般来说，作为贸易成本的重要组成部分，运输成本与空间距离之间呈现出正向的关系（Anderson and Wincoop，2004；Hummels，2007；毛琦梁和王菲，2018），而落后的基础设施建设水平会提高贸易的运输成本，阻碍地区参与市场一体化的进程（Shepherd and Wilson，2007；刘建等，2013）。根据新经济地理学理论的阐述，交通运输的发展能够降低地区间的交易成本，改变产业空间布局的向心力和离心力之间的动态平衡（Fujita et al.，1999）。

国内外的相关经验研究中，Studer（2008）主要考察了印度粮食市场在工业革命之前的变化，发现由于高昂的运输成本等因素的存在，印度粮食市场的一体化程度低于西欧等地区。Stephens等（2008）则主要研究了津巴布韦番茄市场，其研究结论也显示物理贸易成本也是影响津巴布韦番茄市场整合程度的重要因素。中国学者刘生龙和胡鞍钢（2011）的研究结果发现交通基础设施的改善能够进一步促进区域贸易，进而加快区域经济的市场一体化，这在另一个层面验证了交通基础设施对市场分割的影响。颜色和刘丛（2011）采用历史数据，基于1742~1795年中国15省的府级主要粮食品种的月度价格数据，发现由于南方地区的交通运输业较为发达，特别是水路运输，这也使得北方地区市场的整合程度明显低于南方市场。范欣等（2017）基于新经济地理学理论，采用1993~2012年中国省际市场的数据和空间面板杜宾模型的研究发现，基础设施建设能够进一步打破"以邻为壑"的区域市场分割状态，这也再次说明了交通运输因素在引发区域市场分割过程中的重要作用。梁若冰和汤韵（2021）基于企业增值税发票的微观数据，发现高速公路连通能够改善异地贸易，促进了更大区域范围的市场整合。

（二）文化因素

需要指出的是，关于非自然意义市场分割的根源还可能来源于文化因素。经济增长理论的最新进展强调文化是解释经济增长的深层次力量（Aghion and Howitt，2009；Doepke and Zilibotti，2014；徐现祥等，2015）。Hofstede（1980）将文化定义为"文化不是一个个体特征，而是具有相同的教育和生活经验的群体所共有的心理程序"。从这一层面来说，不同文化群体之间的关系应该是一个不可忽视的社会问题，即文化多样性。文化多样性是影响区域之间交流的重要因素，Alesina 和 La Ferrara（2002）的研究结论认为，在文化或种族更加多元化的地区，社会信任度较低，人们之间的沟通成本也较高。Pendakur 和 Pendakur（2002）在对加拿大劳动力市场的研究中发现不同语言种族之间存在着典型的市场分割现象。陈柳等（2009）在对中国长三角地区文化融合和经济一体化之间关系的研究结果表明，文化程度融合程度与区域经济一体化之间具有显著的正向关系，即文化融合程度越高，区域经济一体化趋势也越明显。反之，如果区域文化融合程度较低、文化多样化因素较多，区域市场之间的分割也更强。

近年来，一些学者开始从语言多样性的角度对文化与市场分割的关系进行分析和考察。语言是文化的重要载体，是身份认同的重要维度，它影响着人际交往中的心理距离。就中国来说，中国疆域辽阔，语言种类繁多，2012 年最新版的《中国语言地图集》显示，中国目前有 10 种汉语方言大区、17 种方言区、98 种方言片和 168 种方言小片。这些种类繁多的方言片区正是因为祖先来源的构成不同（周振鹤和游汝杰，2006）。语言不同导致身份认同的障碍，会降低人们之间的信任程度和经济合作（孔江平等，2016），也不利于不同语言区域之间的要素流动，形成资源错配和市场分割（刘毓芸等，2017）。

（三）制度因素

事实上，从制度因素的角度考察中国国内市场分割的衍生逻辑一直是学者们关注的重点之一。在经济转型时期，中国的地方政府对于区域经济增长具有非常重要的影响，甚至是决定性的影响（席鹏辉等，2017）。特别是在当前中国财政分权和行政集权的双重约束下，地方政府在发展本地区经济过程中具有极为强烈的动机和积极性，这也深刻地影响了地方政府的行为。从目前的研究脉络来看，学者们的关注焦点也主要集中于财政分权和行政集权两个方面，也有一些学者从政府的赶超战略这一角度考察了市场分割的形成机制。因此，我们也将从财政分权、行政集权和赶超战略三个角度对影响中国区域市场分割制度因素的相关文献进行梳理和回顾。

第一，财政分权。所谓分权主要是指中央政府将行政管理、税收征管、资源分配等权力和责任转移给中央政府的各专属部门、下属部门或地方政府、半自治的公共机构或团体、非政府组织等（Rondinelli，1999；Bardhan，2002），它内在地包含了财政分权、政治分权、行政分权和经济分权等多种形式。在市场经济条件下，中央和地方政府之间围绕财政收入和支出的分权行为在本质上是一种中央政府、地方政府和企业之间的三层契约关系（吕冰洋和聂辉华，2014），也构成了央地关系和地方政府之间关系的核心组成部分。特别是1994年的分税制改革进一步强化了地方政府对于本地区财政支出的责任，也使得地方政府更加具有动机去发展本地区经济，以此扩大税基。

中央政府和地方政府之间的这种财政分权将给市场分割带来重要影响（刘小勇和李真，2008），它实际上是地方保护主义的一种体现（白重恩等，2004）。较早的一些研究中，沈立人和戴国晨（1994）认为，财政"包干制"有利于激发本地政府发展地方经济的动力，但在"块块管理"模式下亦会造成地方政府加强本地企业保护、地方重复建设等一系列问题；Young（2000）认为，中国的市场经济体制改革伴随着严重的激励扭曲和资源错配，分权创造了一部分既得利益者，而地方政府为了对这些既得利益者和利益本身进行保护会开展更多的资源扭曲行为，降低市场竞争，开展地方保护。Qian和Weingast（1997）指出，中国式分权使得地方政府之间的横向竞争加剧，进而使得资源配置扭曲，地方重复建设严重，造成了国内市场分割程度加重。银温泉和才婉茹（2001）认为，中国地方保护和区域市场分割的根本原因在于1978年以来所实行的行政性分权体制改革，20世纪80年代所开展的财政包干制度使得地方政府获得了增加财政收入的激励，而在这一激励下，地方政府通过设置各种壁垒限制资源的流入和流出。进一步地，赵奇伟和鄂丽丽（2009）提出，行政性分权的缺陷是导致市场分割的直接原因，而地方政府作为经济主体参与社会经济活动的过程还会继续强化地方保护主义和市场分割行为。刘小勇和李真（2008）采用1986~2005年中国省级面板数据检验了财政分权与市场分割的关系，发现财政分权特别是收入分权显著加剧了市场分割程度。邓明（2014）的研究在考虑地方政府采取市场分割行为的策略互动行为后，亦发现财政分权强化了地区间市场分割的策略互动。任志成等（2014）认为，省级地方政府对下进行财政收入分权具有加强地方保护主义行为的内在激励，财政收入分权度越高的地区市场分割越严重。

当然，也有一些学者持相反观点，即中央政府和地方政府之间的财政分权能够促进国内市场整合，降低地方保护和市场分割程度（林文，2011）。范子英和张军（2010）认为，应给予欠发达地区更多的财政转移支付，且转移支付的规模能够使得欠发达地区参与分工的效用水平超过分割的效用水平，此时地方政府会主动采取市场一体化措施，放弃市场分割行为。邓明（2014）的研究结论也进一步证实了这一观点。

第二，行政集权。目前文献中关于行政集权与市场分割之间关系的研究主要集中于地方政府官员层面，认为在当前的行政集权模式下，地方政府官员的政治晋升激励是导致这些官员开展地方保护的重要原因之一。具体地，周黎安（2004）通过构建一个地方政府官员晋升博弈模型，证明了政治晋升使得不同地方政府的官员之间开展相互合作的空间非常狭小，其相互之间的保护主义和市场分割则更加符合这些官员的目标约束。徐现祥等（2007）从中央政府按照经济绩效对地方政府官员政治晋升进行考核这一假设出发，构建了一个地方官员晋升博弈模型，证明了当存在负外部性时，理性的地方官员会选择采取市场分割策略。刘瑞明（2007）则从政治控制权收益出发，利用一个模仿博弈模型，发现在以政治控制权收益为目标的晋升激励体制，以及信息约束与风险规避条件下，地方官员出于对政治控制权收益中相对位置的考虑，会采取模仿经济发展战略，以此实现最大化自身利益。但是，这种经济模仿发展战略会导致产业同构，以及各地区企业在产品市场和原料市场进行互相争夺，进而出现地方保护主义与人为的市场分割等现象。赵奇伟和鄂丽丽（2009）认为，目前中国地方保护主义和区域市场分割形成的体制因素主要包含三个方面：一是现行的干部考核制度强调本地区经济发展业绩，导致各地方政府或部门干部强化资源配置本地化和保护本地市场；二是庞大的地方政府机构导致财政紧张，地方政府对于本地区市场的保护在一定程度上能够解决经费紧张问题；三是地方政府管理的不规范，如缺乏统一的市场管理机制、缺乏监督、新旧体制转换的摩擦、市场监管不力、法律体系不完善等。陈刚和李树（2013）采用2008年中国各省最高人民法院院长异地交流作为刻画地方司法独立性提升的一次自然实验，发现地方司法独立性的提升显著且可观地降低了地方市场间的分割程度，促进了区域市场整合。踪家峰和岳耀民（2013）基于官员交流的角度考察省级官员跨省交流和任期对区域经济一体化的影响，发现官员交流能够促进区域市场的整合。曹春方等（2017）则从官员偏好的角度，构建了地方政府官员关联地信息的样本，考察了地方政府官员个体的地区偏袒因素对市场整合的影响，发现与非关联地相比，官员会对其关联地实施更弱的市场分割策略，平均下降7个百分点，存在地区偏袒的市场整合效应。

当然，需要指出的是，以上的财政分权和行政集权在影响地方保护主义和市场分割过程中具有较强的内在关联性，这也构成了分权体制下地方政府竞争的重要制度基础。在当前中国经济转型过程中，财政分权和行政集权之间是相互联系的，地方政府官员"晋升锦标赛"的最终导向还是地区经济增长，而这也构成了财政分权体制下地方政府干预地区经济增长的动力来源。特别是就地方政府竞争的角度来说，Qian 和 Weingast（1997）指出中国式分权使得地方政府之间的横向竞争加剧，进而使得资源配置扭曲，造成了国内市场分割程度加重。周业安等（2004）认为分税制改革背景下地方政府往往会基于自身实际情况，选取适合自身的竞争模式，明知地区间的贸易壁垒不利于地区经济的长期发展，但在区际竞争中仍需采取措施保护本地企业的方式加以应对；徐佳慧（2013）通过实证研究也发现，税收竞争不利于国内市场整合，而且地区间的税收竞争在区域层面的效果各异。

第三，赶超战略。林毅夫和刘培林（2004）的研究认为，某一个地区开展地方保护和市场分割的重要出发点在于提高本地区企业的生存能力和获利能力。而企业生存能力和获利能力低下的原因无非是经营管理水平低下等个性问题和企业市场进入以及技术选择不当等共性问题。更进一步地，以上的个性问题和共性问题则又有其深刻的历史原因，即优先发展超越自身要素禀赋结构所决定的具有比较优势的资本密集型产业，选择超越自身要素禀赋结构所决定的合适的资本密集型技术（林毅夫等，1999）。因此，凡是那些继续执行赶超战略的地方政府，且这些地方政府拥有一定的经济和行政力量，则地方保护主义和市场分割现象则是不可避免的。

（四）其他因素

相对于上述的自然因素和制度因素形成的"自然意义上的市场分割"，由于区域经济发展过程中的相关主体经济行为而形成的市场分割也是目前研究中所关注的重点。从目前研究文献的发展脉络来看，学者在考察影响区域市场分割的经济因素时主要是从区域分工和对外开放两个维度展开，本书也将对此进行重点分析。

第一，就区域分工因素来说，陆铭等（2004）的研究采用了一个跨期分工决策模型分析了在收益递增条件下各地区出现重复建设和区域经济分割的内在根源。这一研究认为，在转型时期，计划经济条件下的平均分配制度已经无法满足新的分工需要，而是需要转向市场经济条件下的谈判机制来对分工所带来的收益进行分配。由于相对发达的地区在发展高技术产业等方面具有比较优势，在收益分配中也占据了更高的谈判地位，并在收益中获取较大份额。但是，对于欠发达地区来说，如果其选择加入分工体系，只能获得较少的收益；而如果欠发达地区暂时不加入分工体系，这虽然在短期内丧失了分工收益，但是发展了高技术产业，提高了自己未来在收益分配中的谈判地位。因此，欠发达地区往往在短期内会选择不加入分工体系，这也导致了发达地区和欠发达地区之间的市场分割。

第二，就对外开放因素来说，对外开放与区域市场分割往往被视为区域发展战略选择过程中的一种策略组合，即在区域经济发展过程中，某一区域要么选择对外开放，摒弃对内贸易，开展国内市场分割；要么加大国内市场整合，放弃对外开放（Li et al.，2003）。Poncet（2003）认为对外贸易在一定程度上会挤出国内贸易，加剧国内市场分割。范爱军等（2007）的研究也发现外商直接投资（FDI）和进口会加剧国内市场的分割程度。进一步地，黄玖立（2011）则认为中国的对外贸易和区域市场一体化之间呈现出一种 U 型关系。

近年来，一些学者开始将影响国内市场分割的区域分工因素和对外开放因素纳入一个统一的框架内进行分析，张松林（2010）对经济开放与市场分割之间的关系进行了再次研究，其利用超边际分析方法建立了一个简单的新兴古典经济学模型框架，在一个统一的框架内构建了经济开放影响区域市场分割的内在机制，研究结果显示，当国内经济体处于部分分工结构时，经济开放可能会加剧地方保护和市场分割；而当国内的社会分工达到完全分工状态时，经济开放不会导致必然的市场分割，反而会促进国内经济体参与国际分工。

三、中国区域市场分割的现状分析与典型特征

（一）中国区域市场分割的测度

需要指出的是，运用价格法衡量区域市场分割的具体方式主要包含相关分析法、协整分析法和相对价格法。其中，相关分析法和协整分析法的经济学原理较为简单，理论基础也较为薄弱。且目前基于价格法的研究文献也主要是采用相对价格法。采用相对价格法测算区域市场分割时，其具体的方法包括单位根检验法和方差检验法。前者主要是指对相对价格 P_m/P_n 的时间序列进行单位根检验。如果不能拒绝 P_m/P_n 服从单位根运动的原假设，说明序列 P_m/P_n 为非稳定的随机过程，其方差会随着时间的推移而扩大，两个地区之间存在市场分割。反之，如果拒绝原假设，说明 P_m/P_n 的方差为固定值，外部冲击只是暂时的，相对价格在长期内将会恢复到无套利区间。后者则是以相对价格的方差 $\text{Var}(P_m/P_n)$ 作为衡量区域市场分割的动态指标，如果 $\text{Var}(P_m/P_n)$ 随着时间变化而趋于缩小，

说明相对价格波动的范围在缩小，"融化"比例 c 降低，无套利区间也在变窄，区域市场分割呈下降趋势。Parsley 和 Wei（2001）、曹春方等（2017）认为，相对价格的方差更加能够说明地区之间市场分割的程度。本书亦采用这一方法衡量区域市场分割。相对价格法是基于"一价定律"和"冰川成本模型"，"冰川成本模型"认为，由于交易成本的存在，商品价值在贸易过程中会像"冰川"一样"融化"掉一部分，从而两个地区之间的价格 P_m 与 P_n 不可能完全相等。如果令"融化"的大小为每单位价格的一个固定比例 c（$0<c<1$），则只有当 $P_m(1-c)>P_n$，或者 $P_n(1-c)>P_m$ 时，套利行为才有利可图，两个地区之间的贸易形成才会产生。

参考桂琦寒等（2006）的方法，本书采用一阶差分形式测算区域市场分割，其用公式可以表示为：

$$\Delta Q_{mnt}^k = \ln(P_{mt}^k/P_{nt}^k) - \ln(P_{mt-1}^k/P_{nt-1}^k) = \ln(P_{mt}^k/P_{mt-1}^k) - \ln(P_{nt}^k/P_{nt-1}^k) \quad (3-1)$$

式（3-1）中，m 和 n 分别表示两个地区，k 表示某种商品类别，P 表示相应商品的价格。为了避免取对数后 m 与 n 地区价格的分子分母位置变换引起 ΔQ_{mnt}^k 的符号反向变化，本书采用其绝对值形式。在此基础上，采用去均值（de-mean）方法剔除相对价格中那些因商品自身特征和市场环境等随机因素变动所导致的系统偏误，其方法为：假设 $|\Delta Q_{mnt}^k|$ 由 α^k 和 μ_{mnt}^k 组成，前者表示与商品种类相关的因素，后者为与 m 和 n 地区市场环境相关的因素。Parsley 和 Wei（2001）认为，消去 α^k 需要对给定年份、给定商品种类的 $|\Delta Q_t^k|$ 求平均值，再用 $|\Delta Q_{mnt}^k|$ 减去该均值，即：$|\Delta Q_{mnt}^k| - \overline{|\Delta Q_t^k|} = (\alpha^k - \overline{\alpha^k}) - (\mu_{mnt}^k - \overline{\mu_{mnt}^k})$。令：

$$q_{mnt}^k = \mu_{mnt}^k - \overline{\mu_{mnt}^k} = |\Delta Q_{mnt}^k| - \overline{|\Delta Q_t^k|} \quad (3-2)$$

基于式（3-2），对 q_{mnt}^k 求方差 $Var(q_{mnt}^k)$，得到最终的区域市场分割指数，记为 *Segment*。就本部分研究样本的选取来说：第一，所选取的商品种类包含食品、烟酒及用品、衣着、家用设备及其用品、医疗保健用品、交通和通信工具、娱乐教育文化用品、与居住相关的产品与服务八类商品。第二，本书实证研究过程中所选取的是中国 31 个省级行政区域的地区面板数据（中国香港、中国澳门和中国台湾的数据缺少较为严重，暂不予研究）。这主要是基于以下考虑：由于本书在测算区域市场分割过程中主要采用的是基于各地区零售商品相对价格指数的相对差异指标，目前中国统计资料中仅报告的是以省级行政区域为单位的分类别商品相对价格指数，而且从中国当前行政治理模式的现实情况来说，地方保护主义和市场分割更多地存在于省级政府层面，地市级或以下地方政府之间的市场分割现象相对较少。第三，就样本时间段的选取来说，本书选取的是 2002~2020

年的数据,这主要是因为《中国统计年鉴》自 2001 年开始将烟酒及用品从食品大类中划分出单独列为一类,为了保持统计口径一致,且考虑到区域市场分割指标在测算过程中需要进行差分处理,本书实证研究样本期间为 2002~2020 年(各地区零售商品相对价格指数选取的是 2001~2020 年数据)。

(二) 区域市场分割的典型特征分析

根据上述的区域市场分割测算方法和衡量指标,本书采用 Stata15 软件对 2002~2020 年中国 31 个省区的市场分割程度进行了测算。根据测度结果,可以发现当前中国区域市场分割程度呈现出如下特征:

第一,区域市场分割程度在整体上呈现出下降态势,市场整合与国内统一大市场建设初显成效。图 3-1 报告了 2002~2020 年中国省级地方政府之间市场分割程度均值的时间变化趋势,表 3-2 报告了考察期内各省区市场分割水平。从图 3-1 所示的结果可以看出,考察期内,中国各区域之间依然呈现出典型的市场分割状态。但是,就整体趋势而言,随着年份的不断推进,区域之间的市场分割程度虽略有波动,但依然表现出逐步整合的态势,这与陆铭和陈钊 (2009)、范欣等 (2017) 的研究结论基本一致。具体地,在 2002~2007 年,中国各省区之间的市场分割程度下降幅度较大,市场整合趋势较为明显。在 2007 年之后,中国区域市场之间的整合速度趋缓,并长期处于 0.03 水平之下。但是,依然不可否认的是,逐步加快市场之间的整合、降低市场分割依然是区域经济发展过程中的一个重要问题。

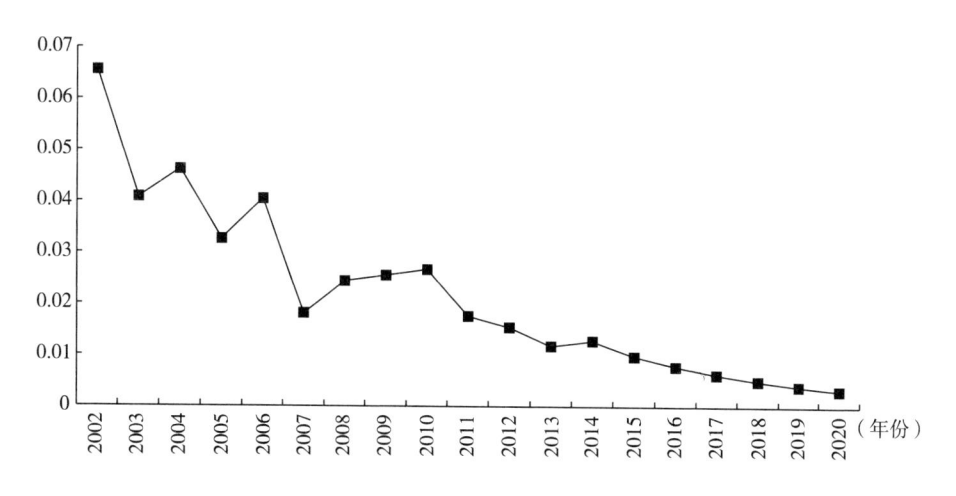

图 3-1 2002~2020 年中国区域市场分割指数均值

资料来源:作者测算所得。

第二，不同地区的市场分割水平呈现出一定的差异，但是整体来看，无论是发达地区还是欠发达地区，均存在着一定的市场分割。从表3-2所示的考察期内中国各省区市场分割指数的水平来看，2002~2020年，中国各省区中市场分割程度较高的有天津、新疆、青海、上海、海南等，而市场分割指数相对较低的省区主要包含江苏、山东、安徽、湖北、河北等。由此可以看出，无论是发达省区还是欠发达的省区均存在地方保护主义和市场分割的动机和可能性。

表3-2 2002~2020年分省区中国区域市场分割指数均值

省区	均值	省区	均值	省区	均值
北京	0.028	安徽	0.016	四川	0.020
天津	0.032	福建	0.022	贵州	0.023
河北	0.017	江西	0.017	云南	0.024
山西	0.019	山东	0.016	西藏	0.024
内蒙古	0.023	河南	0.018	陕西	0.020
辽宁	0.020	湖北	0.016	甘肃	0.023
吉林	0.021	湖南	0.019	青海	0.030
黑龙江	0.019	广东	0.017	宁夏	0.019
上海	0.029	广西	0.024	新疆	0.033
江苏	0.015	海南	0.028	—	—
浙江	0.022	重庆	0.021	—	—

注："—"表示本项为空。

资料来源：作者测算。

第四章　中国环境污染的影响因素、特征事实与治理体制

"绿水青山就是金山银山"的论断是习近平新时代中国特色社会主义思想的重要组成部分。在党的十九大报告中，习近平总书记提出，"必须树立和践行绿水青山就是金山银山的理念"。改革开放以来，中国经济快速发展，取得了举世瞩目的增长奇迹。但是，长期的粗放式发展使得这一增长奇迹的产生付出了非常惨痛的环境代价。本章拟采用文献综述的形式，对影响中国环境污染的主要因素进行分析；进而对当前中国环境污染的现状进行分析，以此进一步考察中国绿色经济发展状况。本章将首先通过对当前中国环境污染的现状进行分析，考察各类污染物的总体排放情况和地区差异，通过构建一个综合的环境污染指数，对当前中国的环境污染状况进行总体分析，以此揭示中国环境污染问题的现状与可能存在的问题。在此基础上，通过基于Malmquist-Luenberger指数测度中国的绿色经济发展状况，识别"既要绿水青山，也要金山银山"的现实意义，进而为后续研究中分析破除市场分割、构建全国统一大市场与绿色经济发展的关系奠定基础。

一、中国环境污染的影响因素：基于文献分析

探究当前环境污染的内外部成因是研究环境污染问题的逻辑起点，也是寻求治理措施的重要突破口。事实上，尽管环境污染问题的爆发有其内在原因，如气候因素、地理环境因素等，但是不可否认，人为因素仍然是导致环境污染持续恶化的重要方面。因此，越来越多的学者开始从人为因素的角度（经济因素、社会

因素）对环境污染所产生的原因进行了探讨。这里，我们将重点梳理引发环境污染的经济因素（经济增长、对外开放和产业发展等）和制度因素（财政分权、地方政府竞争等）的相关文献。①

（一）经济增长

经济因素是导致环境污染的重要原因，人类的工业化、城镇化进程与环境污染密切相关。20世纪70年代，以Meadows等（1972）为代表的学者提出经济增长会带来资源损耗和环境破坏，而且如果这种损耗和破坏超过了生物圈的最大承载力，就会使得整个生态系统处于崩溃的边缘，此时的经济收入水平提升也是没有意义的。在此之后，Grossman和Krueger（1991）首次对人均收入水平和环境质量之间的关系进行了验证，他们采用1979~1990年66个国家14种水污染物和大气污染物的变化数据，发现经济增长与环境质量之间呈现出倒U型的关系，即在人均收入水平较低时，环境污染会随着人均GDP的增加而上升，当人均收入水平提升时，环境污染则会随着人均GDP的上升而降低。Panayotou（1997）参照库兹涅茨在1955年对人均收入和收入水平不平等之间呈现倒U型关系的方式，将以上这种人均收入和环境质量之间的非线性关系定义为环境库兹涅茨曲线（Environmental Kuznets Curve，EKC）。在此之后，学术界对于环境库兹涅茨曲线的研究进入了高峰期，并展开了诸多有意义的争论，其焦点主要集中在两个层面：环境库兹涅茨曲线是否存在？倒U型关系的拐点在于什么地方？

1. 环境库兹涅茨曲线存在吗

就环境库兹涅茨曲线究竟是否存在来说，目前研究中的结论尚未形成一致，即一些学者的研究认为环境库兹涅茨曲线是存在的，早期研究中验证了环境库兹涅茨曲线存在性的文献主要包含Grossman和Krueger（1991）、Selden和Song（1994）、Cropper和Griffiths（1994）以及Lopez（1994）等的经典文献。后期一些学者也从不同国家、不同时期、不同污染物等方面对环境库兹涅茨曲线进行了验证，如Youssef等（2016）基于56个国家1990~2012年的面板数据发现人均收入水平和人均二氧化碳排放量之间呈现出显著的变动关系，类似的研究还包括Bimonto和Stabile（2017）、Gill等（2018）、Ulucak和Bilgili（2018）。

---

① 事实上，也有一些学者从社会文化因素等角度对环境污染产生的原因进行了分析，如Ye等（2016）考察了中国的"年文化"与雾霾污染的关系。但是，一方面，相对于经济因素和制度因素，关于社会文化因素与环境污染关系的文献相对较少；另一方面，从文化因素的角度也难以解释中国环境污染持续恶化的内在根源。因此，这里我们没有对这方面的文献进行梳理。

但是，Akpan 和 Chuku（2011）、Chandran-Govindaraju 和 Tang（2013）等学者的研究结论却显示人均收入水平与环境污染之间并不存在显著的倒 U 型关系，即环境库兹涅茨曲线是不存在的。在对中国的研究中，符淼和黄灼明（2008）对中国经济发展阶段的整体污染、水污染、大气污染和固体废弃物污染等都呈现出倒 U 型关系，这验证了环境库兹涅茨曲线的存在性。但是，顾宁和姜萍萍（2013）则认为，当前中国二氧化碳排放并不具备显著的倒 U 型环境库兹涅茨效应，王艺明和胡久凯（2016）对于中国碳排放的实证研究也得出了一致的结论。当然，在目前国内学者的研究中，更多的研究结论显示环境库兹涅茨曲线的存在性具有因污染物而异的特征（包群等，2005；陈向阳，2015）和因地而异的特征（许广月和宋德勇，2010；张为付和周长富，2011；邓晓兰等，2014）。

2. 环境库兹涅茨曲线的拐点在哪

就环境库兹涅茨曲线的拐点来说，经济增长对于环境质量的影响在何时或何点会由恶化转向促进是学者们关注的另一个重要议题。然而，因为研究样本和研究方法的差异，不同学者对于环境库兹涅茨曲线的拐点的预测和分析结果存在较大的差异，如 Galeotti 和 Lanza（1999）的分析发现当人均收入水平达到 13260 美元时，经济增长对环境质量的影响出现拐点；而 Cole（1997）的预测结果是在 25100 美元，Holtz-Eakin 和 Selden（1995）的研究结果则显示环境库兹涅茨曲线的拐点位于 35428~80000 美元。

中国学者对于环境库兹涅茨曲线拐点的预测和研究起步较晚，代表性的文献中，林伯强和蒋竺均（2009）采用对数平均迪式分解法和 STIRPA 模型，分析了影响中国人均二氧化碳排放的主要因素，发现中国二氧化碳库兹涅茨曲线的理论拐点对应的人均收入是 37170 元，即 2020 年左右，但实证预测表明，拐点到 2040 年还没有出现。赵忠秀等（2013）采用改进的 STIRPAT 模型考察了碳排放拐点在能源结构、生产结构、技术水平、贸易结构、消费水平、政策等因素影响下的变化情况。研究发现，碳排放环境库兹涅茨曲线的拐点并未在上述因素的冲击下产生显著变化，且在人均 GDP 增长率为 7% 的高油价情景下，中国碳排放拐点最早将会在 2022 年出现。杨晓兰和张安全（2014）基于全国 281 个地级城市的样本研究发现：人均二氧化硫排放量、人均废水排放量和人均烟尘排放量的环境库兹涅茨曲线拐点所对应的人均 GDP 分别是 15190 元、14449 元和 5743 元，且目前大部分城市已经接近或越过拐点。

（二）对外开放

早期的国际贸易理论，如李嘉图比较成本模型、H-O 模型等都没有将环境因素纳入国际贸易的研究框架。但是，在20世纪90年代以来，伴随着全球经济一体化进程的不断加快，以及环境污染问题的逐渐加剧，学术界对于环境污染的分析逐渐扩展至开放条件下的环境跨界污染。最早将贸易与污染问题进行综合分析的是Grossman和Kreuger（1991），他们从规模效应、结构效应和技术效应三个方面考察了北美自由贸易区国家的跨界污染问题，其研究结论显示经济一体化对发展中国家的规模效应会加剧其污染排放，这同时也能够提升发展中国家的收入水平，引发结构效应和技术效应，这也有利于降低环境污染的排放，因此贸易自由化的长期结果是有助于提升发展中国家的环境质量。随后，Copeland和Taylor（1994）构建了一个南北贸易模型，发现虽然收入水平的提高会带来对清洁环境的需求，也带来了环境管制的不同程度。但是，各个国家在环境标准方面的差异造成了生产成本的差异，并形成国家之间的"环境比较优势"。因此，在贸易自由化和经济一体化的情况下，那些污染密集型产业会从环境成本较高的发达国家转移到那些环境成本较低的发展中国家或欠发达国家，从而加剧了这些国家的环境污染，形成"污染避难所"。因此，贸易自由化会减轻发达国家的污染程度，但是恶化了发展中国家或欠发达国家的环境质量。

目前对于国际贸易与环境污染之间的关系而言，学者的研究结论也尚未形成完全一致。一方面，一些学者的研究显示国际贸易（FDI或进出口贸易）有助于发展中国家的环境改善，进而提高全球的环境质量。Daly等（1993）认为贸易增长会恶化社会福利与环境保护水平，自由贸易对环境的不利影响在发展中国家表现得尤为突出。Antweile等（2001）构建了一个由污染控制成本和要素禀赋共同决定贸易模式的模型，采用44个国家的面板数据，对贸易的污染条件测度，以及贸易自由化与二氧化碳排放密度的关系进行了实证研究，发现贸易自由化降低了污染排放密度。Erdogan（2014）的研究发现完全的贸易自由化有助于降低OECD国家的环境污染水平。关于中国的研究中，沈利生和唐志（2008）利用投入产出模型分析了对外贸易对中国SO_2排放的影响，发现在总体上来说，由于出口污染排放强度低于进口污染减排强度，故对外贸易有助于中国的污染减排。李小平和卢现祥（2010）同样基于环境投入产出模型和净出口消费指数，运用中国20个工业行业与G7、OECD等发达国家的贸易数据，发现国际贸易能够减少中国工业行业的CO_2排放总量和单位产出的CO_2排放量，所以中国并没有通过国际贸易成为发达国家的"污染天堂"。白俊红和吕晓红（2015）基于FDI质量的角度发现FDI质量的提升有助于改善中国的环境污染。

另一方面，也有部分研究结论显示对于发展中国家来说，国际贸易恶化了其环境污染。李锴和齐绍洲（2011）的实证研究结果显示，贸易开放增加了中国省区的 CO_2 排放量和碳强度，国际贸易对中国环境影响是负面的，向底线赛跑效应大于贸易的环境收益效应。彭水军等（2013）的研究发现中国贸易开放度提高有助于降低烟尘的排放量，而对二氧化硫和废水排放量以及三类污染物的排放强度的影响效应是不显著的。沈国兵和张鑫（2015）采用空间计量模型也发现省级地方政府的开放程度对其环境污染具有不利影响。杨子晖和田磊（2017）对1991~2011年中国各省的FDI和环境污染之间的关系进行了检验，发现"污染天堂"假说只在部分省份成立，随着贸易开放程度的扩大，当地环境恶化的压力也将随之增加。张磊等（2018）的研究结果显示，FDI整体上显著加重了东道国的雾霾污染，且FDI程度每增加1%，会导致东道国雾霾污染程度上升0.015%~0.019%。

（三）产业发展

产业发展是影响环境质量的重要因素，目前研究中关于产业发展与环境污染关系的研究主要集中于产业结构、产业转移和产业集聚三个方面。

1. 产业结构

不同的产业结构对环境污染具有差异化的影响，这一影响过程存在于产业结构由低级形态向高级形态演变过程中（李斌和赵新华，2011）。Grossman 和 Krueger（1995）把产业结构与环境污染关系的演变过程区分为三个阶段：第一，在以劳动密集型产品为主的轻工业和农业发展阶段，环境污染程度往往较低；第二，当产业结构逐渐转向以资源密集型为主的重工业发展阶段时，环境污染程度也会随之提高；第三，当产业结构进入以资本和技术密集型为主的阶段时，环境污染程度会逐渐下降，即产业结构与环境污染之间也呈现出一定的倒U型关系。不仅如此，也有一些学者基于不同的视角对产业结构的动态变化与环境污染之间的关系进行了检验，Li等（2018）对于中国产业结构与二氧化碳排放关系的研究发现，产业结构变化对二氧化碳减排具有显著的促进作用。Cheng等（2018）在对中国省级地方政府产业结构和技术进步对碳排放密度的影响效应进行检验时，发现产业结构的升级和优化有助于降低碳排放密度。韩永辉等（2016）从产业结构高度化和产业结构合理化的视角考察了产业结构升级对生态效率的影响，发现产业结构高度化既能提高本省份也能提高其他省份的生态效率，而产业结构合理化对生态效率则更多地体现为正外部效应。

2. 产业转移

本部分内容所提及的产业转移主要是指产业的空间转移，且由于产业的空间转移包含国际产业转移和国内产业转移，前者与环境污染的关系在上述的"污染避难所"假说中已经进行论述，故这里的产业转移主要是指国内产业转移。Hu和Cheng（2013）从水资源短缺和污染的视角，发现中国的产业转移能够降低地表水的污染程度。汤维祺等（2016）借助区域间CEG模型考察了区域高耗能产业转移的调控机制，发现建立碳市场能够降低中国的"污染天堂"效应。张成等（2017）基于"西部大开发"的案例，分析了西部大开发政策是否导致西部地区成为"污染避难所"，其研究结果显示，西部大开发战略没有导致"污染避难所"现象，我国污染密集型产业出现了区域转移滞缓现象，西部大开发战略对"污染避难所"现象不具备显著的直接效应。成艾华和赵凡（2018）基于偏离—份额分析法的基本思想，构建了一个改进的区域产业转移与污染转移模型，发现中国1998~2014年各省产业转移总量可以明显分为产业净转出区、产业强转入区、产业弱转入区三类区域。同时，在产业转移的进程中，东、中和东北地区除了少数几个省外均为污染净转出区，而西部地区除了四川和重庆外均为污染转入区，已经成为承接污染转移的主要区域。

3. 产业集聚

产业的空间集聚是区域经济发展模式的重要内容之一，其环境外部性问题也得到了越来越多学者的关注。目前，学界对于产业集聚与环境污染之间关系的研究结论并未形成完全一致，一方面，部分研究结论显示产业集聚发挥了环境正外部性作用，即产业集聚有助于环境污染的改善。Zeng和Zhao（2009）的研究结论发现制造业的空间集聚能够减轻"污染天堂"效应。蔡海亚和徐盈之（2018）基于空间计量模型的研究发现产业集聚对雾霾污染具有显著的改善作用。另一方面，Virkanen（1998）根据芬兰地区的企业数据，发现工业企业的集聚活动是导致芬兰南部地区环境污染的主要原因。Ren等（2003）对于中国上海市环境状况的研究中发现，20世纪上海环境污染问题逐渐严重的原因在于产业集聚的快速扩张。Martin和Hans（2011）的研究也发现产业集聚与环境污染之间呈现正相关的关系。不仅如此，也有一些学者的研究结论发现产业集聚与环境污染之间的关系存在非线性特征。其中，杨仁发（2015）基于Copeland-Taylor模型构建了一个产业集聚影响环境污染的理论模型，采用门槛面板回归模型，发现产业集聚对环境污染的影响具有显著的门槛特征，即在产业集聚水平低于门槛值时，产业集聚将加剧环境污染；而在产业集聚水平高于门槛值时，产业集聚将有利于改善环境污染。在此基础上，谢荣辉和原毅军（2016）基于环境保护的角度，发现多样化集聚的发展模式优于专业化集聚，且专业化集聚与环境污染之间呈现一种

"U"型关系，而多样化集聚与污染减排的关系更为复杂。进一步地，闫逢柱等（2011）的研究结论还发现产业集聚在短期内有助于降低环境污染，但是在长期中，两者之间不具有必然的联系。

综上所述，学者们对于引发环境污染问题的经济因素主要包含了经济增长、对外开放和产业发展三个方面。当然，环境污染产生的经济因素并不仅限于以上三个层面，也有一些学者从城镇化（李强和高楠，2016）、收入差距（占华，2018）等方面对中国环境污染问题产生的原因进行了深刻的剖析。随着中国经济转型的持续推进，引发环境污染的经济因素也在不断凸显和暴露。

（四）财政分权

以财政分权和政治集权为特征的中国式分权以及由此所引发的地方政府间竞争已经成为改革开放以来我国经济快速增长以及公共物品供给、财政支出结构偏向等问题的重要突破口，这也是目前研究中的一个共识（Qian and Roland, 1998; Blanchard and Shleifer, 2000; Cai and Treisman, 2006; Xu, 2011; 傅勇和张晏，2007; 傅勇，2010）。相对于经济因素来说，关于中国环境污染问题产生的内在原因，学者们更加倾向于从制度因素的角度去进行破解。中国政治集权下的财政分权改革被认为是一个重要的制度因素。在中国财政分权体制和行政集权相结合的治理模式下，地方政府所形成的独特的激励机制成为影响其行为决策的重要因素，特别是在对环境污染企业的政策，以及对于环境污染的治理方面。蔡昉等（2008）的研究也认为，中国目前的环境问题在本质上归结于粗放型的经济发展方式，而这种发展方式又源于"中国式分权"下的地方政府行为。

作为一种典型的公共物品，环境质量的提升是地方政府责无旁贷的工作内容之一，因此从地方政府的视角研究环境公共物品供给成为近年来学术界讨论环境问题的一个重要领域。就目前的研究脉络来看，国内外学者对于地方政府因素与环境污染之间关系的研究存在鲜明的差异；就国外学者的研究来说，其主要关注环境联邦主义下环境公共物品应该由中央政府还是地方政府提供？以及在分权体制下，地方政府围绕环境公共物品提供而展开的竞争究竟是"趋好的竞争"抑或"趋劣的竞争"？但是，就国内的研究脉络来看，该领域的研究尚处于起步阶段，学者们的研究主要集中在财政分权以及地方政府竞争对环境污染的影响方面，且以实证研究居多。

恰如本书在绪论部分所述，环境污染具有较强的空间外溢性和区域异质性，因而环境质量具有公共品的特征。所以，对于一个国家内部不同层级的政府来说，究竟应由地方政府还是中央政府来提供良好的环境质量、承担环境治理责任正是环境联邦主义理论所关注的重要问题。从理论上讲，环境公共物品究竟应该由中央政府还是地方政府供给，主要取决于环境公共物品的外溢效应和区域间的异质性。那么，一个国家的环境公共品供给应该实行集权治理模式，即由中央政府统一提供，还是采用分权治理模式，由各级地方政府结合辖区的实际情况进行提供？环境联邦主义理论就是关于不同政府层级间如何更加合理地分配环境治理职能的理论（Oates，2002）。事实上，Oates（1972）最先通过分析环境分权的成本与收益，提出了最优分权原则，即地方政府供给公共物品所带来的边际收益等于地方政府供给公共物品产生的外部性的边际成本。但是，目前学术界对于环境公共品供给的分权模式和集权模式并未形成完全一致。

近年来，也有一些学者开始对分权与环境污染的关系进行实证研究。这方面的研究主要集中于两个方面：

一方面，部分研究基于中央政府和地方政府之间围绕财政收入和支出项目的分权行为对环境污染的影响，但是目前的研究结论并未形成完全一致。多数学者的研究结论显示财政分权显著恶化了环境污染，Song等（2018）基于中国长江经济带的经验数据，发现财政分权可以促进绿色经济增长，但随着分位数的增加，这种效应逐渐减弱，即适当的财政分权可以提高绿色经济增长，而过强的财政分权则成为绿色经济增长的障碍。张克中等（2011）基于碳排放的角度对财政分权与环境污染的关系进行了检验，发现财政分权与环境污染之间存在正相关关系，即分权度的提高加剧了地方政府的碳排放。黄寿峰（2017）发现财政分权对雾霾的影响存在显著的空间相关性，且财政分权度的提高会显著加剧本地区及周边地区的雾霾污染，但财政分权对以工业固体废弃物为代表的局部性污染物作用不明显。蔡嘉瑶和张建华（2018）基于中国"省直管县"财政分权改革与国家主要流域河流水质监测站点的相关数据，发现相对于没有纳入试点范围的地区来说，改革区域水质出现了明显恶化，河流中化学需氧量和氨氮污染物指标显著上升。

但是，也有一些学者的研究发现财政分权与环境污染之间的关系具有复杂性。其中，刘建民等（2015）采用面板平滑转换模型，发现财政分权对环境污染的影响效应存在显著的非线性，外商直接投资和产业结构对财政分权的环境污染效应影响均呈现出不同的门槛特征。李香菊和刘浩（2016）基于污染物外溢性的视角，发现财政分权对非外溢性污染物（如固体废弃物）和双向外溢性污染物（如SO_2）排放的系数显著为负，而对单向外溢性污染物（如废水）排放的系数

·54·

显著为正。最后，He（2015）基于 1995~2010 年中国分省区的面板数据，发现财政分权对废水、废气和废物等污染物的排放并未产生显著的影响。

另一方面，还有一些学者认为环境保护事务的特色性决定了财政联邦主义行为无法也不可能替代环境联邦主义，因而只有依据环境保护的内在逻辑，构建环境分权的理论体系才能够客观全面地解释分权行为对环境污染的影响。祁毓等（2014）运用环境机构分布数据测算了环境分权指数，考察了环境分权与环境污染之间的关系，发现环境分权与环境污染之间呈现出显著且稳定的正向关系，环境分权加剧了财政分权对环境保护的激励不足。白俊红和聂亮（2017）从环境管理体系和雾霾污染的角度，考察了环境分权与雾霾污染之间的关系，发现适当加大环境分权程度有助于改善中国的雾霾污染状况，且环境监察分权对于改善雾霾污染的作用最为明显，环境行政分权度次之，环境监测分权对雾霾污染的影响最小。李强（2018）基于河长制的制度创新出发，考察了环境分权对我国环境污染的影响效应，其研究结果也表明环境分权更有利于降低我国的环境污染水平，意味着环境分权是实现我国节能减排、绿色发展的有效举措。

（五）地方政府竞争

Tiebout（1972）提出的"用脚投票"假说认为，只要居民可以自由流动，地方政府为了吸引流动性居民就必须提供更好的公共服务而展开竞争。而 Qian 和 Roland（1998）把关于地方政府之间的这种竞争范围从公共物品提供拓展到地方政府的经济增长，形成了"市场维护型财政联邦主义"。但是，地方政府之间在竞争过程中利用税收、环境、教育、医疗福利等公共支出手段来吸引资本、劳动力和其他流动性要素，从而增强其自身的竞争优势。

但是，地方政府在竞争过程中将环境规制作为竞争手段，其具体方式包含两个层面：第一，一些地方政府为了吸引流动性生产要素，其往往会采取较为宽松的环境管制措施和设置较低的环境准入门槛，以此来降低企业生产成本，吸引企业进入；且地方政府环境规制的外溢效应会使得一些地方政府往往采取"搭便车"策略，降低自身的环境治理投入，并使得社会整体的环境治理投入低于最优水平，最终导致环境的恶化，这就是地方政府在环境治理方面形成"趋劣竞争"。第二，如果地方政府将环境质量改善和提高居民生活水平作为本地区施政的重要标准，此时地方政府会提高环境准入门槛、设置更加严格的环境规制，从而促使那些污染企业转移到其他地区，那么地方政府围绕环境管制的竞争就是一种"趋优竞争"，即各地方政府会竞相提高环境标准，从而有助于改善环境污染。

Markusen等（1995）通过构建一个两地区竞争模型对地方政府之间围绕环境污染的"趋优竞争"和"趋劣竞争"进行了详细分析，该研究假设世界只有两个地区和一个垄断性污染企业，政府的环境规制标准会影响该垄断性污染企业的区位选择。运输成本通过影响产品价格进而对消费者剩余产生影响，因而地方政府会在本地区的消费者剩余和企业污染之间进行权衡，当企业将其区位放在本地区时，此时虽然消费者能够享受较低的交通成本以及较高的消费者剩余，但也必须承受环境污染所带来的损失。如果相对于消费者剩余，环境污染成本较低，地方政府愿意选择降低环境规制来吸引企业进入本地区进行投资，引发环境规制的"趋劣竞争"。但是，如果地方政府更加重视本地区的消费者剩余或者居民福利，其也可能会竞相提高环境标准，迫使那些重污染企业迁出本地区，出现"趋优竞争"。Fredriksson和Millimet（2002）、Woods（2006）对美国各州之间的环境规制进行了研究，发现美国各州之间围绕环境规制的竞争是因为这些州为了吸引更多的企业进入本地区，会降低环境规制标准以降低企业的生产成本，而且相比于其他手段来说，由于环境污染具有较强的外部性特征，这也增加了地方政府围绕环境规制进行"趋劣竞争"的便利性。进一步地，Konisky（2007）对国家之间的环境规制竞争进行分析发现，高收入国家的环境规制标准更加严格，其企业的生产成本和环境成本也较高；但是，对于低收入国家来说，其为了吸引外国投资、提高就业水平、促进经济增长，进而会降低环境规制水平，此时这些国家的环境治理成本较低。因此，那些跨国企业为了降低环境治理成本，其往往也会从高收入国家向低收入国家转移，此时高收入国家为了避免资本外流，其也可能会选择降低环境规制水平，这最终会导致各国环境规制普遍降低和环境污染问题的普遍恶化。

一些学者的研究采用实证方法对上述地方政府之间环境竞争的"趋劣竞争"和"趋优竞争"进行了检验。List和Gerking（2000）基于美国州级氮氧化物和二氧化硫排放的数据，对里根时期环境分权政策效果进行了分析，研究发现1980年以后，州政府无论是在环境质量还是环境治理支出都没有明显的改变，这说明州级政府之间并不存在显著的"趋劣竞争"。Millimet（2003）对里根至布什时期的环境分权管理政策效果的评估都得到了较为类似的结论。同样地，Sigman（2003）利用水污染和固体废弃物的数据研究发现，环境规制分权后，州政府在环境规制上会采取更为严格的措施控制污染，并没有出现"趋劣竞争"现象。进一步地，Fredriksson和Millimet（2002）的研究发现，美国各州间环境规制存在明显的正向策略互动关系，但这种关系是不对称的，即如果竞争者的环境规制越强，那该州的反应亦越大，反之则基本上没有反应，环境规制呈现"近朱者赤、近墨者未必黑"的态势。因此，国外学者对于地方政府环境规制竞争的研究结论主要集中于"趋优竞争"层面。

近年来，中国一些学者的研究也开始关注改革开放以来中国渐进式改革过程中地方政府之间围绕环境规制的竞争现象及其对环境污染的影响。杨海生等（2008）分别采用工业污染治理投入和环境监管强度来度量地方政府的环境政策，研究发现财政分权体制下地方政府基于经济增长的政绩考核体制，使得其环境政策之间存在。李永友和沈坤荣（2008）发现，临近地区污染控制的严厉程度对本地区污染控制决策具有显著的影响，存在明显的策略性行为，与污水和固体废弃物相比，地方政府在废气治理上的策略性行为最显著。张文彬等（2010）对我国环境规制强度省际竞争是否存在进行了检验，研究发现我国环境规制存在显著的竞争，但不同时期竞争形态呈现明显的差异。李胜兰等（2014）基于区域生态效率的角度，发现地方政府在环境规制的制定和实施过程中存在明显的相互"模仿"行为，且环境规制对区域生态效率具有显著的抑制作用。张彩云和陈岑（2018）基于2003~2011年中国269个地级市面板数据的研究也发现，随着经济发展水平的提升，地方政府竞争对环境规制存在显著的影响。

就具体的竞争形式而言，目前中国学者的研究结论主要显示的是"趋劣竞争"。其中，陈刚（2009）对地方政府FDI竞争与环境规制间关系的实证研究发现，中国式财政分权和政治集权体制下地方政府将采取放松环境规制来吸引FDI，表现出显著的"趋劣竞争"特征。王孝松等（2015）从理论和实证的角度分析是否存在地方政府以降低环境规制为手段策略性争夺FDI以及地方政府环境规制"竞争到底"的事实，实证研究结果也发现地方政府降低环境规制水平的确能够吸引更多的FDI，且地方政府之间的环境政策博弈的确存在着"竞争到底"的特征。张华（2016）基于当前中国的环境规制"非完全执行"现象，从地方政府策略互动的角度，并借助于广义空间自回归模型对这一现象进行了解释，发现中国地方政府之间在环境规制方面存在显著的策略互动行为，且这种互动行为体现为一种互补式的策略，即如果本地区地方政府降低环境规制，那么竞争地区也会采取类似的策略，即"趋劣竞争"。李拓（2016）基于土地财政的视角，发现在土地财政下，中国的环境规制存在"逐底竞争"现象，而这种竞争导致的低水平环境规制会刺激土地财政规模扩张进而加剧环境污染。

当然，还有一些学者的研究结论发现中国地方政府之间围绕环境规制的"趋劣竞争"存在因条件而异的情形。其中，张征宇和朱平芳（2010）认为地方政府的环境规制竞争因支出水平而异,即随着支出水平的变化,地方政府间的环境支出竞争出现明显的差异,支出水平越高的城市间环境支出攀比式竞争越明显,而在支出水平较低的城市间这种竞争效应不显著。崔亚非和刘小川(2010)的研究则认为不同的环境污染物会对地方政府的环境竞争行为产生影响,即地方政府对外部性和治理成本较大的工业二氧化硫采取了放松环境监管与治理,而侧重对外部性和治理成本较小的工业固体废弃物和废水的监管和治理,因此在工业二氧化硫排放的治理中存在"趋劣竞争"的现象。刘洁和李文(2013)的研究也发现地方政府降低税率的竞争直接导了工业废水、废气和固体废弃物排放量的增加,而放松环境规制对三种污染物排放的影响则呈现显著的差异,工业废水排放量将增加,而工业废气、固体废弃物排放量将减少。朱平芳等(2011)基于地方政府之间 FDI 竞争的视角,发现地方政府为吸引 FDI 存在显著的环境政策竞争,但总体而言"趋劣竞争"效应不明显,"趋劣竞争"效应只在较高的 FDI 水平时才显著存在。李胜兰等(2014)研究发现我国省级政府间环境规制呈现"趋劣竞争"的特征,并且环境规制抑制了区域生态效率的改善。但从 2003 年后,环境规制"趋劣竞争"消失,地方政府独立确定环境规制水平,环境规制对区域生态效率的作用也由最初的"制约"转变为"促进"。同样地,赵霄伟(2014)的研究发现,2003 年落实科学发展观以来,地方政府之间围绕环境规制的"趋劣竞争"不再是全局性问题,只存在局部地区,即只有中部地区环境规制"逐底竞争"显著存在,其他地区则表现出不同的竞争类型。

二、中国环境污染的现状与特征事实分析

(一)中国环境污染物的基本构成

就目前中国环境污染问题的现实情况来说,废水污染、废气污染和固体废弃物污染构成了中国环境污染问题的重要组成部分。不仅如此,从中国目前的统计资料来看,废水污染、废气污染和固体废弃物污染的统计数据相对完善,而土壤污染、噪声污染、辐射污染、热污染等污染源缺乏统计资料,本书将从废水污染、废气污染和固体废弃物污染三个方面对当前中国环境污染问题的现实状况进行分析。

第一，废水污染。中国是一个水资源严重短缺的国家，水资源总量居世界第六位，但人均占有量仍然低于2500立方米，约为世界平均水平的25%，水资源保护依然非常严峻。更为重要的是，中国还面临着研究的废水污染问题，废水污染主要是由酸、碱、氧化剂、铜、镉、汞、苯、二氧乙烷等化合物和有机毒物造成水的使用价值降低或丧失。表4-1报告了2020年废水中主要污染物排放情况，可以发现，目前中国废水中主要污染物为化学需氧量等有机物污染，这主要来自化工行业等，工业污染仍然是导致废水污染的重要因素。不仅如此，由于《中国统计年鉴》在2017年后不再报告地区层面的废水排放总量。故考虑到统计口径的一致性，本书在后续研究中对于废水污染物的衡量指标选择的是废水排放量中的化学需氧量排放量。[①]

表4-1　2020年废水中主要污染物排放情况

种类	化学需氧量（万吨）	氨氮（万吨）	总氮（万吨）	总磷（万吨）	石油类（吨）	挥发酚（吨）
排放量	2564.76	98.40	322.34	33.67	3734.0	59.8
种类	铅（千克）	汞（千克）	镉（千克）	六价铬（千克）	总铬（千克）	砷（千克）
排放量	26680	1129	4166	8550	30913	10241

资料来源：作者根据《中国统计年鉴（2021）》整理得出。

第二，废气污染。废气主要是指人类生产生活过程中所排放出来的有害气体，如燃料燃烧过程中排放的二氧化硫、氮氧化物等，以及汽车尾气排放中的含铅、苯和酚等碳氢化合物。2015年，全国338个地级以上城市中空气环境质量达标的仅有73个，占比为21.6%，265个城市空气环境质量超标。超标天数中，细颗粒物和可吸入颗粒物为首要污染物的居多，以二氧化硫、二氧化氮等为首要污染物的天数占比相对较少。目前，《中国统计年鉴》和《中国环境统计年鉴》中对于大气污染物的报告主要包含二氧化硫、烟（粉）尘和氮氧化物等，但是在本书的考察期内，氮氧化物的数据缺失较为严重（仅包含2011~2020年），且由于2002年的《中国统计年鉴》和《中国环境统计年鉴》仅报告了工业烟尘和粉尘的排放总量，存在统计口径不一致的问题。故本部分内容主要选取二氧化硫

---

① 在《中国统计年鉴》中缺少2002年化学需氧量的报告，故本书采用2003年的指标对其进行替代表征。

（SO_2）指标对大气污染进行分析，原始数据来源于《中国统计年鉴》和《中国环境统计年鉴》等。当然，需要指出的是，由于2018年、2019年《中国统计年鉴》和《中国环境统计年鉴》报告的分地区二氧化硫排放量数据是2017年的，故本书中关于2018年和2019年二氧化硫排放量的数据也是采用2017年进行替代。

第三，固体废弃物污染。固体废弃物主要是指人类生产和生活过程中所产生的固态、半固态废弃物。就工业固体废弃物来说，其主要包含采矿废石、冶炼废渣、煤矸石、建筑用砖、瓦和石块等。尽管近年来人类不断改进固体废弃物的再生利用技术，加强固体废弃物的循环利用，变废为宝。但是，从目前环境污染的总体状况来看，固体废弃物污染依然成为环境污染的重要组成部分，特别是对于一些经济发展水平相对滞后的国家和地区来说，由于固体废弃物再生利用技术的滞后，使得因固体废弃物排放而导致的环境污染问题日趋严重。对于中国来说，近年来，中国固体废弃物污染与废气污染、废水污染等一样面临严峻的形势，我国固体废弃物产生量大、积存量多，每年产生一般工业固体废弃物约33亿吨，工业危险废弃物约4000万吨，且固体废弃物产生量呈现出增长态势。各种固体废弃物的不当堆存、非法倾倒等问题相当严重，诸如快递包装废弃物、报废汽车等快速增长，而污泥、脱硫石膏等污染治理副产品也呈现出大量增加的态势。同样地，由于2018年、2019年《中国统计年鉴》和《中国环境统计年鉴》报告的分地区一般工业固体废弃物产生和利用数据是2017年的，故本书中关于2018年和2019年一般工业固体废弃物的数据也采用2017年进行替代。

（二）环境污染物的地区分布特征

由于受复杂的历史、政治、经济和自然因素的影响，中国的环境污染问题存在典型的地区异质性特征。我们也将对废水污染物、废气污染物和固体废弃物的地区分布进行分析，以此考察中国环境污染的地区特征。

第一，对于废水污染的地区分布，本书采用表4-2报告了2002~2020年各省区废水污染物排放中化学需氧量排放的均值。考察期内，全国废水排放中化学需氧量排放的均值为56.32万吨，而废水中化学需氧量排放规模相对较高的省区有广东、辽宁、江苏、山东、湖南等，废水排放量相对较低的省区主要包含西藏、青海、宁夏、北京、海南、天津等。目前中国废水中化学需氧量排放量较高的省区主要来自东部地区和中部地区，而西部地区本身的制造业发展水平较为滞后，人口密度也相对较低，工业废水和生活废水的排放和水资源污染等问题都较轻。东部地区省份废水排放量均值要显著高于全国水平和中西部地区，而西部地区省份的废水排放量均值则低于全国平均水平。东部地区一直是我国制造业发展和人口聚集的重要地区，工业废水排放和生活废水排放规模都相对较高。因此，尽管东部地区的经济发展速度较快，发展质量相对较高，但是其发展过程中仍然面临着水资源污染持续恶化的问题。

表4-2 2002~2020年分省区废水排放量均值　　单位：万吨

地区	排放量	地区	排放量	地区	排放量
北京	13.65	福建	46.98	云南	26.00
天津	16.66	江西	54.97	西藏	37.47
河北	87.08	山东	113.71	陕西	1.92
山西	39.68	河南	92.39	甘肃	39.97
内蒙古	49.21	湖北	76.64	青海	24.43
辽宁	123.58	湖南	99.88	宁夏	7.70
吉林	51.87	广东	124.62	新疆	15.59
黑龙江	83.84	广西	91.53	全国均值	56.32
上海	26.80	海南	12.80	东部地区	55.12
江苏	95.60	重庆	30.50	中部地区	68.94
浙江	62.42	四川	96.84	西部地区	37.44
安徽	60.05	贵州	26.00	—	—

注："—"表示该项为空。

资料来源：作者根据2003~2021年《中国统计年鉴》整理得出。

第二，对于废气污染物的地区分布来说，本书用表4-3报告了2002~2020年中国各省区二氧化硫排放量均值。由表4-3可知，考察期内，全国二氧化硫排放量均值为58.084万吨，二氧化硫排放规模较大的省区主要有山东、河北、内蒙古、山西、河南等，这些省区大多为我国重工业发展的主要地区；二氧化硫排放量相对较少的省区主要有西藏、青海、海南、北京、天津等，其中，北京和天津二氧化硫排放规模较小的原因可能是因为更加严格的环境管制措施，其余省区则大多为我国经济发展水平相对落后、重工业比例相对较小的地区。且从东、中、西部的结果可以看出，中部地区省份二氧化硫排放量均值水平相对较高，位于全国均值水平之上，而东部地区和西部地区的排放量则低于全国均值水平。这说明尽管东部地区是中国经济社会发展和工业发展状况较好的地区，但是伴随着产业结构的转型升级，二氧化硫排放强度相对较低。

表 4-3　2002~2020 年分省区二氧化硫排放量均值　　单位：万吨

地区	排放量	地区	排放量	地区	排放量
北京	10.105	福建	31.021	云南	48.149
天津	17.991	江西	47.039	西藏	0.462
河北	110.463	山东	142.297	陕西	66.397
山西	108.201	河南	102.145	甘肃	43.614
内蒙古	108.845	湖北	52.208	青海	10.929
辽宁	86.408	湖南	63.146	宁夏	29.510
吉林	30.368	广东	79.460	新疆	53.696
黑龙江	40.318	广西	59.117	全国均值	58.084
上海	27.571	海南	2.299	东部地区	50.768
江苏	91.103	重庆	55.240	中部地区	72.044
浙江	55.068	四川	85.794	西部地区	50.110
安徽	43.346	贵州	98.301	—	—

注："—"表示该项为空。

资料来源：作者根据 2003~2021 年《中国统计年鉴》整理得出。

第三，对于固体废弃物的地区分布来说，由表 4-4 所示的 2002~2020 年分省区一般工业固体废弃物排放量均值来说，中国各省区中固体废弃物排放量较大的省区主要来自河北、山西、辽宁、内蒙古、山东和河南等，这些省区经济发展中重工业发展的比重较大，同样也造成了更多的固体废弃物排放。就东、中、西部的结果来看，中部地区工业固体废弃物的排放量要显著高于东部地区和西部地区，也远远高于全国均值水平。这可能是因为中部地区的工业发展规模较大，所产生的固体废弃物的绝对量也较多。

表 4-4　2002~2020 年分省区一般工业固体废弃物产生量均值　单位：万吨

地区	产生量	地区	产生量	地区	产生量
北京	1007.525	福建	5515.004	云南	11279.294
天津	1425.862	江西	9724.829	西藏	344.005
河北	28273.106	山东	17013.598	陕西	7504.791
山西	24458.848	河南	11913.163	甘肃	4395.673
内蒙古	18946.846	湖北	6721.666	青海	7912.238
辽宁	19695.629	湖南	5328.534	宁夏	2747.017

续表

地区	产生量	地区	产生量	地区	产生量
吉林	4096.927	广东	5111.009	新疆	5687.227
黑龙江	5672.276	广西	6305.188	全国均值	8268.187
上海	1961.477	海南	314.885	东部地区	5050.676
江苏	9160.810	重庆	2360.485	中部地区	13120.462
浙江	3945.912	四川	10864.515	西部地区	6048.422
安徽	9493.257	贵州	7132.210	—	—

注："—"表示该项为空。

资料来源：作者根据2003~2021年《中国统计年鉴》整理得出。

（三）环境污染物的时间演变特征

第一，对于废水污染来说，近年来，伴随着工业化和城镇化的快速发展，中国水资源质量严重下降，废水污染问题持续恶化。2020年，全国废水中化学需氧量排放量为2564.8万吨，氨氮排放量为98.4万吨。《2020年中国环境统计公报》显示，全国地表水国控断面水质优良断面比例为83.4%，劣类断面比例为0.6%。尽管近年来中国政府不断加强水资源保护，出台了《中华人民共和国水法》《中华人民共和国水污染防治法》《河道管理条例》《关于实行最严格水资源管理制度的意见》"河长制""三条红线"等多种多样的政策措施，但是中国的水资源污染问题并未得到有效的缓解，甚至呈现出恶化的态势。图4-1报告了2002~2020年分年度中国废水中化学需氧量排放量均值的时间变化趋势。可以发现，考察期内，全国范围内废水排放量均值呈现出波动上升的态势，由2002年的42.99万吨上升至2020年的82.73万吨；且变化趋势显示在2002~2010年，化学需氧量排放量呈现出平稳态势，但是在2011年左右快速上升，随后也有所回落。东部地区和中部地区的废水排放量要显著高于西部地区，且东部地区和中部地区废水排放量的增速要略高于西部地区。

第二，对于废气污染来说，本书采用图4-2报告了2002~2020年分年度二氧化硫排放量均值的时间变化趋势。由图4-2可知，2002~2020年，二氧化硫排放量全国均值的时间变化趋势呈现出先增后减的趋势，在2002~2006年，全国二氧化硫排放量均值呈现出上升态势，而在2007年后，全国二氧化硫排放量逐年下降。在2007年，在党中央和国务院的统一部署下，全国各地区积极落实科学发展观，主动采取防控措施推进污染减排，实现了我国环境保护的历史性转变，大气污染治理效果显著。东、中、西部各省区二氧化硫排放量均值的时间变化趋势与全国均值变化基本一致。

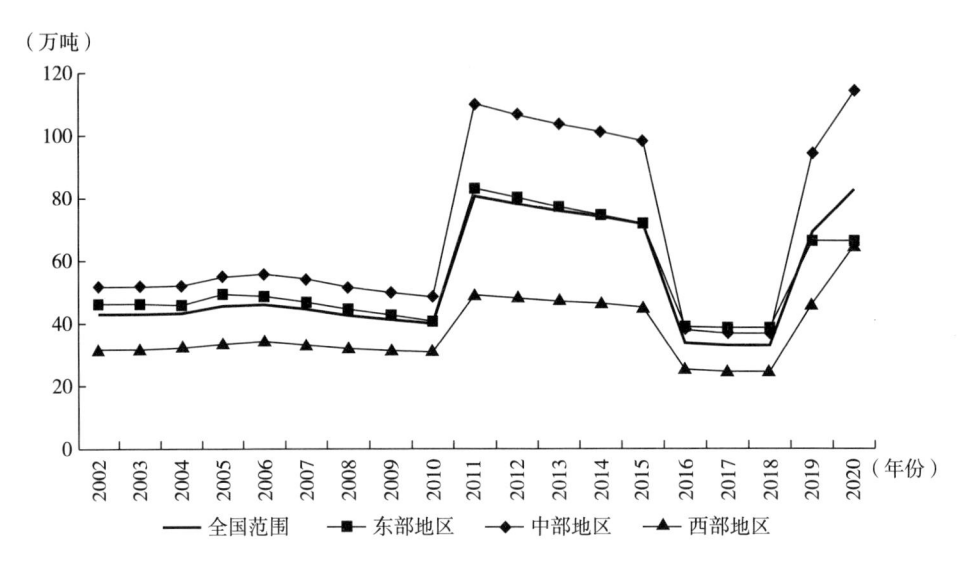

图 4-1 2002~2020 年分年度废水中化学需氧量排放量均值

资料来源：作者根据 2003~2021 年《中国统计年鉴》整理得出。

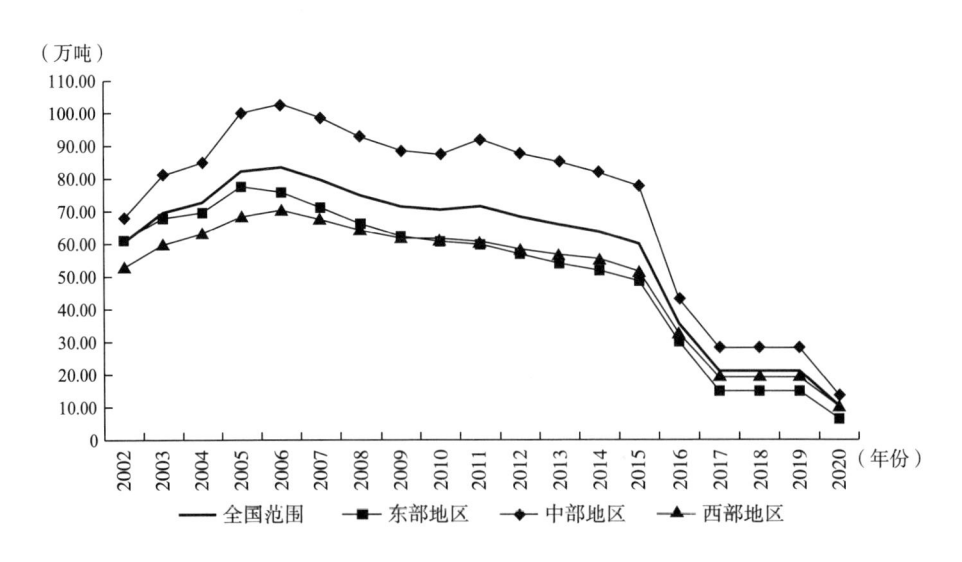

图 4-2 2002~2020 年分年度二氧化硫排放量均值

资料来源：作者根据 2003~2021 年《中国统计年鉴》整理得出。

第三，对于固体废弃物来说，本书采用图4-3报告了分年度的工业固体废弃物产生量的均值。考察期内，无论是就全国均值，还是东、中、西部各省区工业固体废弃物排放量的全国均值呈现逐年上升的态势，但是这一上升过程也存在一定的阶段性特征，即在2002~2011年，全国及东、中、西部省区工业固体废弃物排放量的上升速度较快，而在2011年后，虽然各地区工业固体废弃物排放规模在整体上仍然呈现上升态势，但是其上升速度趋缓。

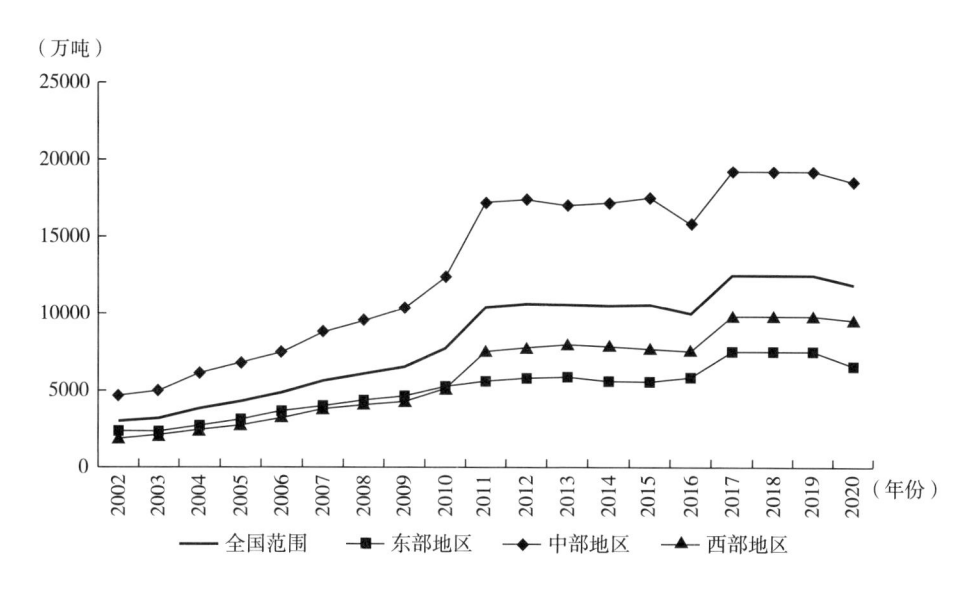

图4-3 2002~2020年分年度一般工业固体废弃物产生量均值

资料来源：作者根据《中国统计年鉴》整理得出。

（四）环境污染综合指数

恰如前文分析中所体现的，目前中国的环境污染具有复杂性特征，废水、废气、固体废弃物等污染物对于环境污染均产生了较大的影响，这使得在研究中如果采用单一指标对环境污染进行衡量势必会导致片面性。因此，目前也有一些文献中通过选取具有代表性的污染物排放量（如废水、二氧化硫、固体废弃物等），并对其进行加总。但是，如果不加处理地将这些指标放入回归方程中会出现多重共线性问题，而简单地叠加也可能会产生因量纲差异导致无法进行横向比较（朱平芳等，2011）。基于此，参考沈坤荣等（2017）的研究，本书通过测算环境污染综合指数（Pol_Index）以衡量各地区的环境污染情况。具体地，首先

定义地区 i 第 j 种污染物的相对排放水平：

$$px_{ij} = \frac{p_{ij}}{\frac{1}{n}\sum_{i=1}^{n} p_{ij}} \tag{4-1}$$

式（4-1）中，i 表示地区数，j 表示污染物种类，本书主要选取废水（p_{i1}）、二氧化硫（p_{i2}）和固体废弃物（p_{i3}）等五种环境污染物；px_{ij} 表示地区 i 第 j 种污染物排放量相对于全国平均水平的排放指数。在此基础上，由五类污染物构成的环境污染排放指数可以表示为：

$$Pol\_Index_i = \frac{1}{3}(px_{i1}+px_{i2}+px_{i3}) \tag{4-2}$$

根据式（4-2），以及前文中所收集的 2002~2015 年中国各省区的废水排放量、二氧化硫排放量和固体废弃物排放量，本书进一步测算了考察期内中国 31 个省级行政区域的环境污染综合指数。我们采用图 4-4 报告了 2002~2020 年中国分省区的环境污染综合指数的相关情况。

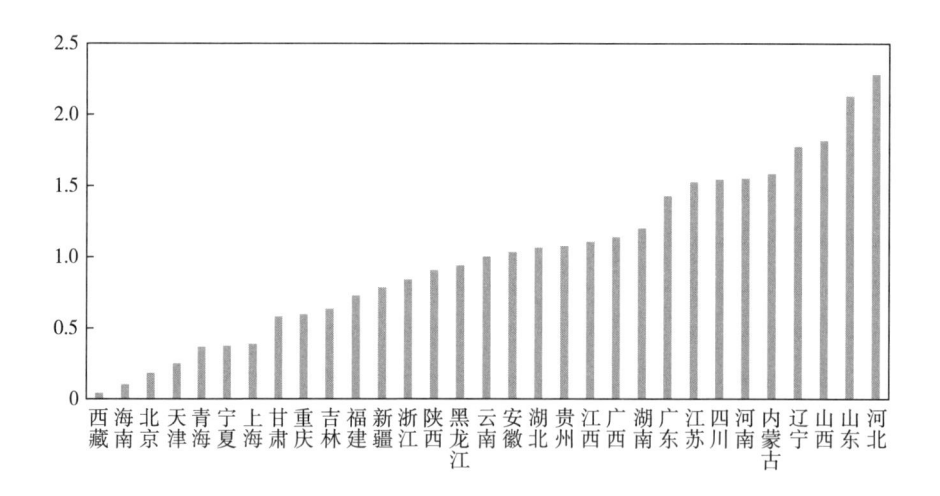

图 4-4　2002~2020 年各省区环境污染综合指数均值

资料来源：作者根据 2003~2021 年《中国统计年鉴》整理计算得出。

由图 4-4 所示的 2002~2020 年中国 31 个省区环境污染综合指数的均值来看，考察期内我国东部地区和中部地区的环境污染情况要显著高于西部地区，说明目前中国西部地区的环境污染状况相对较轻，但是这一指标仍然高于全国水平。环境污染综合指数相对较高的省区主要有河北、山东、山西、河南、江苏和辽宁等,而环境污染综合指数较低的有西藏、海南、青海、宁夏和北京等。事实上,环境污染综合指数的地区分布与前文中对于各种污染物空间分布的分析结论基本一致,即在中国重工业发展较快、传统制造业所占比重较大的省区,环境污染情况较为严重。

三、中国绿色经济发展状况:绿水青山与金山银山

新古典经济增长核算模型将经济增长的源泉分解为要素积累和全要素生产率进步两部分,因而有越来越多的学者开始从全要素生产率的角度去研究经济增长。特别是近年来,学者们基于数据包络分析的 Malmquist 生产率指数方法对全要素生产率进行衡量,从而弥补了新古典经济增长核算模型中未考虑技术无效率的缺陷。但是,这一核算过程仅考虑了经济增长过程中期望产出("好"的产出,如 GDP 等),却没有考虑非期望产出("坏"的产出,如环境污染等),这与现实的经济增长情况不符。随着中国环境污染问题的不断加剧,经济增长的"坏"产出逐渐受到学术界的广泛重视。Pittman(1987)认为,只有将期望产出和非期望产出同时进行考虑,并将其进行非对称化的处理,才能有效衡量经济的全要素生产率。Chung 等(1997)在测算生产率的时候引入了方向性距离函数的概念,并假定在给定资源投入条件下,鼓励期望产出向生产前沿方向增加,以及非期望产出向环境前沿移动。在此基础上,Chung 等(1997)的研究构建了 Malmquist-Luenburger 指数,从而将经济增长的期望产出和非期望产出同时纳入了生产率分析框架。基于规模报酬不变假设,本书采用 MaxDEA 软件测算考察期内中国各省区的 ML 指数。

(一)Malmquist-Luenberger 指数及其分解

具体地,ML 指数是一种基于方向性距离函数的数据包络分析法所测算的,其用公式可以表示为:

$$ML_0^t = \frac{1+\vec{D}_0^t(x^t, y^{gt}, y^{bt}; \eta^t)}{1+\vec{D}_0^t\left[x^{t+1}, y^{g(t+1)}, y^{b(t+1)}; \eta^{t+1}\right]} \tag{4-3}$$

式(4-3)中,x 表示投入要素集,y^g 表示期望产出集,y^b 表示非期望产出集。上式所示的 ML 指数表示在 t 时期的技术条件下,全要素生产率由 t 到 $t+1$ 期

的变化率，混合距离函数 $\vec{D}_i^t[x^{t+1}, y^{g(t+1)}, y^{b(t+1)}; \eta^{t+1}]$ 表示 $t+1$ 时期生产参考 t 时期的技术。同理，在 $t+1$ 时期的技术条件下，ML 指数可以表示为：

$$ML_0^{t+1} = \frac{1+\vec{D}_0^{t+1}(x^t, y^{gt}, y^{bt}; \eta^t)}{1+\vec{D}_0^{t+1}\left[x^{t+1}, y^{g(t+1)}, y^{b(t+1)}; \eta^{t+1}\right]} \tag{4-4}$$

本书采用两个时期 ML 指数的几何平均值，以 t 时期为基期，测算由 t 时期到 $t+1$ 时期的 ML 指数的变化率，以此降低时期选择所产生的随意性干扰，即：

$$ML_t^{t+1} = \left[\frac{1+\vec{D}_0^t(x^t, y^{gt}, y^{bt}; \eta^t)}{1+\vec{D}_0^t\left[x^{t+1}, y^{g(t+1)}, y^{b(t+1)}; \eta^{t+1}\right]} \times \frac{1+\vec{D}_0^{t+1}(x^t, y^{gt}, y^{bt}; \eta^t)}{1+\vec{D}_0^{t+1}\left[x^{t+1}, y^{g(t+1)}, y^{b(t+1)}; \eta^{t+1}\right]}\right]^{\frac{1}{2}} \tag{4-5}$$

式（4-5）中，ML 表示考虑了非期望产出的全要素生产率变化指数，其含义为：如果 ML 指数大于 1，说明在 t 时期到 $t+1$ 期内，考虑非期望产出的全要素生产率水平得到了提高，否则即为降低（小于 1）或者不变（等于 1）。以上 ML 指数的求解过程需要借助线性规划计算以下四个方向距离函数：

$$\vec{D}_0^t(x_{t, k'}, y_{t, k'}^g, y_{t, k'}^b; y_{t, k'}^g, -y_{t, k'}^b) = \max\beta$$

$$\text{s. t.} \begin{cases} \sum_{k=1}^K \lambda_{t, k} y_{t, k, m}^g \geq (1+\beta) y_{t, k', m}^g, & m = 1, 2, \cdots, M \\ \sum_{k=1}^K \lambda_{t, k} y_{t, k, i}^b = (1-\beta) y_{t, k', i}^b, & i = 1, 2, \cdots, I \\ \sum_{k=1}^K \lambda_{t, k} x_{t, k, n} \leq x_{t, k', n}, & n = 1, 2, \cdots, N \\ \lambda_{t, k} \geq 0, & k = 1, 2, \cdots, K \end{cases} \tag{4-6}$$

$$\vec{D}_0^{t+1}(x_{t+1, k'}, y_{t+1, k'}^g, y_{t+1, k'}^b; y_{t+1, k'}^g, -y_{t+1, k'}^b) = \max\beta$$

$$\text{s. t.} \begin{cases} \sum_{k=1}^K \lambda_{t+1, k} y_{t+1, k, m}^g \geq (1+\beta) y_{t+1, k', m}^g, & m = 1, 2, \cdots, M \\ \sum_{k=1}^K \lambda_{t+1, k} y_{t+1, k, i}^b = (1-\beta) y_{t+1, k', i}^b, & i = 1, 2, \cdots, I \\ \sum_{k=1}^K \lambda_{t+1, k} x_{t+1, k, n} \leq x_{t+1, k', n}, & n = 1, 2, \cdots, N \\ \lambda_{t+1, k} \geq 0, & k = 1, 2, \cdots, K \end{cases} \tag{4-7}$$

$$\vec{D}_0^{t+1}(x_{t+1, k'}, y_{t+1, k'}^g, y_{t+1, k'}^b; y_{t+1, k'}^g, -y_{t+1, k'}^b) = \max\beta$$

$$\text{s.t.} \begin{cases} \sum_{k=1}^{K} \lambda_{t+1, k} y^g_{t+1, k, m} \geq (1+\beta) y^g_{t, k', m}, & m = 1, 2, \cdots, M \\ \sum_{k=1}^{K} \lambda_{t+1, k} y^b_{t+1, k, i} = (1-\beta) y^b_{t, k', i}, & i = 1, 2, \cdots, I \\ \sum_{k=1}^{K} \lambda_{t+1, k} x_{t+1, k, n} \leq x_{t, k', n}, & n = 1, 2, \cdots, N \\ \lambda_{t+1, k} \geq 0, & k = 1, 2, \cdots, K \end{cases} \quad (4-8)$$

$$\vec{D}_0^{t+1}(x_{t+1, k'}, y^g_{t+1, k'}, y^b_{t+1, k'}; y^g_{t+1, k'}, -y^b_{t+1, k'}) = \max \beta$$

$$\text{s.t.} \begin{cases} \sum_{k=1}^{K} \lambda_{t, k} y^g_{t, k, m} \geq (1+\beta) y^g_{t+1, k', m}, & m = 1, 2, \cdots, M \\ \sum_{k=1}^{K} \lambda_{t, k} y^b_{t, k, i} = (1-\beta) y^b_{t+1, k', i}, & i = 1, 2, \cdots, I \\ \sum_{k=1}^{K} \lambda_{t, k} x_{t, k, n} \leq x_{t+1, k', n}, & n = 1, 2, \cdots, N \\ \lambda_{t, k} \geq 0, & k = 1, 2, \cdots, K \end{cases} \quad (4-9)$$

进一步地，本书将式（4-8）所示的 ML 指数分解为两部分乘积的形式，其中，前者可以称为效率改善效应（MLEC），后者则为技术进步效应（MLTC）。其含义分别为：如果 MLEC 的值大于 1，说明在 t 时期到 $t+1$ 时期内，考虑非期望产出的效率改善情况得到了提高，决策单元在 t 时期到 $t+1$ 时期内的实际生产点向环境生产前沿面的移动，否则即为降低（小于 1）或者不变（等于 1）。同样地，如果 MLTC 的值大于 1，说明考虑非期望产出的技术进步情况得到了提高，环境生产前沿面向前移动，否则即为降低（小于 1）或者不变（等于 1）。

实际测算过程中，需要事先设定相应的投入变量和产出变量。就投入变量来说，其主要包括劳动力投入、资本投入和能源要素投入，本书采用 2002～2020 年中国各省区年末城镇单位就业人数表示劳动力投入，资本投入则采用相应年份的固定资产投资，并采用永续盘存法将其核算为存量形式，能源要素投入为各省区的化石能源消费总量。① 至于产出变量，这里主要包括期望产出和非期望产出，其中，期望产出主要采用的是 2002～2020 年各省区的地区生产总值，并采用以 2002 年为基期的 GDP 平减指数将其核算为 2002 年的不变价。而关于非期望产出，结合当前中国环境污染问题的现实情况，并参考王兵和刘光天（2015）等学者的研究，本书选取工业和生活二氧化硫（SO_2）排放量，以及二氧化碳

---

① 主要包括煤炭、焦炭、原油、汽油、煤油、柴油、燃料油和天然气八种。

（CO₂）排放量进行衡量。①

（二）基于 Malmquist-Luenberger 指数的中国绿色全要素生产率分析

在假定规模报酬不变的前提下，本书采用 MaxDEA 软件测算了 2002~2020 年中国各省区的考虑非期望产出的 ML 指数、MLEC 指数和 MLTC 指数。表 4-5 报告了考察期内各省区以上各指标的均值，图 4-5 则表示了其在考察期内的时间变化趋势。考察期内，中国绿色全要素生产率均值为 0.9381，平均增长率为-6.19%，绿色全要素生产率在整体上呈现出下降态势，但是从图 4-5 所示的时间趋势上来说，其下降幅度不断减小，考虑非期望产出的绿色全要素生产率在考察期内呈现出缓慢上升的趋势。效率改善指数（MLEC）为 1.0065，平均增长率为 0.65%，效率改善情况较好；但是考察期内的技术进步指数（MLTC）为 0.9280，年均增长率为-7.20%，出现了技术退步的情形，但近年来这种技术退步现象得到了改善。这也说明了在考虑非期望产出情况下中国绿色全要素生产率出现下降的原因可能是来自技术退步。根据 Färe 等（2001）的研究，技术进步主要表现为生产过程中技术的改进和新工艺的采用等，因此，本书所发现的中国绿色全要素生产率中的技术退步可能是由于目前中国在环境管制方面的技术改进较为滞后，更多的是采用关停污染源、减少污染企业数量等粗放的方式。但是，随着时间的推移，技术退步对于全要素生产率的"拉低"效应得到了改善，这也在一定程度上体现了中国在环境管制方面的技术和工艺优化，越来越多的高污染、高耗能企业开始加大研发投入，强化技术创新在节能减排中的作用。

表 4-5 各省区绿色全要素生产率及其分解形式均值

地区	ML	MLEC	MLTC	地区	ML	MLEC	MLTC
北 京	1.0232	1.0298	0.9935	湖 北	0.9429	1.0176	0.9255

---

① 关于 CO₂ 排放量的衡量，本书参考《IPCC 国家温室气体清单指南》提供的基准方法，其用公式可以表示为：$CO_{2i}^{t} = \sum_{j} ce_{ij}^{t} = \sum_{j} q_{j} \times r_{j}$。其中，$i$、$t$、$j$ 分别表示地区、年份和化石燃料种类；CO_2 表示二氧化碳排放量；ce 表示某种化石燃料所释放的 CO_2 量；q 表示某种化石燃料的消费量；r 表示某种化石燃料的 CO_2 排放系数，其等于该化石能源的低位发热量、CO_2 排放因子、碳氧化率和 CO_2 转换系数的乘积。关于某种化石燃料 CO_2 排放系数、低位发热量、CO_2 排放因子、碳氧化率和 CO_2 转换系数等指标的获取，本书借鉴的是张为付等（2014）的研究结论，这里不再报告。考虑到能源结构的调整具有较长的周期性，因而本书假定的是各种化石燃料的 CO_2 排放系数和碳氧化率在考察期内是固定的。不仅如此，我们采用该指标前后年份的均值对部分缺失值进行补充。

续表

地区	ML	MLEC	MLTC	地区	ML	MLEC	MLTC
天 津	0.9867	1.0288	0.9593	湖 南	0.9269	1.0182	0.9089
河 北	0.9353	1.0298	0.9093	广 东	0.9379	1.0047	0.9329
山 西	0.8759	0.9996	0.8761	广 西	0.9269	1.0110	0.9161
内蒙古	0.9234	1.0191	0.9063	海 南	0.9882	1.0027	0.9856
辽 宁	0.9326	1.0170	0.9159	重 庆	0.9680	1.0066	0.9613
吉 林	0.9469	1.0242	0.9246	四 川	0.9674	1.0160	0.9511
黑龙江	0.9066	1.0131	0.8939	贵 州	0.9196	1.0207	0.8996
上 海	1.0096	1.0164	0.9929	云 南	0.9390	1.0200	0.9196
江 苏	0.9538	1.0014	0.9513	西 藏	0.6629	0.7688	0.7632
浙 江	1.0028	1.0042	0.9987	陕 西	0.9363	1.0097	0.9269
安 徽	0.9261	1.0166	0.9102	甘 肃	0.9195	1.0091	0.9109
福 建	0.9487	0.9965	0.9517	青 海	1.0028	1.0228	0.9808
江 西	0.9247	0.9960	0.9272	宁 夏	0.9615	1.0338	0.9312
山 东	0.9458	1.0226	0.9250	新 疆	0.9404	1.0261	0.9167
河 南	0.9003	0.9974	0.9017	全 国	0.9381	1.0065	0.9280

资料来源：作者采用 MaxDEA 软件测算得出。

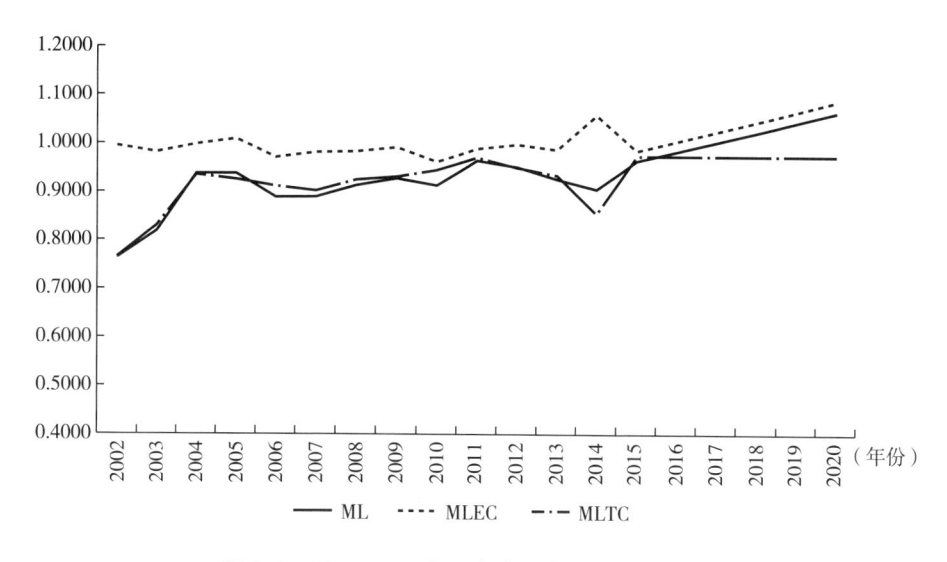

图 4-5 2002~2020 年绿色全要素生产率时间趋势

资料来源：作者采用 MaxDEA 软件测算所得。

新中国成立以来，伴随着工业化的推进和经济发展水平的提升，中国的环境污染问题日益严重。特别是改革开放之后，环境污染问题逐渐成为制约经济持续健康发展、人民群众身体健康的重要因素。面对这一问题，中国政府也不断强化环境治理，出台了各种各样的环境污染治理政策。本书也将对新中国成立以来（1949~2019年）中国环境污染治理的政策体系进行梳理和分析，以期更加清晰地认识市场分割下中国环境污染的现状。

四、中国环境治理体制的演变轨迹与主要特征

面对日益严峻的环境污染问题，中国不断强化政府对于环境污染的治理作用，通过出台各种类型的环境规制政策，从政策约束、市场激励等多个维度对经济主体的环境行为进行规定。本部分内容立足中国环境治理体制的演变路径、发展状况与主要困境展开研究，通过对新中国成立以来的环境规制发展脉络进行梳理，厘清中国政府环境规制的演变轨迹；从强制型环境规制政策、市场型环境规制政策和自愿型环境规制政策三个方面对当前中国环境规制的主要类型进行了分析，识别了它们之间的联系与区别。

（一）中国环境规制的演变轨迹

总体来看，新中国成立以来（1949~2019年）中国环境规制的演变共经历了萌芽阶段、起步阶段、发展阶段、改革阶段和成熟阶段五个过程。

第一，就环境规制的萌芽阶段（新中国成立至1979年）来说，由于这一阶段中国经济社会发展的主要任务是国民经济的恢复和绝对经济水平的提升，而工业化的开始导致了环境、资源和健康问题的出现。当然，此时环境污染问题整体相对较轻，政府的环境规制并未形成一定的体系。很多环境治理政策大多以"红头文件"的形式呈现，如《中华人民共和国矿业暂行条例》（1951年）、《工业企业设计暂行卫生标准》（1956年）等。在同一时期，即20世纪50年代和60年代，一系列关于资源再利用的指导方针和口号相继出台，如"工业废料"和"变废为宝"，在一定程度上均属于防止和减少工业污染的初步举措。1972年，在瑞典首都斯德哥尔摩召开的联合国人类环境会议上，中国制定了环境保护"32字方针"，掀开了中国环境保护的序幕。中国政府还在

第四章 中国环境污染的影响因素、特征事实与治理体制

1979年颁布实施了《中华人民共和国环境保护法（试行）》，其对中国的环境保护工作职责等进行了明确规定。这是中国第一部全面有关加强环境保护立法的正式法律，使得全国环境保护有法可循，也标志着中国环境法律法规体系建设的开始，为中华人民共和国实现区域经济建设与全国环境可持续发展相结合的总目标制定建立了可靠的法律框架。

第二，就环境规制的起步阶段（1979~1989年）来说，这一阶段也是中国改革开放的起步阶段，民营经济开始了蓬勃发展的浪潮。在这个时代背景下，追求高产值的民营企业忽视了他们的社会责任，环保意识缺乏，导致此时中国的环境问题日益严重，并直接影响到国民经济发展。有效保护和改善环境状况、提升居民的健康水平变得艰巨而紧迫。伴随着中国国际地位的提高，以及国际社会对于环境保护事业的呼吁越来越强烈，中国政府出台了一系列的法律法规，如《国务院关于在国民经济调整时期加强环境保护工作的决定》（1981年）、《基本建设项目环境保护管理办法》（1981年）、《中华人民共和国海洋环境保护法》（1982年）、《中华人民共和国水污染防治法》（1984年）、《中华人民共和国森林法》（1984年）、《中华人民共和国草原法》（1985年）、《中华人民共和国大气污染防治法》（1987年）等。不仅如此，1982年，《中华人民共和国宪法》修改中还明确提出了"国家保护和改善生活环境和生态环境，防治污染和其他公害"。不仅如此，中国政府还对在全国范围内实行征收排污费制度及其具体标准和操作流程等进行了规定。1983年，中国召开了第二次全国环境保护会议，这次会议对环境保护事业的方针进行了制定，通过了三大环保政策，也对环境保护在国民经济和社会发展过程中的重要作用进行了规定，确定了"环境保护"作为中国的基本国策。1984年，第八届全国人民代表大会常务委员会颁布的《关于环境保护工作的决定》明确规定了有关解决环境保护、污染防治等一系列重大问题的处置意见，同时也对用于防治社会环境污染问题和自然灾害防治保障问题的资金来源情况作出更加详细与全面的说明。国务院发布并实施了一系列环境法规，并且一些环境规则和条例已经得到完善和进一步发展。随着这一时期各种环境保护和治理法律法规的颁布，环境保护逐渐从经济建设中的边缘地位走向重要地位，环境监管的政策体系正式建立并逐步规范，在一定程度上遏制了环境恶化的趋势。

第三，就环境规制的发展阶段（1989~1996年）来说，随着现代化市场经济的快速发展，以粗放型、高能耗为主的生产状况给社会生态环境管理带来更加复杂的形势和严峻的挑战，中国环境立法也进入了快速发展阶段，地方环境立法不仅需要完善和修订，也迫切需要更加统一和严格的环境保护法律和法规，以加强

限制，防止企业过度生产活动造成的环境破坏。1989年，第三次全国环境保护会议上通过"环境管理要坚持以预防为主""谁污染谁治理""强化环境管理"三项环境政策，并提出五项新的环境管理制度，与"建设项目环境影响评价""三同时""排污收费"三项制度，一起构成了我国八大环境管理制度，并明确提出要努力走出一条"中国特色的环保道路"。在1992年举办的里约环境峰会上，中国政府提出了《环境与发展十大对策》，明确提出要走可持续发展道路。不仅如此，《中国21世纪议程》（1994年）中还把可持续发展战略落实为中国经济和社会发展的基本指导思想。这一时期环境保护也被纳入中国国民经济和社会发展的总体规划之中，各级地方政府也越来越重视污染防治工作，并出台了一系列环境保护法规，确保对工业区和流域、区域的污染进行综合治理。在此期间，中国的环境监管体系逐步完善，建立了由全国人大、各级政府和环保部门共同发挥作用的监管体系。

第四，就环境规制的改革阶段（1996~2012年）来说，这一阶段中国的环境污染问题呈现出急剧恶化的态势，且伴随着中国在2001年加入世界贸易组织，改革开放与工业化、城市化齐头并进，外商直接投资规模空前提高，很多跨国公司将污染产业转入中国。国内粗放式经济发展模式消耗了大量的自然资源，由此产生的环境污染问题也越来越明显。中国政府进一步从战略角度对环境保护进行了规定，第四次全国环境保护会议上明确提出"环境保护是关系我国长远发展和全局性的战略问题"。科学发展观、建设生态文明、社会主义和谐社会等是指导中国经济社会发展和环境保护的重要思想，以实现经济发展战略转型。1998年，国家环境保护总局成立，作为颁布和有效执行后续环境政策的领导机构。2002年，《中华人民共和国环境影响评价法》颁布，使中国从"先污染后治理"转向"先评估后生产"。随着国内社会主义市场经济的建立与发展，我国又对过去部分环境规制政策进行了全面修订，2003年国务院颁布了《排污费征收使用管理条例》，污水处理费征收制度由按超标排放总量核定收费逐渐变为按污染物种类和数量征收以及对超标排放征收。同年，我国宣布将可持续发展战略作为主要的国家发展战略。在此基础上，我国于2006年颁布了第一部公众参与环境保护的规范性文件《环境影响评价公众参与暂行办法》，这是我国环境保护公众参与制度发展过程中的一个重要里程碑。这些环境保护法律和法规的通过表明环境政策的范式正在向整体政策转变，取代了以前的末端处理方式。

第五，就环境规制的成熟阶段（2012~2019年）来说，这一阶段中国经济发展进入新常态，国民经济增长逐渐由高速转向中高速，经济发展模式逐渐从粗放型增长转变为以质量和效益为基础的集约型增长。伴随经济增长模式的转变，我国环境保护事业也逐步跨入新的阶段。2011年，第七次全国环境保护大会提出，要把经济发展和环境保护结合起来，走可持续发展的环境保护道路。随后党的十八大正式把生态文明建设纳入中国特色社会主义五位一体的总体布局中，环境保护和生态文明建设的战略地位进一步提升。党的十八届四中全会提出健全生态文明法律法规。2012年，我国生态环境部正式出台《环境监察办法》，进一步规范了环境监察的相关事项。2014年，十二届全国人大常委会第八次会议表决通过了修订后的《中华人民共和国环境保护法》，这部中国环境领域的"基本法"，完成了首次修订，进一步明确了政府、企业等在环境保护中的责任和处罚力度，被称为"史上最严环保法"。在《中华人民共和国环境保护法》的基础上，我国在绿色投资、绿色金融、绿色资金、绿色税费、绿色证券、绿色信贷、绿色价格七个方面，以及生态补偿和环境信用等领域颁布了160多份文件。党的十八届五中全会还提出了"创新、协调、绿色、开放、共享"的五大发展理念，正式将绿色发展作为新时期中国经济社会发展的重要指导思想。2016年，国务院出台了《"十三五"生态环境保护规划》，首次提出了全面改善生态环境质量的目标。党的十九大构建了"政府为主导、企业为主体、社会组织和公众共同参与"的社会生态环境治理工作体系。此外，2018年，生态环境部的成立取代了原来的环境保护部，解决了以前各部门之间存在的标准不同、权责重叠的问题，进一步扩大和明确了环保部门的权责。同年，第八次全国环境保护大会中提出建立和实施中央环境保护督察制度，实施大气、水、土壤污染防治三大行动计划。2016年通过的《中华人民共和国环境保护税法》正式将征收污水处理费改为缴纳环境保护费。到目前为止，我国的环境政策已逐渐具有系统性和深度，环境保护执法更加严格，环境保护与经济发展平衡协调发展（见图4-6）。

整体来看，现阶段中国的环境立法主要表现为中央和地方相辅相成，共同形成政策调控的总体特征。环境保护法律法规是环境监管的政策基础，法律法规的数量和系统性反映了一个国家或地区环境监管的执行力度和对环境保护的重视程度。我国环境保护的主要法律和法规是由中央政府制定和发布的，但环境法规在实践中的有效性更多地取决于地方政府的支持和实践。一方面，地方政府作为环境保护领域的宣传、行政、监督和管理的主体，负责宣传和执行中央政府颁布的法律法规；另一方面，地方政府作为地方政策法规的执行者，也负责制定本行政区域内的地方性法规，从而规范辖区内企业和个人的行为。

```
萌芽阶段 → 起步阶段 → 发展阶段 → 改革阶段 → 成熟阶段
```

萌芽阶段	红头文件 《矿业暂行条例》 《工业企业设计暂行卫生标准》 《中华人民共和国环境保护法（试行）》
起步阶段	《国务院关于在国民经济调整时期加强环境保护工作的决定》 《基本建设项目环境保护管理办法》 《中华人民共和国海洋环境保护法》 《中华人民共和国水污染防治法》 《中华人民共和国森林法》 《中华人民共和国草原法》 《中华人民共和国大气污染防治法》 《中华人民共和国宪法》修订
发展阶段	第三次全国环境保护会议 《环境与发展十大对策》 《中国21世纪议程》
改革阶段	第四次全国环境保护会议 科学发展观 社会主义和谐社会
成熟阶段	生态文明"五位一体"总体布局 《中华人民共和国环境保护法》修订案 五大发展理念

1949年　　1979年　　1989年　　1996年　　2012年　　2019年

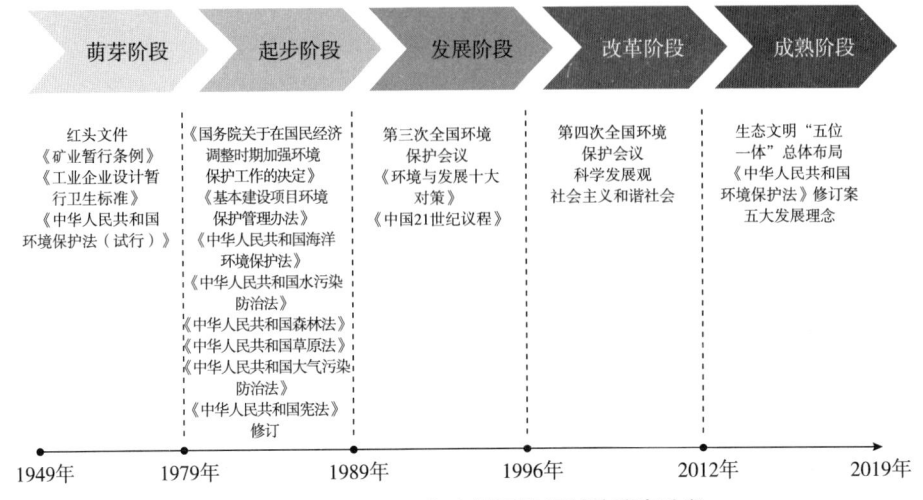

图 4-6　1949~2019 年中国环境规制的演变阶段

资料来源：作者绘制。

（二）中国环境规制的主要类型

从当前中国环境规制的具体类型来看，其主要包含强制型政策、市场型政策和自愿型政策。

1. 强制型环境规制政策

强制型环境规制政策主要是指政府以立法或强制性规章制度等对企业的环境行为进行规定，对违反规定或违法行为进行处罚；市场性政策则是指采用市场机制，如价格、竞争、税收等手段对企业的环境行为进行激励，从而达到污染控制的目的；其特点是通过直接监管来限制产生外部效应的企业的经济活动，具有强制性质。

强制型环境规制政策工具主要包括为企业确立必须遵守的法律法规、技术标准、总量标准和强度标准等。因此污染者几乎没有选择，只能机械地遵守，否则将面临严厉的惩罚。它的优点是管理简单、实施迅速，能有效地控制污染，一般来说能导致快速和可衡量的环境改善。以政府行政干预为主的强制性环境规制政策在世界各国尤其是发展中国家应用最为广泛，然而，由于污染主体数量众多且区域分散，实施起来也很昂贵，而且不能随时间动态监测。对污染主体来说，如果环境法规过于僵化，就某些技术标准而言，"一刀切"的做法过于笼统，会损害其发展效率，阻碍技术创新，对预防和控制污染风险的激励不足。而且政府部门在执行中缺乏灵活性和适应性，执法效率较低。目前世界各国环境规制中，强制型环境规制应用得最为广泛。我国颁布的《中华人民共和国环境保护法》等单行法、部门法、新五项制度和环境影响评价制度，以及老三项制度中的"三同时"和环境影响评价制度，均属于强制型环境规制。

2. 市场型环境规制政策

市场型环境规制政策是政府利用市场机制，基于市场的环境监管是由政府根据污染者付费原则设计的制度，通过市场信号来控制企业的排放行为，为排放者创造减少排放的动力，或控制和优化社会整体污染。由于企业是控制排放和污染的主要行为者，基于市场的工具，如价格和关税，被用来鼓励公司减少污染，并提供激励措施，使其在追求利润最大化的过程中选择环保的做法和生产方式。这一类的主要政策工具包括排放税、资源税、使用者税费、产品税费、可交易的排放许可证、补贴政策、排污权交易、押金退还等。相对于强制型的环境规制政策，基于市场的环境规制政策更加灵活，实施成本更低。以市场为基础的激励性环境规制为经济主体提供了一定程度的选择和行动自由，其允许经济主体根据自身情况作出商业决策，指导减少污染的进度、方法和手段，激励经济主体采用廉价和较好的污染控制技术，以在环保效益与经济效益之间取得最佳平衡。然而，与具有约束力的强制型环境规制相比，市场型环境规制也有不足之处。如果市场体系不健全，排污权交易等基于市场的环境监管就不能有效地发挥作用。如果经济行为体对这些工具的反应存在时滞，工具的效果往往在一段时间后才会显现。1972年，经合组织颁布了"污染者付费原则"，首次引入了基于市场激励的环境规制引起了各国的关注，并在世界范围内逐渐开始实施。

3. 自愿型环境规制

自愿型环境规制是指由行业协会、企业本身或其他各方提出的协议、承诺或计划，公司可以参加也可以不参加，旨在形成关于保护环境的协议、承诺或计划。属于这一类的工具包括环境认证制度、生态标签制度、环境审计、环境信息披露公开制度、环境自愿协议等。自愿型环境规制是建立在企业自愿参与执行的基础上的，一般不具有强制性和约束力。与基于市场的激励型环境规制相比，自愿型环境规制更依赖于企业和行业的主动性和领导力，国家要么置身于这个过程之外，要么只以支持性或合作伙伴的身份参与，即使发挥领导作用，也不使用经济手段来刺激它。在实践中，有三种主要的自愿型环境规制模式：第一种是企业或行业与政府之间通过谈判达成的双边协议，如美国的XL计划；第二种是没有政府参与的企业或行业倡议或承诺，如3M公司的3P计划；第三种是政府自愿决定设计并提出各种计划，企业可以参与其中，如美国的3/50计划。自愿型环境规制可以为经济主体节约成本和提高效率,但其同时也可能是市场对企业施加压力的结果。美国环境保护局(EPA)估计,在过去的20年中,有超过130家公司、非政府组织和地方政府参与了自愿型环境规制。中国目前的自愿型环境规制包括1993年3月31日推出的生态标志、1995年推出的ISO 14000,以及2003年1月1日推出的清洁生产和全过程控制等。再比如,目前进入国际市场的绿色通行证ISO 14001-2015是一个国际环境管理标准,ISO 14001没有法律约束力,但可以反映企业对社会和环境责任的遵守情况。随着公众环保意识的增强,环境信息的传播、网络媒体和舆论监督在中间扮演着重要的角色。自愿型环境规制可以节省成本,自愿参与这一形式可以极大地激励排污者减少排放有害物质,并且非常灵活。然而,这通常是一种事后监测而不是控制过程,且污染控制周期很长。

4. 不同类型环境规制之间的比较

从监管目标和监管性质的角度来看,不同类型的环境规制具有一些共同的特征,这体现在:首先,不同类型的环境规制的目的是基本一致的,即为了保护环境,以实现人与自然的和谐发展。它们在本质上都是为了约束个人或组织的行为。其次,不同的环境监管具有具体化、显性化、合法化和制度化的特点。人们的环境保护意识水平影响着环境监管的作用,而环境监管的有效运作反过来又会加强和提高公众的环境意识。最后,不同类型的环境规制之间的区别也并不是绝对的,在某些条件下,它们具有互相转化的可能。例如,信息披露最初是自愿的,属于自愿环境监管的范畴。然而,当信息公开被视为促进环境保护的一个非常有用的工具时,国家便推出了贷款、上市等形式的激励措施。至此,信息公开从自愿型的环境规制转变为基于市场的激励型环境规制。不仅如此,一些国家还强制企业进行信息披露,此时,信息披露又成了强制型环境规制。

然而,在监管的对象、规制提出主体、监管的成本和监管的效率方面,它们之间存在明显差异,这体现在以下五个方面:第一,就运行成本、效率与对企业的激励方面而言,强制型环境规制的成本更高,对经济主体的激励更少,但对环境的改善效果也更明显。基于市场的激励型环境规制具有更高的运营成本和不确定的整体效果,但是能够为企业提供更多的激励。自愿型环境监管对改善环境的总体效果不确定,但运营成本低,对企业创新的激励作用大。而就增强群众的环保意识和理念方面而言,基本以宣传教化为主,运行成本低,且对环境保护具有根本性和长期性的影响。第二,环境规制的主体方面,立法机构是强制型环境规制的实施主体,政府机构、企业、行业协会、社区或其他方面是自愿型环境规制的实施主体，而人们的环境意识和理念主要通过反思、学习、教育以及奖惩机制形成。第三，规制对象方面，强制型环境规制和市场型环境规制主要针对的是所有个人和组织，自愿型环境规制约束的往往是营利性的企业。第四，存在的形式方面，上述的几种形式均属于显性环境规制，其存在于具体的法律、规则、条例、措施、协议和机构中。而一些自愿型环境规制，如群众的环保意识、环保理念和环保态度属于隐性环境规制，属于精神层面。第五，其他方面，强制型环境规制比较刚性死板，个人和组织没有商量的余地，市场型环境规制提供了一定程度的灵活性，公司和个人都有谈判的空间，但要付出经济代价。自愿性环境监管，公司有较高的自主权，可以选择是否进行自我监管。

第五章 区域市场分割的环境代价：影响机制与实证评估

恰如前文所述，地方政府之间的市场分割是导致中国日益严重的环境污染问题的重要原因之一。那么，一个自然而现实的问题是，区域市场分割对于环境污染的影响机制和作用程度究竟如何？本章内容将对此作重点关注。我们首先通过从结构转型机制、技术进步机制和资源配置机制三个方面探究了区域市场分割影响环境污染的路径，进而基于第三章和第四章所测算的区域市场分割和环境污染等指标，通过构建面板数据计量经济学模型，实证分析区域市场分割对环境污染的影响效应，并检验了区域市场分割影响环境污染过程中的结构转型机制、技术进步机制和资源配置机制的传导作用效果。在此基础上，本章还考察了区域市场分割影响环境污染的时间异质性、空间异质性特征，并对以上估计结果进行稳健性检验，以期更加清晰地识别区域市场分割对环境污染的影响效应，并为后续研究及相关政策的科学制定奠定基础。

一、问题的提出

在中国经济持续、高速增长过程中，环境污染问题日益成为制约中国经济转型升级的重要因素，如何更加准确地识别影响环境污染的因素成为社会各界关注的关键问题之一。面对持续恶化的环境污染问题，学者们也开展了大量的理论与实证研究，分别从经济增长（Brajer et al., 2011；Hao et al., 2018）、环境规制（Tanaka, 2015；Chen et al., 2018；Yang et al., 2018；Hao et al., 2018；Li and Ramanathan, 2018；余长林和高宏建，2015；王书斌和徐盈之，2015）、要素市场扭曲（阚大学和吕连菊，2016）、能源消费（Liu et al.，2018）、外商直接投资（Liu et al.，2018；许和连和邓玉萍，2012）、智慧城市建设（石大千等，2018）、地方政府官员因素（Zhang et al.，2017；梁平汉和高楠，2014；卞元超等，2017；郭峰和石庆玲，2017）、经济集聚（张可和汪东芳，2014）、财政分权（He，2015；张克中等，2011；祁毓等，2014）、环境督察（Zhang et al.，2018）、社会关注程度（Li et al.，2018；He and Liu，2018）等方面对中国环境污染的原因开展了诸多有益的探讨，这也为本书的开展提供了较好的启示。然而，遗憾的是，这些研究忽略了中国经济社会转型时期地方政府之间的保护主义行为以及由此所导致的区域市场分割对环境污染的影响。

在"囚徒困境"中，地方政府之间策略性的分割行为从表面上来说可能会带来收益，却也为此付出了规模不经济的代价（陆铭和陈钊，2009），即市场分割使得大国发展可能享受的"规模红利"并不一定能够实现（陆铭，2017）。就区域市场分割与环境污染的关系而言，恰如前文所述，由于地方政府所保护的企业大多是那些竞争力较弱的传统制造业，这些企业往往具有高能耗、高污染的特征，这使得地方政府的保护行为和市场分割可能会进一步加剧本地区的环境污染。那么，地方政府之间的市场分割对环境污染的影响效应究竟如何？其内在的影响机制又是什么？本章内容将对这些问题做深入研究。

本章研究立足分权体制下地方政府之间的市场分割行为与环境污染之间的关系，通过从规模变化机制、结构转型机制和技术进步机制三个方面考察区域市场分割对环境污染的影响机制，并采用计量经济学模型对其中的影响效果进行实证检验。可能在以下三个层面丰富以往研究：第一，本章围绕地方政府所采取的地方保护主义行为以及由此所引发的市场分割现象，考察其对环境污染的影响效果和阶段性特征，这有利于进一步揭示环境污染过程中地方政府之间关系的影响效应，也为探究当前环境污染的内在原因及其相应的改进措施找到新的突破口。第二，本章进一步从结构转型机制、技术进步机制和资源配置机制三个角度考察了市场分割影响环境污染的传导机制，分析地方政府之间的市场分割影响产业结构转型升级、地区技术进步和资源优化配置，进而作用于环境污染的主要过程，这有利于进一步厘清市场分割在影响环境污染过程中的具体路径。第三，本章采用计量经济学模型，基于地区商品价格指数的市场分割指标和各地区环境污染指数，实证分析了区域市场分割对环境污染的影响效应，还进一步控制了内生性估计偏误、提升了估计结果精确性，这有利于本书更加准确地识别环境污染空间关联性与地方政府策略性分割行为之间的关系，从而为相关政策的科学制定提供启示。

二、区域市场分割影响环境污染的内在机制

从整体上来看,地方政府之间的区域市场分割会阻碍地区产业结构的转型升级,导致产业结构的低级化和污染化,形成结构转型机制;区域市场分割会阻碍地区技术进步,产生技术进步机制;而且区域市场分割还会阻碍生产要素在区域之间的自由流动与优化配置,引发资源配置机制。基于此,本书主要从结构转型机制、技术进步机制和资源配置机制三个方面对区域市场分割影响环境污染的内在机制进行分析。

(一)结构转型机制

中国经济增长奇迹的背后,除了产业规模总量的扩张外,产业结构的快速、高度化演进也是一个非常重要的因素(褚敏和靳涛,2014)。特别是进入新常态以来,中国经济已经由高速增长转向高质量增长,持续的结构调整和优化是经济增长的必要条件,也是保持经济高质量发展的重要前提(袁航和朱承亮,2018)。因此,高度化、合理化的产业结构有助于提升经济发展质量,降低环境污染。

尽管在短期内,地方政府之间的区域市场分割行为能够为地方政府带来经济租金(Young,2000),但是,在长期中,资源和要素在流动上的受阻势必会导致宏观经济的结构失衡。一般来说,产业结构的升级与优化来源于规模经济和比较优势,以及政府公共部门或非公共部门之间的合作以加强技术溢出。对于发展中国家来说,其产业结构升级的阻碍因素主要包含两个方面:一是要素禀赋,如物质资本匮乏或人力资本结构的不匹配(Acemoglu and Zilibotti,2001);二是政府行为,如限制资本进口、垄断要素供给以阻碍新技术引进(Stephen and Prescott,1999),一些利益集团通过政治游说的方式设置贸易壁垒或扭曲要素配置等维持超额利润(Acemoglu,2010)。这些方式都是市场分割的重要体现,从而也成为制约中国产业结构升级的关键阻碍之一(踪家峰和周亮,2013)。不仅如此,从实际的角度来说,地方政府实施地方保护的对象主要是那些效率较低、竞争力较低、具有政治关联的企业,这些企业被保护后也进一步失去了结构升级的动力和积极性。因此,以地方保护为特征的区域市

场分割显著抑制了产业结构的转型升级。

然而,从工业革命以来的世界经济发展历史来说,产业结构是影响环境污染的重要因素,这也得到了目前研究中学者的广泛认可(He and Wang, 2012; Lan et al., 2012; 韩永辉等, 2016),这些研究均认为,制造业(或者工业)所占比重越大,环境污染的水平也越高。不仅如此,沈坤荣等(2017)的研究结论也显示,地方政府环境规制所导致的污染企业转移阻碍了迁入地的产业结构升级,从而也加剧了该地区的环境污染程度。就中国产业结构和能源利用结构的现状来看,钢铁、水泥等高耗能、高排放行业比重较大。根据第十二届中国国际钢铁大会暨全球低碳冶金创新论坛上发布的数据显示,2023 年中国的钢铁产量占世界总产量的 53.9%。与此同时,2023 年的《世界能源统计年鉴》结果进一步表明,2022 年中国煤炭消费量为 88.41 艾焦,占全球总消费的 54.8%。这样的产业结构和能源利用结构使得很多重点地区污染物排放量远超过环境的承载能力,也使得环境污染问题日趋严重。2017 年 3 月 1 日,中国科学院"大气灰霾追因与控制"战略性先导专项课题组发布的报告称,目前中国空气质量总体向好,能源和产业结构调整是治霾决定性因素。因此,地方政府之间的区域市场分割行为所导致的对于产业结构升级的影响也成为恶化环境污染的重要因素之一,此即结构转型机制。

(二)技术进步机制

随着中国经济社会的转型升级,诸如环境污染、生态破坏、资源浪费和产能过剩等问题接踵而至,依靠科技创新、实施创新驱动战略逐渐成为各级政府加快转变经济发展方式、促进经济高质量发展的重要举措,党的十九大报告也指出,创新是引领发展的第一动力,是建设现代化经济体系的战略支撑。如何更加有效地组织创新要素进行创新生产、提升技术创新绩效、促进技术进步成为社会各界关注的重要议题。

然而,尽管地方政府之间的这种市场分割行为虽然在短期内带来了收益,但也为此付出了规模不经济的代价(陆铭和陈钊, 2009)。特别是对区域创新活动来说,尽管必要的地方保护能够防止核心技术和优质资源流失,降低高新技术企业初创期的外部竞争威胁。但是,从长期角度来看,这种地方保护主义和市场分割行为降低了本地区企业开展自主创新活动的积极性和主动性,"剥夺"了本地区创新主体与外界进行交流与学习的机会,从而对技术进步可能会产生阻碍作用。具体地,就技术创新的本质特征来说,知识和信息等要素具有流动性强的特征，这极易导致本地区技术信息的流失。特别是在一些关键技术方面，为了避免核心技术的流失，以及被其他地区所模仿，地方政府往往会采取地方保护和市场分割的策略，通过设置贸易壁垒，阻止本地区要素的外流。从这一层面来说，地方政府的市场分割行为有利于本地区创新绩效水平提升和技术进步。而且对于那些新技术和新企业来说，其在初创时期的规模较小，而新技术的孕育过程（创意产生、研发创造、商业化运用等）需要经历较长的周期，这使得这些企业初期的市场竞争力较弱，需要得到外部的保护和支持。因此，必要的地方保护在短期内有利于新技术和新企业的初期成长，从而也会对技术进步产生促进作用。但是，从长期的角度来说，过度的地方保护主义和市场分割也可能会对区域创新活动产生不利影响，如果地方政府一味地强化对本地区企业的保护，阻碍要素流动，这不仅会使本地企业失去开展自主创新的动力和积极性，还会阻碍本地区企业向其他地区的学习和交流，从而对技术进步产生阻碍作用。

更为重要的是，区域市场分割对于技术进步的抑制作用更加体现在区域环境污染方面。一般来说，技术进步主要包含两个方面，即生产型技术进步和清洁型技术进步，前者主要存在于经济发展初期，对环境污染可能存在恶化作用，而后者则往往存在于经济发展的成熟期，其有助于改善环境污染。尽管生产型技术进步可能加剧环境污染，但是就当前中国经济发展的阶段和现实情况来说，清洁型技术进步日益受到学者们的广泛关注，其对环境污染的抑制作用也更为强烈。因此，技术进步对环境污染的影响不仅体现在生产技术的进步，更体现为污染治理技术（李斌和赵新华，2011）。技术进步既能够提高自然资源的利用率，使资源得到大量的节约和循环利用，还能够降低单位产出的自然资源消耗，减少环境污染。不仅如此，技术的进步还可以使企业采用清洁生产工艺、清洁能源和污染处理设备，改善环境质量。董直庆等（2014）的研究发现，经济发展与环境污染之间的关系呈现出何种方式主要取决于经济体内的技术创新是否朝着清洁技术方向发展。那么，在市场分割条件下，企业失去了开展技术创新的动力，从而也不利于环境污染的改善。不仅如此，区域市场分割也可能会使得本地区政府失去扶持技术创新的积极性。地方政府在实施市场分割行为后，其对于市场竞争的担忧也可能会进一步降低，并导致其不断降低对于本地区技术创新的财政和政策支持力度，从而不利于本地区技术创新水平的提升，这同样也有可能会恶化本地区的环境污染水平。因此，地方政府的保护主义行为和区域市场分割在阻碍技术进步的同时，也进一步抑制了技术进步，特别是对于那些清洁技术工艺，这势必将不利于环境污染的改善。

（三）资源配置机制

区域市场分割阻碍了各种资源和要素的自由流动，这势必会不利于资源在空间范围内的优化配置，从而抑制清洁能源、绿色资本、环保人员等要素在区域之间的配置，引发资源配置效率降低，从而对区域环境污染产生重要影响。具体地，"资源错配"是相对于"有效配置"而言的，资源的有效配置是指能够使社会整体产出最大化的资源配置方式，如果资源配置实现了帕累托最优，即为有效配置，而空间资源错配即体现的是空间（区域）层面上资源的非有效配置状态。在一个封闭经济条件下，资源的有效配置是通过促进要素在区域间自由流动来实现的。与之对应的，如果资源和要素无法实现自由流动，这会阻碍其追求边际收益最大化的帕累托配置，进而产生资源错配。在存在地方保护的情况下，地方政府为了保护本地区的企业和资源，通过设置关卡、滥设技术管制标准、收取通行税等不正当的行政管制手段，阻碍劳动力和资本等要素资源在区域之间进行自由的流动，这在导致市场分割的同时，也使得这些要素无法按照边际产出最大化的原则进行自由流动和配置，引发空间资源错配。目前研究中，陆铭和陈钊（2009）认为，市场分割通过直接或隐形方式，限制了资源和要素在区域之间的流动，导致市场价格信号只在局部有效，扭曲了社会资源在国内市场的优化配置。刘毓芸等（2017）的研究也发现，市场分割会加剧资源错配、抑制中国资源配置效率提升。

然而，空间资源错配也是导致环境污染等环境问题的重要因素之一。在空间资源错配的情形下，一方面，由于人为设置的障碍使得劳动力等有形要素的价格被强行压低，从而导致企业更加倾向于采用增加有形要素投入的方式来获取经营绩效提升，这可能会降低企业开展自主创新的积极性（白俊红和卞元超，2015），从而抑制了清洁生产工艺、清洁能源和污染处理设备的研发与利用，这不利于企业生产经营过程中单位产出能耗的降低，并引发环境污染；另一方面，大规模的有形要素使用可能会在短期内降低企业的生产成本，但是这也使得那些原本需要被淘汰的落后产能仍然有利可图，并导致经济整体对于粗放式增长模式的依赖，从而也会直接限制本地区的产业结构升级。Acemoglu（2010）认为，一些利益集团通过政治游说的方式设置贸易壁垒或扭曲要素配置等维持超额利润，这是阻碍产业结构升级的重要因素。更为重要的是，以上这种产业结构的低端锁定带来了粗放式的增长模式，也成为近年来中国环境污染问题的重要原因（He and Wang，2012；Lan et al.，2012；陈诗一和陈登科，2018）。

三、区域市场分割影响环境污染的效果评估

(一) 实证分析策略与数据说明

基于上述分析，本书拟通过构建系统化的计量经济学模型对区域市场分割与环境污染之间的关系进行检验，其如式（5-1）所示：

$$Pollution_{it} = \alpha_0 + \beta Segment_{it} + \gamma X_{jit} + \lambda_i + \eta_t + \varepsilon_{it} \tag{5-1}$$

式（5-1）中，i 和 t 分别表示截面数和时期数；α_0 表示截距项；因变量 $Pollution$ 表示环境污染，其主要衡量指标是第四章中所构建的环境污染综合指数；核心自变量 $Segment$ 表示区域市场分割指数，β 表示相应的估计系数，表示区域市场分割对环境污染的影响效应；X 表示 j 个可能影响环境污染的控制变量，γ 表示其估计系数，λ 和 η 表示不可观测的个体特征与时间特征；ε 表示随机误差项。

恰如前文所述，本书所构建的区域市场分割指数主要是 2002~2020 年，故本书中选取的研究样本为 2002~2020 年中国 31 个省级行政区域的地区面板数据（中国台湾、中国香港和中国澳门等因数据缺失较多，暂不予考虑）。本文实证研究的原始数据来自各年度的《中国统计年鉴》和《中国区域经济统计年鉴》等。关于实证研究相关变量的选取，其主要包含：

1. 区域市场分割（$Segment$）

本部分实证研究过程中所采用的区域市场分割衡量指标是参照第三章中基于相对价格法构建的市场分割指数，不再赘述。

2. 环境污染（$Pollution$）

本部分实证研究过程中对于环境污染的衡量参照第四章中构建方法，即选取了的基于废水、二氧化硫和固体废弃物三种环境污染物的环境污染综合指数。具体过程不再赘述。

3. 控制变量

为了进一步控制遗漏变量等因素的影响，本部分实证研究还同时了其他一系列可能影响环境污染的因素，这主要包含：

（1）经济发展水平（$Economy$）。本书在实证分析过程中对地区经济发展水平进行了控制，并采用的是考察期内各地区人均地区生产总值，并以 2002 年为

基期的 CPI 指数对其进行去价格化处理。

（2）产业结构（*Structure*）。考虑到当前中国环境污染问题的产业结构来源主要在于制造业等部门，本书采用第二产业产值占地区生产总值比重对产业结构进行衡量。

（3）对外开放水平（*Open*）。本书采用考察期内各地区单位外资企业的投资总额，实际计算过程中采用当年人民币对美元实际汇率将其核算为人民币单位，并以 2002 年为基期的 GDP 指数对其进行去价格化处理。

（4）技术创新水平（*Technology*）。本书选取考察期内各地区的专利申请授权数对地区科技发展水平进行衡量。

（5）人力资本水平（*Human*）。本书选取地区人口的平均受教育年限来衡量人力资本水平，并采用基于不同学历人口的加权形式来核算平均受教育年限，其具体公式可以表示为：

$$H_i = \sum T_n P_{in} \tag{5-2}$$

式（5-2）中，T_n 表示第 n 种学历人口的受教育年数，P_{in} 表示第 i 省区拥有第 n 种学历的人口数；$n=1$ 表示小学，$n=2$ 表示初中，$n=3$ 表示高中，$n=4$ 表示大学（包含本科和专科两种）；假定接受过小学教育的人口受教育年限为 6 年，接受过初中教育的人口受教育年限为 9 年，高中为 12 年，接受过大学教育的人口受教育年限为 16 年。

（6）环境规制水平（*Control*）。本书对环境规制进行了控制，选取考察期内各省区工业污染治理投资作为衡量指标，并以 2002 年为基期的 GDP 平减指数对其进行去价格化处理。

（7）城镇化水平（*Urbanization*）。本书选取城镇建成区面积占该地区面积的比重对其进行衡量。

（8）人口密度（*Population*）。本书选取各地区年末人口总数占行政区域面积的比重对其进行衡量。表 5-1 和表 5-2 分别报告了以上各指标的构造过程和相应的描述性统计结果。

表 5-1 变量构造过程说明

类别	变量名	构造过程
因变量	环境污染综合指数（*Pollution*）	采用加权方法测算的基于三种环境污染物的综合指数，取对数
核心自变量	区域市场分割（*Segment*）	采用相对价格法测算的基于 8 种商品价格指数的相对价格变异程度，取对数

续表

类别	变量名	构造过程
控制变量	地区经济发展水平（Economy）	基于2002年不变价的人均地区生产总值，取对数
	产业结构（Structure）	第二产业产值占地区生产总值比重，取对数
	对外开放水平（Open）	基于2002年不变价的各地区单位外资企业的投资总额，取对数
	技术创新水平（Technology）	各地区专利申请授权数，取对数
	人力资本水平（Human）	基于不同学历人口、不同学历的平均受教育年限指标，取对数
	环境规制水平（Control）	基于2002年不变价的各省区工业污染治理投资，取对数
	城镇化水平（Urbanization）	城市建成区面积占该省区总面积比重，取对数
	人口密度（Population）	各地区年末人口总数占行政区域面积的比重，取对数

表5-2 变量描述性统计结果

变量	单位	观测数	平均值	标准差	最小值	最大值
Pollution	1	589	0.6466	0.3099	0.0070	1.3021
Segment	1	589	0.0214	0.0196	0.0020	0.1519
Economy	元	589	10.2854	0.7903	8.0838	12.0130
Structure	%	589	0.3657	0.0624	0.1470	0.5093
Open	万元	589	5.9707	1.6581	1.3863	10.2202
Technology	件	589	9.0439	1.8872	2.0794	13.4726
Human	年	589	2.3530	0.1597	2.1215	3.0216
Control	万元	589	11.4328	1.3780	6.1675	14.1637
Urbanization	%	589	0.0176	0.0306	0.0001	0.1935
Population	人/平方千米	589	5.3390	1.4424	1.0986	8.3643

注：在后文估计过程中，以上变量均进行了对数化处理，比例变量采用了log（1+原值）形式。

资料来源：作者根据《中国统计年鉴》整理得出。

（二）基准回归模型估计结果的分析与讨论

本书采用 Stata15 软件对式（5-1）所示计量经济学模型进行了估计，其结果如表 5-3 所示。其中，第（1）列为未加入控制变量且未控制地区和时间个体特征的估计结果，第（2）列为未加入控制变量且未控制地区个体特征、仅控制时间个体特征的估计结果，第（3）列为未加入控制变量且同时控制地区和时间个体特征的估计结果，第（4）列为加入控制变量且未控制地区和时间个体特征的估计结果，第（5）列为加入控制变量且未控制地区个体特征、控制时间个体特征的估计结果，第（6）列为加入控制变量且同时控制地区和时间个体特征的估计结果。

表 5-3 基准回归模型估计结果

	(1)	(2)	(3)	(4)	(5)	(6)
Constant	0.6016*** (33.18)	0.5943*** (11.18)	0.1736*** (7.68)	1.1437*** (5.98)	1.1572*** (3.29)	-2.0337*** (-3.19)
Segment	0.0044*** (3.46)	0.0284*** (9.10)	0.0033*** (3.33)	0.0057*** (5.51)	0.0079*** (4.01)	0.0015* (1.66)
Economy				0.2811*** (14.47)	0.3340*** (9.80)	0.0406** (2.18)
Structure				0.8768*** (6.01)	0.8069*** (4.99)	0.2941** (2.02)
Open				0.0892*** (7.28)	0.1043*** (7.46)	0.0056*** (3.54)
Technology				-0.0406*** (-3.74)	-0.0327*** (-2.85)	-0.0055*** (-3.48)
Human				-0.0366 (-0.79)	-0.2346 (-1.50)	-0.2234*** (-2.71)
Control				-0.1189*** (-13.84)	-0.1235*** (-13.35)	-0.0288*** (-5.00)
Urbanization				1.4570*** (3.73)	1.1675*** (2.69)	5.6718*** (9.37)
Population				0.0569*** (5.00)	0.0636*** (5.44)	0.1914*** (3.08)
Observations	589	589	589	589	589	589
Time fixed effect	No	Yes	Yes	No	Yes	Yes
Region fixed effect	No	No	Yes	No	No	Yes
R^2-adj	0.0184	0.0980	0.9371	0.6979	0.6964	0.9492

注：***、**、*分别表示在1%、5%和10%水平上显著；括号内为相应的 t 值。

资料来源：作者根据 Stata 软件计算得出。

如表5-3所示的估计结果可知，无论是否加入控制变量，以及控制可能存在的地区个体特征和时间个体特征，区域市场分割（Segment）影响环境污染的系数均是显著为正的，即如果本地区的市场分割程度越高，则本地区的环境污染程度也越高。这说明地方政府为了保护本地区企业的成长和发展所采取的市场分割成为地方政府的一个"占优策略"，从而使得市场分割在地方政府之间逐渐展开，形成一种策略性的互动。然而，地方政府所保护的对象往往是那些具有高利税特征的传统制造企业，这些企业为政府贡献了绝大部分的税收收入。与此同时，这些传统制造企业往往具有高污染、高能耗的特征，因而地方政府通过保护这些企业的发展而设置的种种贸易壁垒在一定程度上加剧了这些企业的污染排放。

（三）模型的稳健性与内生性检验

第一，将所有解释变量滞后一期。前面的基准回归模型中我们是采用各变量当期值进行估计，为了进一步控制解释变量和被解释变量的同期干扰及其可能产生的内生性问题，这里对所有解释变量进行滞后一期处理，以此作为前文基准回归模型估计结果的稳健性检验。其估计结果如表5-4所示。

表5-4 稳健性检验1的估计结果

	（1）	（2）	（3）
Constant	1.1878*** (5.89)	1.0357*** (2.85)	-2.2799*** (-3.37)
L. Segment	0.0072*** (5.15)	0.0106*** (4.00)	0.0005** (2.41)
控制变量	Yes	Yes	Yes
Observations	558	558	558
Time fixed effect	No	Yes	Yes
Region fixed effect	No	No	Yes
R^2-adj	0.6910	0.6919	0.9508

注：***、**、*分别表示在1%、5%和10%水平上显著；括号内为相应的t值。
资料来源：作者根据Stata软件计算得出。

由表5-4所示的结果可知，在对所有解释变量进行滞后一期处理以后，区域市场分割对环境污染的影响系数仍然是显著为正的，说明区域市场分割加剧了地区的环境污染,这与前文基准回归模型的估计结果是基本一致的,从而也说明前面的基准回归结果具有较好的稳健性。

第二,加入区域市场分割的二次项。前文基准回归模型中考察了区域市场分割对环境污染的影响效果,还有一个值得关注的问题是,这种区域市场分割在影响环境污染过程中是否存在非线性特征,即在市场分割程度较低时,其可能会抑制环境污染,而在市场分割程度较高时,其会加剧环境污染。如果存在,那么前文的分析就是不完善的。为此,本书在式(5-1)所示的计量经济学模型中进一步引入了区域市场分割的二次项,以此检验其是否存在着非线性特征。相关的估计结果如表5-5所示。

表5-5 稳健性检验2的估计结果

	(1)	(2)	(3)
Constant	1.2486*** (6.15)	1.1428*** (3.26)	-2.0565*** (-3.22)
Segment	0.0099*** (3.37)	0.0183*** (4.00)	0.0036** (2.52)
Segment_sq	-0.0009 (-1.53)	-0.0002 (-1.21)	-0.0001 (-0.94)
控制变量	Yes	Yes	Yes
Observations	589	589	589
Time fixed effect	No	Yes	Yes
Region fixed effect	No	No	Yes
R^2-adj	0.6976	0.6985	0.9492

注:***、**、*分别表示在1%、5%和10%水平上显著;括号内为相应的t值。
资料来源:作者根据Stata软件计算得出。

由表5-5所示的估计结果可知,无论是否控制地区和时间层面不可观测的个体特征,区域市场整合(Segment)对环境污染的估计系数都是显著为正的,但是其二次项系数(Segment_sq)在10%水平上都是不显著的,说明区域市场分割在影响地区环境污染过程中不存在非线性特征,从而也说明了前文中未控制该二次项系数具有一定的合理性。

第三,采用动态面板计量模型的检验。考虑到某一地区的能源利用结构和产业结构在短期内难以改变,且政府对于环境污染的治理也存在时间滞后性,这使得环境污染在时间上可能存在"锁定"特征,即前期的环境污染程度会对当期产生直接影响。基于此，本部分研究拟构建如下所示的动态面板计量经济学模型：

$$Pollution_{it} = \alpha_0 + \tau Pollution_{it-1} + \beta Segment_{it} + \gamma_j X_{jit} + \varepsilon_{it} \tag{5-3}$$

式（5-3）中，i 和 t 分别表示截面数和时期数；α 表示截距项；因变量 Pollution 表示环境污染，τ 为时间响应系数，表示前期的环境污染对当期的影响效应；其余变量含义与式（5-1）一致，这里不再赘述。

对于式（5-3）所示的动态面板计量模型来说，由于其纳入了因变量的滞后项作为自变量，这能够进一步控制因遗漏变量等问题所带来的内生性估计偏误，从而提高研究结果的准确性。但是，对于上述动态面板模型在估计过程中会存在以下三个问题：第一，虽然在动态模型中纳入了时间效应，但很难处理不可观测的地区固定效应；第二，模型的内生性问题；第三，当被解释变量的滞后项与随机扰动项存在相关时，动态项的 OLS 估计结果将会严重上偏，固定效应 OLS 估计量严重下偏，随机效应 GLS 估计量也是有偏的（Bond，2002），此时如果利用传统的估计方法对模型进行估计，便会产生估计参数的有偏和不一致。在此情形下，Arellano 和 Bond（1991）、Arellano 和 Bover（1995）建议采用广义矩估计法（GMM）克服以上问题。

动态面板的 GMM 估计方法可以分为差分广义矩估计法（Difference-GMM）和系统广义矩估计法（System-GMM）。前者是指对模型进行差分，并基于一定的假设条件设定解释变量差分值的工具变量，从而得出差分广义矩估计量（Arellano and Bond，1991）。这一方法有效地克服了解释变量的内生性和异方差问题，但是它损失了一部分样本信息，且当解释变量的时间持续性较强时，差分估计方程中的这些滞后的水平变量就会成为弱化的工具变量，从而影响估计结果的渐进有效性。系统广义矩估计法在差分广义矩估计法的基础上，将差分估计和水平估计纳入一个系统内进行估计，并增加了滞后的差分变量为水平方程相应变量的工具变量，提高了估计结果的有效性和一致性（Blundell and Bond，1998），而且这一方法利用了更多的样本信息，因而使得其比差分 GMM 法更加有效。本书亦采用系统 GMM 方法对模型进行估计，使用的工具变量为滞后一期的解释变量。在实际研究过程中，系统 GMM 法按照权重矩阵的不同可以分为一步法（One-step）和两步法（Two-step）。两步法相对于一步法来说不容易受到异方差的干扰。不仅如此，系统 GMM 方法有以下两点要求：第一，面板数据的截面数要大于时期数，本书所采用的面板数据符合这一要求；第二，系统 GMM 估计有效性的前提是工具变量的有效性，因此，本书采用 Sargan 统计量检验工具变量的有效性。

本书还利用一阶差分转换方程的一阶、二阶序列相关检验 AR（1）和 AR（2）来判断残差的序列相关问题。关于动态面板模型的估计结果如表 5-6 所示。

表 5-6　动态面板模型的估计结果

	（1）	（2）
Constant	0.0652*** （9.78）	0.1285 （0.53）
L. Pollution	0.8959*** （93.83）	0.6312*** （4.97）
Segment	0.0001*** （4.10）	0.0008*** （4.06）
控制变量	No	Yes
Observations	558	558
AR（1）	0.0001	0.0032
AR（2）	0.9709	0.9686
Sargan	28.4359 （1.0000）	19.7855 （1.0000）
Wald test	0.0184	4543.21 （0.0000）

注：***、**、*分别表示在1%、5%和10%水平上显著；括号内为相应的t值；SGMM估计结果中，AR（1）和AR（2）统计量报告的结果是其相应的概率P值。

资料来源：作者根据Stata软件计算得出。

就表 5-6 中第（2）列所示的系统广义矩估计（System-GMM）方法的结果来说，检验差分后残差一阶序列相关的 AR（1）在1%水平上显著，而二阶序列相关的 AR（2）在10%水平上仍然是不显著的，说明残差项存在一阶序列相关，不存在二阶序列相关，符合两步法系统 GMM 的要求；*Sargan* 检验也显示采用一阶滞后值的工具变量是有效的，不存在过度识别约束。且环境污染的一阶滞后项（*L. Pollution*）系数显著为正，说明前一期的环境污染会对当期产生显著的促进作用，这也进一步验证了环境污染存在时间"锁定"特征。区域市场分割（*Segment*）对环境污染的影响效应显著为正，即区域市场分割程度越高，环境污染程度也越高，这与本书前文的估计结论是一致的。

第四，采用工具变量的内生性检验。这里，本书通过寻找区域市场分割的工具变量，进一步采用两阶段最小二乘法模型对区域市场分割对环境污染的影响效应进行估计，这一方法还有助于进一步控制区域市场分割和环境污染之间双向因果关系所带来的内生性估计偏误。就工具变量的选取来说，有效的工具变量必须满足相关性和外生性（或排他性约束）条件，即工具变量需要与内生解释变量相关，与扰动项不相关。基于此，考虑到区域市场分割的形成条件，并参考吕越等（2018）等学者的研究，本书选取各地区地理坡度作为区域市场分割的工具变量。一方面，地理条件越复杂、地形越高的地区，其与外界的交流越少，形成市场分割的可能性也越大，满足相关性要求；另一方面，地理因素是长期地质运动的产物，且无论是从历史还是现实来说，均无法断定地理因素本身决定了地区差异（黄玖立和李坤望，2006），故满足排他性约束。需要指出的是，由于本书采用的是包含时间和截面的面板数据，单独采用地理坡度指标作为市场分割的工具变量可能会损失时间信息，故本书采用地理坡度（Geography）与2002~2020年中国商品零售价格总指数的乘积项作为市场分割的工具变量。地理坡度数据主要基于中国90米分辨率数字高程数据，采用ArcGIS软件计算得出。基于这一方法的稳健性检验结果如表5-7所示，其中，第（1）列和第（2）列分别表示基于FE变换的第一阶段和第二阶段的估计结果，第（3）列和第（4）列则分别表示基于FD变换的第一阶段和第二阶段的估计结果。

表5-7 基于工具变量和2SLS模型的估计结果

	FE 变换		FD 变换	
	（1）	（2）	（3）	（4）
Constant	3.0005*** (8.50)	0.0154 (0.78)	−57.9364 (−0.96)	0.1723 (0.34)
Geography	23.3134*** (2.64)	—	17.7087*** (3.47)	—
Segment	—	0.0064** (2.16)	—	0.0115*** (2.91)
控制变量	Yes	Yes	Yes	Yes
Observations	558	558	589	589
R^2-adj	0.1554		0.7294	
Wald test	—	130.57 (0.0000)	—	26665.98 (0.0000)

注："—"表示该项为空；***、**、*分别表示在1%、5%和10%水平上显著；括号内为相应的t值。

资料来源：作者根据Stata软件计算得出。

从表 5-7 所示的采用工具变量和两阶段最小二乘法的估计结果可知，无论是基于 FE 变换还是 FD 变换，在第一阶段的结果中，地理坡度的估计系数均是显著为正的，说明地理坡度越大，则区域市场分割程度越高，说明工具变量具有较好的相关性。在第二阶段的结果中，地方政府之间的市场分割对环境污染均具有显著的正向影响，即区域市场分割进一步加剧了环境污染程度，这与前文基准回归模型的估计结果基本一致。

四、区域市场分割影响环境污染的机制检验

尽管前文研究结论已经发现了区域市场分割对环境污染具有显著的恶化作用。但是，其内在的传导机制是什么呢？究竟是什么原因导致了区域市场分割能够对环境污染产生显著影响？本章内容将重点对这一方面进行关注和考察。事实上，在前文的理论机制分析部分已经指出，本章在考察区域市场分割对环境污染的影响机制过程中主要基于认为区域市场分割阻碍了区域经济发展过程中的产业结构转型升级，抑制了地区的技术进步，不利于地区资源的优化配置，这都会对环境污染水平产生重要影响。本书也将从上述的结构转型机制、技术进步机制和资源配置机制三个方面实证考察区域市场分割影响环境污染内在机制的作用效果。

本部分研究内容参考陈诗一和陈登科（2018）的分析思路：首先，采用计量经济学模型实证考察区域市场分割对上述的结构转型机制（Upgrade）、技术进步机制（Technology）和资源配置机制（Allocation）的作用效果，其用公式可以表示为：

$$Upgrade_{it} = \alpha_0 + \beta_2 Segment_{it} + \gamma_j X_{jit} + \lambda_i + \eta_t + \varepsilon_{it} \quad (5-4)$$

$$Technology_{it} = \alpha_0 + \beta_3 Segment_{it} + \gamma_j X_{jit} + \lambda_i + \eta_t + \varepsilon_{it} \quad (5-5)$$

$$Allocation_{it} = \alpha_0 + \beta_1 Segment_{it} + \gamma_j X_{jit} + \lambda_i + \eta_t + \varepsilon_{it} \quad (5-6)$$

上述式（5-4）、式（5-5）和式（5-6）中，Upgrade、Technology、Allocation 分别表示结构转型机制、技术进步机制和资源配置机制，β_1、β_2 和 β_3 分别为相应的估计系数。其余变量与式（5-3）基本一致。在此基础上，本书还进一步采用计量经济学模型分别考察上述三个机制对环境污染的影响效应，如下式所示：

$$Pollution_{it} = \alpha_0 + \theta_2 Upgrade_{it} + \gamma_j X_{jit} + \lambda_i + \eta_t + \varepsilon_{it} \quad (5-7)$$

$$Pollution_{it} = \alpha_0 + \theta_3 Technology_{it} + \gamma_j X_{jit} + \lambda_i + \eta_t + \varepsilon_{it} \quad (5-8)$$

$$Pollution_{it} = \alpha_0 + \theta_1 Allocation_{it} + \gamma_j X_{jit} + \lambda_i + \eta_t + \varepsilon_{it} \quad (5-9)$$

在式（5-7）、式（5-8）和式（5-9）中，θ_1、θ_2 和 θ_3 分别为结构转型机制、技术进步机制和资源配置机制对环境污染的影响效果，其余变量含义与式（5-1）一致。在衡量指标选取方面，就结构转型机制的指标来说，本书参考蔡海亚等（2017）学者的研究方法，基于产业结构高级化的角度，采用第三产业产值与第二产业产值之比对产业结构转型进行衡量（Upgrade）。对于技术进步机制，本书依然采用的是地区专利申请授权数（Technology）。对于资源配置机制，本书采用地区的全要素生产率进行衡量，其采用数据包络分析方法测得（Allocation）。关于上述式（5-4）、式（5-5）和式（5-6）的估计结果分别如表 5-8 中第（1）列、第（2）列和第（3）列所示；式（5-7）、式（5-8）和式（5-9）的估计结果如表 5-8 中第（4）列、第（5）列和第（6）列所示。

表 5-8 影响机制检验的估计结果

	(1)	(2)	(3)	(4)	(5)	(6)
Constant	5.9565*** (10.55)	7.9505*** (15.76)	2.1861 (0.91)	-1.8957*** (-3.72)	-1.2213* (-1.92)	-1.9253*** (-3.03)
Segment	-0.0023** (-2.07)	-0.0039*** (-4.51)	-0.0039** (-2.14)			
控制变量	Yes	Yes	Yes	Yes	Yes	Yes
Observations	589	589	589	589	589	589
Time fixed effect	Yes	Yes	Yes	Yes	Yes	Yes
Region fixed effect	Yes	Yes	Yes	Yes	Yes	Yes
R^2-adj	0.9950	0.9111	0.9804	0.9493	0.9487	0.9490

注：***、**、* 分别表示在 1%、5% 和 10% 水平上显著；括号内为相应的 t 值。
资料来源：作者根据 Stata 软件计算得出。

由表 5-8 第（1）列所示的结构转型机制的作用结果来说，区域市场分割影响结构转型机制的效应是显著为负的，说明地方政府的市场分割行为显著抑制了地区产业结构的转型升级，地方政府所保护的企业往往是那些竞争力较差的传统产业，虽然这些企业的税基较大，给地方政府带来了丰厚的税收，但是如果这些企业长期受到保护，会降低这些企业进行自主升级的积极性，导致地区经济增长形成对落后产业的依赖，从而也阻碍了产业结构的转型升级。进一步地，由第

(4) 列所示的结果可以发现，结构转型机制影响环境污染的效应也显著为负，说明产业结构的转型升级有助于降低环境污染。因此，上述研究结论验证了区域市场分割影响环境污染的结构转型机制的存在性。

由表 5-8 中第（2）列所示的技术进步机制的作用结果来说，区域市场分割对技术进步的影响效应是显著为负的，说明区域市场分割显著抑制了区域创新活动的开展和技术进步。地方保护所形成的对市场竞争的"回避"降低了企业开展技术创新的积极性，阻碍了区域创新活动的开展，也抑制了地区的技术进步。不仅如此，由第（5）列中所示的技术进步机制对环境污染的影响结果可知，技术进步对环境污染的影响效应亦显著为负，说明技术进步有助于降低环境污染，改善区域的环境质量。因此，上述研究结论也进一步验证了区域市场分割影响环境污染的技术进步机制的存在性。

由表 5-8 中第（3）列所示的资源配置机制的作用效果来说，区域市场分割对地区资源配置的影响效应是显著为负的，说明地方政府之间的市场分割行为显著抑制了地区资源的优化配置。区域市场分割构成了各类要素、资源在区域之间自由流动的壁垒，阻碍了它们在地区层面上进行的帕累托最优配置活动，降低了资源配置效率，也会引发资源错配。此外，根据第（6）列所示的结果可以进一步发现，资源配置效应对环境污染的影响效果也是显著为负的，即资源的优化配置有助于降低环境污染。因此，上述研究结论也进一步验证了区域市场分割影响环境污染的资源配置机制的存在性。

第六章 区域市场分割与环境协同治理

研究环境污染问题的关键任务之一是如何治理。值得关注的是，在环境污染空间外部性以及"跨界"特征凸显的背景下，实现地方政府对于环境污染的区域协同治理尤为重要。那么，市场分割是否显著抑制了地方政府之间的协同治理活动呢？本章将对此作重点关注，构建环境污染区域协同治理的指标，考察当前中国环境污染区域协同治理的现状，进而采用计量经济学模型实证考察区域市场分割对环境污染区域协同治理的影响效应以及相应的时间、空间异质性特征。不仅如此，本章内容还考察了区域市场分割对地方政府环境协同治理过程中人员投入有序度、资金投入有序度、政策投入有序度和组织投入有序度的影响效应。最后，本章还采用案例研究的方式考察了京津冀地区的市场分割与环境污染区域协同治理的关系。相关研究结论为优化地方政府之间在开展环境污染协同治理方面的决策提供了有益启示。

一、问题的提出

面对日益严重的环境污染问题，如何出台更加有效的治理措施、实施更加有效的治理政策成为学术界关注的另一个重要领域。正如前文所述，由于环境污染等问题具有负外部性，而解决这种负外部性的一个重要方法就是发挥政府的作用或者发挥市场的作用（皮建才和赵润之，2017），当行政成本等于这种外部性所带来的成本时，政府的直接管制是有效的。近年来，中国政府不断加大对环境污染的治理投资投入力度。图6-1描绘了2002~2020年中国工业污染治理投资完成总额情况，由图6-1可以发现，中国政府对于工业污染治理投资总额由2002

年的 1883662.8 万元上升至 2014 年的 9976511 万元，尽管该指标在 2020 年回落至 4542586 万元，但是其仍然远高于 2002 年的水平。

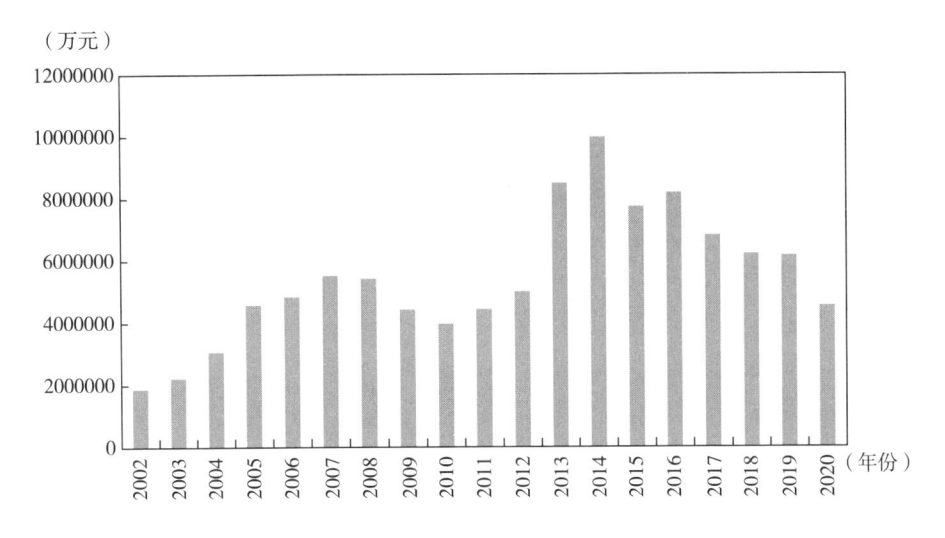

图 6-1　中国工业污染治理投资完成总额

资料来源：作者根据《中国统计年鉴》整理得出。

由图 6-2 可知工业污染治理投资中用于废水污染、废气污染和固体废弃物污染治理投资的相关情况，可以发现在中国工业污染治理投资中，绝大多数投资都是用于废气污染的治理，其次是废水污染，固体废弃物污染治理投资总额相对较低。图 6-3 进一步报告了 2002~2020 年中国工业污染治理投资总额以及三种类型污染治理投资占 GDP 比重的演变情况。可以发现，考察期内，中国工业污染治理投资总额占 GDP 比重呈现出下降趋势，且废水、废气及固体废弃物治理投资额占 GDP 比重也呈现出基本一致的趋势；就三种类型污染的横向比较来看，废气污染治理投资总额占 GDP 的比重最高，其次是废水治理投资额占比，而固体废弃物投资占比则处于最低水平。

但是，环境污染还具有自然属性和社会属性的双重性质：就其自然属性而言，环境污染并非单纯地局限于单个区域，会通过大气环流、大气化学等自然机制以及产业转移、经济集聚等经济机制扩散至相邻地区（邵帅等，2016）。这导致环境污染存在着空间外溢特征，某个地区的环境污染在影响本地区经济活动的同时，也会对邻接地区的环境污染及经济活动产生干扰，进而使得不同区域之间的环境污染过程呈现出同步性和交叉性，这往往导致跨界污染（Transboundary

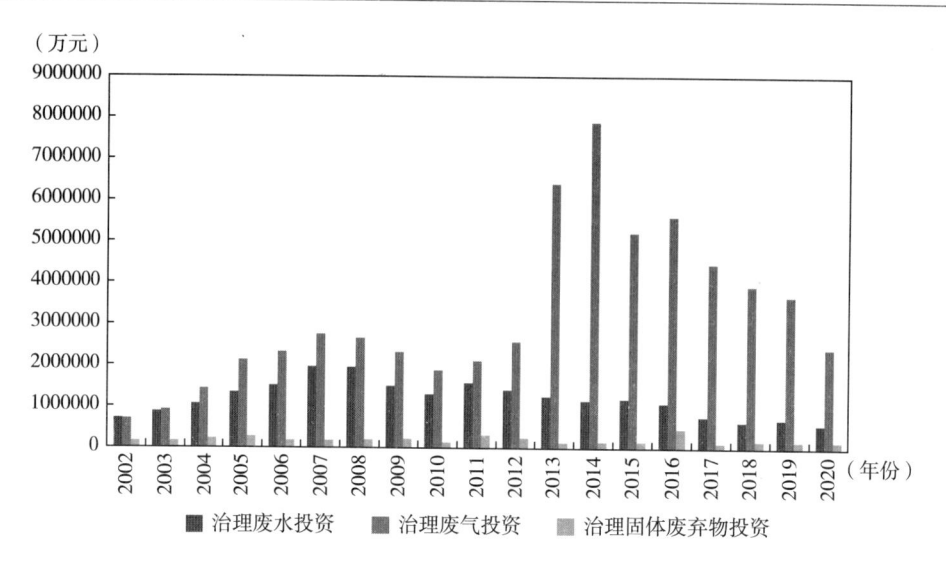

图 6-2　分类别中国工业污染治理投资完成情况

资料来源：作者根据《中国统计年鉴》整理得出。

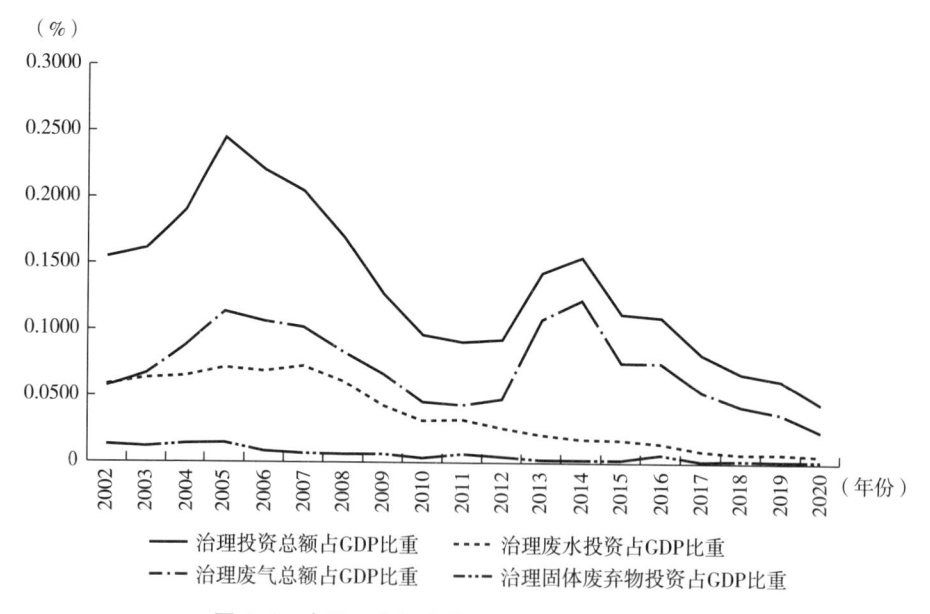

图 6-3　中国工业污染治理投资总额占 GDP 比重

资料来源：作者根据《中国统计年鉴》整理得出。

Pollution）等问题（Copeland and Taylor，1994；马丽梅和张晓，2014）；就其社会属性而言，由于无法清晰界定产权，大气、水环境等是介于纯公共物品和私人物品之间的准公共物品，具有消费的非竞争性和获益的排他性。这也使得一个地区容易形成对其他地区环境政策开展"搭便车"激励，即通过排放更多的污染来达到本地区利益最大化的目的。显然，这种"激励"行为的存在可能会引发所有地区之间相互模仿，形成区域间环境系统的恶性关联，从而使得环境污染问题在整体层面上的不断恶化。面对这种空间外溢性和"搭便车"，传统的治污手段，如庇古税和科斯手段等在实施过程中可能会失效。就庇古税而言，若存在辖区外溢性，一个有效的污染管控应考虑污染物的流动程度，这就加大了地方政府的决策和执行难度；就科斯手段而言，科斯定理要求交易成本或谈判成本非常低，但是现实中并不存在这样理想化的市场。因此，考虑到环境的公共物品属性，面对日益严峻的环境污染等问题，加强地方政府之间在治理环境污染等环境问题方面的合作、开展协同治理日益成为社会各界的广泛共识。

关于协同治理理论的应用，最早可以追溯至英国的"协同型政府"改革，即在新自由主义竞争机制和市场机制的运作下，运用整合资源、协调主体的方式来实现民主、公平、正义等社会价值。所谓协同治理，指的是在政策制定、服务供给以及实施监管等过程中，实现不同层级或同一层级的政府、私人部门间不同维度的整合与协调（Perri，2002）。本书认为，协同治理主要是通过治理主体的多元化、治理结构的同步化和治理方式的多样化来克服传统治理模式的"碎片化"状态。环境污染的区域协同治理可以理解为各地方政府内部以及地方政府之间，为了解决环境的跨区域污染问题，以共同确定的规则为基础，通过多种方式协同治理环境污染的集体行动过程。从这一层面可以看出，针对跨区域污染以及"搭便车"等现象，需要地方政府之间加强协同治理。近年来，中国政府也提出了实施环境污染跨区域协同治理的相关政策，各级地方政府也注意到了加强环境污染区域协同治理的重要性。在政策制定方面，很多政府也出台了各种各样的环境污染区域协同治理政策，这些基于区域层面的环境协同治理行为成为目前中国环境污染治理过程中一个非常典型的现象。

然而，从实际效果来说，中国目前在环境污染区域协同治理方面的成效依然较低，大多数协同治理政策仅限于部分地区（如京津冀、长三角等），缺乏一个具有综合性和普遍指导意义的政策措施；且这些政策也缺乏硬性的约束，导致各地方政府在落实环境污染区域协同治理方面缺乏约束激励机制（赵新峰和袁宗威，2014）。当然，更为重要的是，本书前述的研究结论已经发现，市场分割是造成环境污染的重要因素，这其中所隐含的另一个关键问题还在于，当前中国地方保护主义和市场分割情境下地方政府之间在治理环境污染方面存在着"各自为政"，即市场分割成为进一步治理环境污染的关键所在。

以往文献在考察环境污染问题过程中也高度重视环境污染物空间外溢以及地方政府策略性行为所导致的跨界污染问题。Hossein 和 Kaneko（2013）研究表明，不同国家之间的环境污染存在着空间溢出效应。Frutos 和 Martín-Herrán（2017）、Chang 等（2018）的研究通过构建地方政府跨界污染的博弈论模型，认为地方政府之间的策略性互动行为导致了环境污染问题。吴玉鸣和田斌（2012）、马丽梅和张晓（2014）研究发现，空间溢出特征广泛存在于中国各省份的环境污染过程中。邵帅等（2016）在考虑雾霾污染的时空滞后效应的同时，对雾霾治理政策进行了讨论，研究表明雾霾污染存在着空间溢出效应及高排放俱乐部集聚特征，因此地方政府应将属地管理与区域联动相结合的原则运用于雾霾污染的治理过程中。吴雪萍等（2018）基于半参数空间模型的研究发现，中国空气污染较为严重的地区分布呈现出"由西向东"转移的态势。马丽梅等（2016）的研究结论认为，来自邻近地区的影响是东部地区环境污染的重要原因，因而对于环境污染的治理需要联防联控，打破省域行政界限实现市级层面的联合防控则更为有效。张可等（2016）在标尺竞争理论和内生增长理论的基础上构建了一个包含地区间环保投入策略互动和污染排放空间溢出的理论模型，研究结果发现，跨界污染成为中国环境污染问题的一个突出特征。虞锡君（2008）的研究表明，粗放型经济增长方式、水环境管理体制不合理以及水污染防治的制度缺失等问题是造成跨界污染的原因；并且跨界水污染存在着多重危害，包括严重影响整体水质、削弱地区治理污染的积极性以及对和谐社会的建设产生不利影响等。

面对跨界污染问题，污染方和被污染方都难以单方面实现有效治理，因而也有一些学者开始关注环境污染的跨区域协同治理。易志斌和马晓明（2009）认为，跨界水污染这种区域公共问题的复杂性，使得基于属地原则的传统治理方式陷入了治理的困境，这进一步催生了政府间合作治理机制；而且这种合作治理机制的高效有序实施，需从制度环境、合作规制以及组织安排等方面入手。汪伟全（2014）分析发现，北京市空气污染跨区域的合作治理，存在着利益协调不足、碎片化现象和单中心治理等问题；针对这些问题，提出建立国家层面的空气污染防治战略，健全空气污染跨域治理的利益协调和补偿机制、完善跨域治理机构以及创新跨区域合作治理模式等建议。王奇等（2014）以双主体的博弈模型为基础，分析了具有不同属性的两个地区在环境合作与非合作情形下的效用变动。李正升（2014）研究发现，行政体制的分割与流域水污染的属地化治理不仅打破了流域水环境的整体性，而且进一步强化了地方政府在治理过程中的自利化倾向，突出了个体理性与集体理性的矛盾，进而导致流域水污染传统治理模式的失效；针对水污染治理困境，在政策建议部分提出了协同治理的治理模式，并认为只有克服信息问题，才能有效调动各主体的绩效，从而实现协同治理目标。皮建才和赵润之（2017）在考虑跨界污染的情况下构建了一个动态博弈模型，对京津冀地区环境治理中的单边治理和共同治理问题进行了分析，研究结果发现，相对于单边治理，共同治理能够减少环境污染；虽然共同治理能够提高整体的福利水平和相对发达地区的福利水平，但会降低欠发达地区的社会福利，这也要求在共同治理中需要加强发达地区对于欠发达地区的补偿。杜雯翠和夏永妹（2018）采用双重差分法对京津冀地区雾霾协同治理的效果进行考察，发现无论是一般性的协同治理措施，还是"大事件"协同治理措施，都没有从本质上改善京津冀地区的空气质量。刘华军和雷名雨（2018）基于雾霾污染的空间关联性，考察了雾霾污染区域协同治理的困境及相关解决方案，发现雾霾污染区域协同治理困境主要是由于地方政府的自利性、空气质量的公共物品属性以及治霾集团的规模等问题所导致的。为了解决这一协同治理困境，建议首先解决区域边界设定、区域协同治理机制以及协同防控政策三个突出问题。

尽管以往研究中已经有很多学者开始关注环境污染的区域协同治理问题，并对其开展了诸多有益的讨论。但遗憾的是，这些研究要么停留在事实性描述或单纯的理论分析阶段，要么仅考察单一区域的环境污染协同治理，缺乏完善的理论和实证分析，没有对全局进行系统性的研究，这导致相关研究结果缺乏普遍性的指导意义。本章将在借鉴以往研究的基础上，通过构建环境污染区域协同治理的指标体系，考察中国当前环境污染区域协同治理的现状，进而采用计量经济学模型，实证分析市场分割对环境污染区域协同治理的影响效应以及相关的异质性特征，从而为更加清晰地认识市场分割对环境污染的影响效应以及从区域协同的角度探讨中国环境污染问题治理的路径选择提供启示。

二、中国区域环境协同治理的测度

如何科学地对环境污染的区域协同治理进行衡量是本书所面临的一个重要任务。事实上，目前文献关于环境污染区域协同治理的研究主要停留在理论分析等定性研究层面，其中一个重要原因就在于定量研究方法的匮乏。本部分研究通过基于协同学的理论和方法，将环境污染区域协同治理视为一个复杂系统，而各地区则为相应的子系统，通过选取合适的序参量指标体系，测算环境污染区域协同治理复杂系统的有序度，以此对各省区环境污染区域协同治理情况进行衡量和分析。

（一）测算方法：复杂系统协同度模型

参考孟庆松和韩文秀（2000）关于复杂系统协同度模型的研究，并结合本书实际，假设地方政府关于环境污染区域协同治理的复合系统为 $S = \{s_1, s_2, s_3, \cdots, s_n\}$，$s$ 表示以各地区为代表的环境污染治理子系统（$n = 1, 2, 3, \cdots, 31$），且各子系统由若干基本要素组成，各子系统的相互作用与关系形成 S 的复合机制，即：

$$S = f(s_1, s_2, s_3, \cdots, s_n) \tag{6-1}$$

式（6-1）中，f 表示环境污染治理系统 S 的非线性算子。如果假设复合系统 S 的协同作用为 F，那么环境污染治理的整体协同效应可表示为：

$$E^g(S) = E\{F[f(s_1, s_2, s_3, \cdots, s_n)]\} = E[g(s_1, s_2, s_3, \cdots, s_n)] > \sum_{j=1}^{n} E^f(s_j) \tag{6-2}$$

但是，由于促进环境污染治理从无序到有序的作用机制并非一种，因而式（6-2）中的 F 不止一个，那么定义最优的协同机制 F^o，$\exists F^o \in \Gamma$，在一定的评价准则下，式（6-3）成立：

$$E\{F^o[f(s_1, s_2, s_3, \cdots, s_n)]\} = E[g^o(s_1, s_2, s_3, \cdots, s_n)] = optE^g(s)$$
$$g^o = F^o f \tag{6-3}$$

不仅如此，定义：

$$e_j = (e_{j1}, e_{j2}, \cdots, e_{jn}) \tag{6-4}$$

式（6-4）中，e 表示推动环境污染治理系统演化的序参量，j 表示以上各子系统。并假定序参量 e_{j1}，e_{j2}，$\cdots$，e_{jl_1} 为快弛预变量，其值与子系统的有序程度呈正向关系，而序参量 e_{jl_1+1}，e_{jl_2+2}，$\cdots$，e_{jn} 为慢弛预变量，其值与子系统的有序程度呈反向关系。根据孟庆松和韩文秀（2000）的研究，由于在实际的环境污染协同治理中，可能会出现若干 e_{ji} 值过大或过小的不利情况，此时可以将其取值区间 $[b_{ji}, a_{ji}]$ 进行不断调整，并满足：

$$\mu_j(e_{ji}) = \begin{cases} \dfrac{e_{ji}-b_{ji}}{a_{ji}-b_{ji}}, & i \in [1, l_l] \\ \dfrac{a_{ji}-e_{ji}}{a_{ji}-b_{ji}}, & i \in [l_1+1, n] \end{cases} \tag{6-5}$$

式（6-5）表示各子系统 s_j 的有序度。其中，$n \geq 1$，$b_{ji} \leq e_{ji} \leq a_{ji}$，$i \in [1, n]$，这里 a、b 为系统稳定临界点上序参量 e_{ji} 的上限值和下限值，且 $\mu_j(e_{ji})$ 取值位于 0 到 1 之间，其值越大，说明该序参量分量越能促进子系统实现有序结构。不仅如此，由于系统的有序结构是通过 $\mu_j(e_{ji})$ 的集成和整合来实现的，本书采用了线性加权和法来表示这种集成与整合作用，此时可得到各子系统的有序度：

$$\mu_j(e_j) = \sum \omega_i \mu_j(e_{ji}), \quad \omega_i \geq 0, \quad \sum \omega_i = 1 \tag{6-6}$$

最后，我们定义环境污染治理系统整体协同度（Degree of Whole Synergy，DWS）。若各子系统有序度在初始时刻 t_0 为 $\mu_j^0(e_j)$，$j=1, 2, 3$，那么，相对于 t_1 时刻的各子系统序参量的系统有序为 $\mu_j^1(e_j)$ 而言，$t_0 - t_1$ 时间段内环境污染协同治理系统整体协同度为：

$$DWS = \theta \sum \lambda_j [\,|\mu_j^1(e_j) - \mu_j^0(e_j)|\,] \tag{6-7}$$

式（6-7）中，环境污染治理系统的整体协同度 DWS 取值位于 -1 到 1 之间，其取值越大，表明环境污染治理系统的整体协同度越高，反之则越低。且当：

$$\prod_{j=1}^{3} [\mu_j^1(e_j) - \mu_j^0(e_j)] > 0 \tag{6-8}$$

式（6-8）中，θ 取值为 1，否则为 -1。λ 为各子系统对复合系统有序度的"贡献"程度，即各子系统在复合系统中的权重值，且满足 $\lambda_j \geq 0$，$\sum \lambda_j = 1$。

需要指出的是，根据协同学理论，环境污染区域治理复合系统中，如果至少有一个子系统尚未沿着有序方向发展，则可能导致整个系统处于非协同状态；而如果一个子系统的有序度大幅提高，其他子系统的有序度仅有小幅度提高，甚至下降，那么整个复合系统仍没有处于较好的协同状态。这与环境污染区域协同治理的现实具有较好的一致性，即不同地方政府之间围绕环境污染的协同治理活动需要依托于这些地方政府的共同行动，如果其中任何一个地方政府采取"搭便车"策略，或者不参与协同治理，这可能会导致其他地方政府也采取类似策略，退出协同治理，进而导致整个环境污染协同治理系统的无序。

（二）序参量指标体系构建

复杂系统由无序结构向有序结构转变的协同状态的形成离不开系统外部参量

的驱动作用，而这些影响系统向有序结构转变的关键因素被称为序参量，它们在系统演化过程中起着主导地位和决定性作用。因此，设计科学有效的序参量指标体系对研究和测算复杂系统的演变及其协同度具有至关重要的作用。

在本书中，我们以各省区为环境污染区域协同治理中的一个子系统。而就各地方政府在治理环境污染过程中的具体行为来说，其往往包括人员方面的投入、资金方面的投入、政策方面的投入和组织方面的投入等，我们也将从这四个维度构建环境污染协同治理复杂系统的序参量指标体系：第一，就人员方面的投入来说，本书选取的是各省区环保系统人员总数对其进行衡量，这主要包含国家级和省级环保机构人员数、地市级环保机构人员数、县级环保机构人员数、乡镇环保机构人员数，其中环保机构主要是指环保行政主管部门机构、环境监察机构、环境监测站机构、辐射监测机构、科研机构、宣教机构、信息机构、应急机构和其他机构等。相关原始数据主要来源于各年度的《中国环境年鉴》。第二，就资金方面的投入来说，本书选取的是考察期内各省区工业污染治理投资作为衡量指标，并以2002年为基期的GDP平减指数对其进行去价格化处理。相关原始数据主要来源于各年度的《中国环境年鉴》。第三，就政策方面的投入来说，我们选取的是2002~2020年各省区所颁布的有关环境保护的地方性政策法规数量对其进行衡量，这主要包含地方性法规、地方政府规章、地方规范性文件、地方司法文件、地方工作文件和地方行政许可批复等。相关原始数据主要是采用手动方法，以"环境"为关键词在"北大法宝"中进行获取。第四，就组织方面的投入来说，我们所采取的衡量指标是各地区环保系统机构总数，这里的环保系统机构依然是指上述的国家级和省级环保机构、地市级环保机构、县级环保机构、乡镇环保机构四类，相关的原始数据依然来源于各期《中国环境年鉴》。表6-1给出了序参量指标体系的具体内容。

表6-1 序参量指标体系

子系统	序参量	二级指标	单位
第i省区环境治理子系统	人员投入	环保机构人员数	人
	资金投入	环境污染治理投资总额	万元
	政策投入	环保政策法规数量	件
	组织投入	环保系统机构总数	个

资料来源：2003~2021年《中国环境年鉴》和"北大法宝"。

在此基础上，本书使用客观赋权法中的CRITIC法对各项指标的权重进行确定。这一方法认为评价指标的权重主要取决于标准差和相关系数，其中前者表示评价指标的变异程度，而后者则反映了指标之间的冲突程度。CRITIC 法的基本原理可表示为：

$$A_j = \sigma_j \sum_{i=1}^{n}(1 - R_{ij}) \tag{6-9}$$

式（6-9）中，A_j 为第 j 个指标对系统的影响程度，σ_j 为其标准差，R_{ij} 为第 i 个指标和第 j 个指标的相关系数。A_j 值越大，表明第 j 个指标对系统的影响程度越大，因而可以将其客观权重赋为 $\omega_j = A_j / \sum_{j=1}^{n} A_j$。根据以上这一方法，我们计算了各二级指标在环境污染区域协同治理子系统中的权重值。

为消除不同量纲对数据结果的影响，在测算之前先对数据进行标准化处理。不失一般性，这里所选取的标准化处理的方法为均值—标准差法，其基本原理可以用公式表示为：

$$X'_{ij} = (X_{ij} - \overline{X_j}) / \sigma_j \tag{6-10}$$

式（6-10）中，X_{ij} 表示标准化数据，$\overline{X_j}$ 表示 X_{ij} 的均值，σ_j 表示其标准差。

参考白俊红和卞元超（2015）的研究，将序变量的上限值和下限值分别取 2002~2015 年标准化数据最大值和最小值的 110%，根据式（6-6），计算得出各子系统的有序度，进而根据式（6-7）计算整个环境污染区域协同治理复杂系统的有序度。需要指出的是，根据式（6-6）和式（6-7）所测算的环境污染区域协同治理子系统和复杂系统协同度均为一个不随个体变化的值，因此我们根据各省区（子系统）在环境污染综合指数占全国的比重对各系统进行赋权，从而计算得出各子系统的有序度和整体系统的协同度。

（三）结果分析与讨论

本书采用表 6-2 报告了各子系统中人员投入序参量、资金投入序参量、政策投入序参量和组织投入序参量的有序度，以及环境污染区域协同治理复杂系统的整体协同度；并采用图 6-4 报告了 2002~2020 年各序参量有序度和复杂系统整体协同度的时间变化趋势。

表 6-2　2002~2020 年分省区各序参量有序度与复杂系统协同度均值

子系统	人员投入序参量有序度	资金投入序参量有序度	政策投入序参量有序度	组织投入序参量有序度	复杂系统协同度
北　京	0.090	0.061	0.076	0.079	0.076
天　津	0.101	0.068	0.085	0.089	0.086

续表

子系统	人员投入序参量有序度	资金投入序参量有序度	政策投入序参量有序度	组织投入序参量有序度	复杂系统协同度
河 北	0.399	0.269	0.334	0.349	0.338
山 西	0.323	0.218	0.271	0.283	0.274
内蒙古	0.230	0.155	0.192	0.201	0.195
辽 宁	0.287	0.193	0.240	0.251	0.243
吉 林	0.112	0.076	0.094	0.098	0.095
黑龙江	0.139	0.093	0.116	0.121	0.117
上 海	0.129	0.087	0.108	0.113	0.109
江 苏	0.302	0.203	0.252	0.264	0.255
浙 江	0.186	0.125	0.156	0.163	0.157
安 徽	0.199	0.134	0.166	0.174	0.168
福 建	0.135	0.091	0.113	0.118	0.114
江 西	0.180	0.121	0.151	0.158	0.152
山 东	0.355	0.239	0.297	0.311	0.301
河 南	0.321	0.216	0.269	0.281	0.272
湖 北	0.197	0.133	0.165	0.173	0.167
湖 南	0.218	0.147	0.183	0.191	0.185
广 东	0.269	0.181	0.225	0.235	0.227
广 西	0.190	0.128	0.159	0.167	0.161
海 南	0.024	0.016	0.020	0.021	0.020
重 庆	0.138	0.093	0.115	0.121	0.117
四 川	0.247	0.167	0.207	0.217	0.209
贵 州	0.167	0.113	0.140	0.146	0.141
云 南	0.133	0.090	0.111	0.116	0.112
西 藏	0.008	0.005	0.007	0.007	0.007
陕 西	0.176	0.119	0.148	0.154	0.149
甘 肃	0.103	0.069	0.086	0.090	0.087
青 海	0.058	0.039	0.048	0.051	0.049
宁 夏	0.076	0.052	0.064	0.067	0.065

续表

子系统	人员投入序参量有序度	资金投入序参量有序度	政策投入序参量有序度	组织投入序参量有序度	复杂系统协同度
新　疆	0.124	0.084	0.104	0.109	0.105
全国均值	0.181	0.122	0.152	0.159	0.153

资料来源：作者测算得出。

由表 6-2 所示的结果可知，考察期内，就全国均值来说，中国环境污染区域协同治理各子系统在人员投入、资金投入、政策投入和组织投入方面的有序度，以及环境污染区域协同治理复杂系统的整体协同度均大于 0，说明各投入序参量和复杂系统均呈现出由无序转向有序的特征。但是，就其绝对水平来说，各序参量有序度和环境污染区域协同治理复杂系统的整体协同度均处于较低水平（分别为 0.181、0.122、0.152、0.159 和 0.153），离最佳前沿面尚有较大的距离。这说明当前中国各区域在环境污染治理方面虽然呈现出一定的协同态势，但是整体水平还相对较低。就图 6-4 所示的环境污染区域协同治理复杂系统协同度时间变化趋势来说，2002~2020 年，中国环境污染区域协同治理复杂系统的整体协同度呈现出上升的态势，区域协同治理的协同度快速提升。就图 6-5 所示的人员投入子系统、资金投入子系统、政策投入子系统和组织投入子系统的有序度时间变化趋势来看，四者在时间趋势上也呈现出波动式上升的态势，其中，人员投入的有序度提升最为明显，而资金投入的波动相对较大。且近年来，各子系统在环境污染治理方面的资金投入有序度处于较低水平，说明地方政府围绕环境污染治理的资金投入亟待优化和协调。

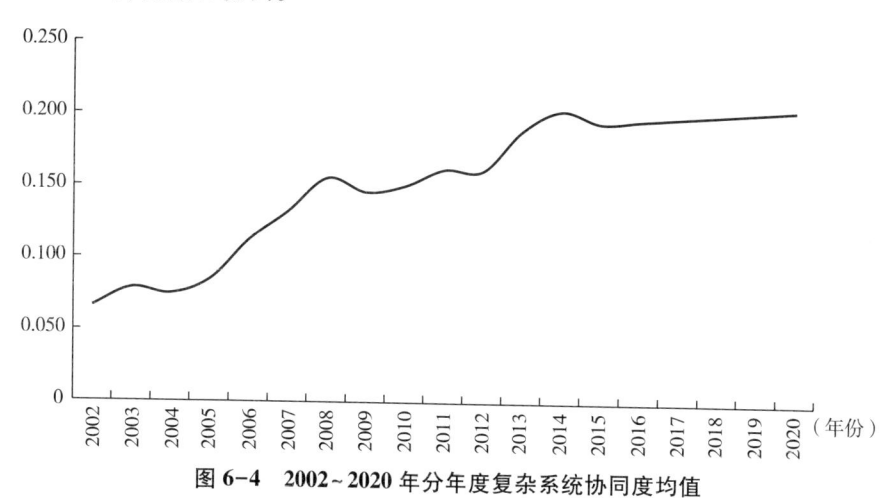

图 6-4　2002~2020 年分年度复杂系统协同度均值

资料来源：作者测算得出。

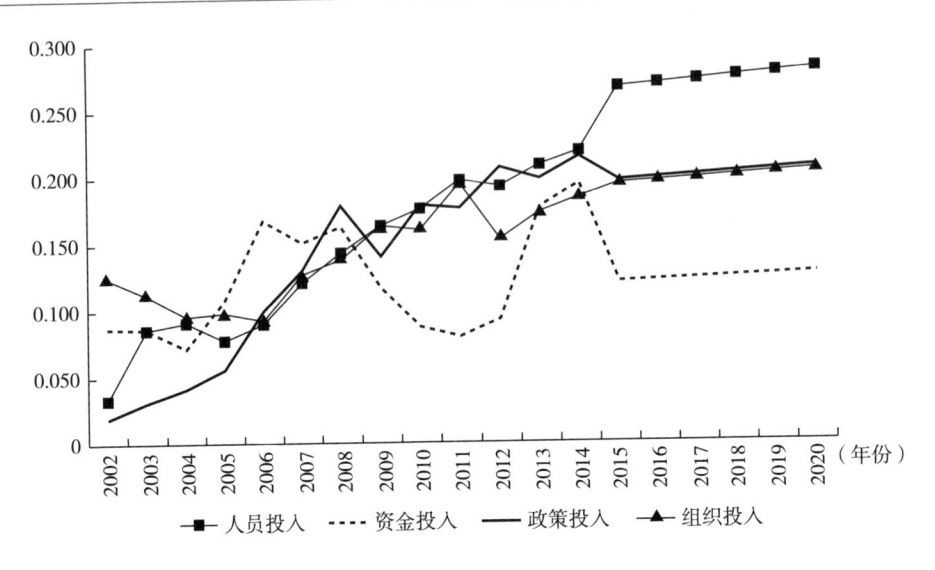

图 6-5 2002~2020 年分年度各序参量有序度均值

资料来源：作者测算得出。

三、区域市场分割影响环境协同治理的效果评估

(一) 实证分析策略与数据说明

在实证研究区域市场分割对环境污染区域协同治理影响效应的过程中，构建了如式（6-11）所示的计量经济学模型：

$$Cogovernance_{it} = \alpha_0 + \beta Segment_{it} + \gamma_j X_{jit} + \lambda_i + \eta_t + \varepsilon_{it} \qquad (6-11)$$

式（6-11）中，i 和 t 分别表示截面数和时期数；因变量 $Cogovernance$ 表示各地方政府关于环境污染区域协同治理程度的指标，α 为截距项；核心自变量 $Segment$ 表示区域市场分割指数，β 为相应的估计系数，表示区域市场分割对环境污染区域协同治理力度的影响效应；X 为 j 个可能影响环境污染区域协同治理的控制变量，γ 表示其估计系数；λ 和 η 分别表示不可观测的地区个体特征和时间个体特征，ε 为随机误差项。

同样地，本部分实证研究所选取的样本为 2002~2020 年中国 31 个省级行政区域的面板数据（中国台湾、中国香港和中国澳门等因数据缺失较多，暂不予考虑），相关原始数据来自各年度的《中国统计年鉴》和《中国区域经济统计年鉴》等。接下来，本书将详细介绍各变量的构造过程：

1. 区域市场分割（Segment）

本部分实证研究过程中所采用的区域市场分割衡量指标是参照第三章中基于相对价格法构建的市场分割指数。

2. 环境污染区域协同治理力度（Cogovernance）

本部分实证过程中选取的衡量指标主要是基于本章第二部分研究中所构建的基于复杂系统协同度模型的环境污染治理的协同度。

3. 控制变量

本章节的实证研究还同时控制了其他可能影响环境污染区域协同治理的因素，这主要包括：环境污染水平（Pollution）、经济发展水平（Economy）、产业结构（Structure）、对外开放水平（Open）、技术创新水平（Technology）、人力资本水平（Human）、城镇化水平（Urbanization）、人口密度（Population）。其中，对于环境污染水平来说，本书所采用的衡量指标是第四章中所测算的基于三种环境污染物的环境污染综合指数。经济发展水平所采用的衡量指标是2002～2020年各省区的人均地区生产总值，并采用以2002年为基期的CPI指数对其进行去价格化处理。产业结构的衡量指标主要是第二产业产值占地区生产总值的比例。就对外开放水平来说，本部分研究仍然采用基于人民币单位的各地区单位外资企业的投资总额对其进行表征，并利用以2002年为基期的GDP指数对其进行去价格化处理。对于技术创新水平，本书采用各地区专利申请授权数指标对其进行衡量。对于人力资本水平，本书选取的衡量指标依然是基于地区人口的平均受教育年限。同样地，对于城镇化水平来说，本部分研究依然选取的是各地区城镇建成区面积占该地区面积的比重对其进行衡量。最后，本部分研究还控制了人口密度对环境污染协同治理的影响，并采用考察期内各地区年末人口总数占行政区域面积的比重对其进行衡量。

（二）基准回归模型估计结果的分析与讨论

本书采用Stata15软件对式（6-11）所示计量经济学模型进行了估计，其结果如表6-3所示。其中，第（1）列为未加入控制变量且未控制地区和时间个体特征的估计结果，第（2）列为未加入控制变量且未控制地区个体特征、仅控制时间个体特征的估计结果，第（3）列为未加入控制变量且同时控制地区和时间个体特征的估计结果，第（4）列为加入控制变量且未控制地区和时间个体特征的估计结果，第（5）列为加入控制变量且未控制地区个体特征、控制时间个体特征的估计结果，第（6）列为加入控制变量且同时控制地区和时间个体特征的估计结果。

表6-3 基准回归模型估计结果

	（1）	（2）	（3）	（4）	（5）	（6）
Constant	0.1023*** (11.91)	0.0521*** (4.25)	0.0014 (0.24)	-0.4994*** (-12.84)	0.0068 (0.11)	0.7479*** (4.54)
Segment	-0.0037*** (-11.91)	-0.0063*** (-8.80)	-0.0014*** (-5.52)	-0.0008*** (-3.75)	-0.0015*** (-4.52)	-0.0014*** (-6.13)
Pollution				0.2017*** (28.38)	0.1908*** (29.47)	0.0426*** (3.90)
Economy				0.0525*** (12.33)	0.0175*** (2.75)	0.0029** (2.34)
Structure				-0.0436 (-1.53)	-0.0028 (-0.10)	-0.0920 (-1.46)
Open				-0.0133 (-1.40)	-0.0037 (-1.47)	0.0039 (1.49)
Technology				0.0052 (1.46)	0.0023 (1.20)	0.0014 (0.47)
Human				0.0203** (2.24)	0.1191*** (4.34)	0.0779*** (3.68)
Urbanization				0.1690** (2.17)	0.1907** (2.48)	0.1868** (2.13)
Population				0.0112*** (5.01)	0.0089*** (4.37)	0.0875*** (5.43)
Observations	589	589	589	589	589	589
Time fixed effect	No	Yes	Yes	No	Yes	Yes
Region fixed effect	No	No	Yes	No	No	Yes
R^2-adj	0.1932	0.3151	0.9438	0.8309	0.8653	0.9518

注：***、**、*分别表示在1%、5%和10%水平上显著；括号内为相应的t值。

资料来源：作者根据Stata软件计算得出。

由表6-3中结果可知，就区域市场分割（Segment）的影响效应来说，无论是否加入其他控制变量，以及控制不可观测的地区与时间个体特征，区域市场分割对环境污染区域协同治理的影响效应在1%水平上是显著为负的，说明地方政府之间的市场分割行为显著抑制了地方政府围绕环境污染的区域协同治理行为，区域市场分割程度越高，则地方政府开展环境污染区域协同治理的积极性与协同程度均越低，这也验证了"以邻为壑"的地区发展模式阻碍了地方政府之间围绕环境污染所开展的协同治理行动。在财政分权制度下，地方政府往往倾向于采取自我保护的发展策略，这使得地区间"以邻为壑"发展模式的形成，并加剧了区域间市场分割程度。环境污染的治理涉及多个行政区域，而"各自为政"的市场分割状态使得跨区域协同治理陷入困境。在市场分割的背景下，地方政府缺乏"合作共赢"的发展理念，倾向于将资源投入能够带来政绩的经济增长上，因此，往往采取机会主义方式逃避本应承担的环境污染的治理成本，并采取"搭便车"行为将不易监测的环境污染跨界转移出去。这种现象充分揭示了个体理性与集体理性的冲突带来的公共事务治理困境，而市场分割加剧了这种治理困境。

（三）模型的稳健性与内生性检验

为了进一步验证前文研究结论的稳健性，本部分内容拟从以下三个方面进行稳健性检验：

第一，将所有解释变量滞后一期。解释变量和被解释变量之间的同期干扰可能会对我们的研究结论产生影响，我们在前面的基准回归模型中直接采用了各变量当期值进行估计，为了进一步控制解释变量和被解释变量的同期干扰及其可能产生的内生性问题，这里对所有解释变量进行滞后一期处理，以此作为一个稳健性检验。其估计结果如表6-4所示，其中第（1）列为未控制地区和时间个体特征的估计结果，第（2）列为控制时间个体特征的估计结果，第（3）列为控制时间和地区个体特征的估计结果。由表6-4所示的结果可知，在对所有解释变量进行滞后一期处理以后，无论是否控制时间和地区个体特征，区域市场分割对环境污染区域协同治理的影响系数仍然为负，且均在1%水平上通过了显著性检验，说明区域市场分割显著抑制了地方政府之间围绕环境污染所开展的协同治理活动，这与基准回归模型的估计结果是一致的，即本书的研究结论具有较好的稳健性。

表 6-4　稳健性检验 1 的估计结果

	（1）	（2）	（3）
Constant	-0.4639*** (-11.98)	-0.0122 (-0.20)	0.7081*** (4.30)
L.Segment	-0.0011*** (-4.15)	-0.0022*** (-4.88)	-0.0015*** (-5.16)
控制变量	Yes	Yes	Yes
Observations	558	558	558
Time fixed effect	No	Yes	Yes
Region fixed effect	No	No	Yes
R^2-adj	0.8462	0.8771	0.9584

注：***、**、*分别表示在1%、5%和10%水平上显著；括号内为相应的t值。

资料来源：作者根据 Stata 软件计算得出。

第二，进一步控制遗漏变量因素的影响。前文基准回归模型中我们控制了其他可能影响环境污染区域协同治理的变量，以及不可观测的地区和时间个体特征。当然，这并不排除本书依然可能遗漏了一些影响因素。因而我们进一步考虑遗憾变量因素的影响，即进一步控制不可观测的地区和时间个体特征的交互项，以此控制那些同时随时间和地区变化的不可观测特征。估计结果如表6-5所示，其中第（1）列为不考虑其他控制变量，只控制个体和时间个体特征的回归结果；第（2）列为既考虑控制变量，也控制个体和时间特征的回归结果。由表6-5可知，在同时控制了时间个体特征、地区个体特征和时间—地区个体特征后，区域市场分割对环境污染区域协同治理的影响效应依然是在1%的置信水平下显著为负，即区域市场分割显著抑制了环境污染的区域协同治理，这与前文的基准回归模型也是一致的，体现了较好的稳健性。

表 6-5　稳健性检验 2 的估计结果

	（1）	（2）
Constant	0.2859*** (10.03)	0.5552*** (3.63)
Segment	-0.0015*** (-6.56)	-0.0015*** (-6.87)

续表

	（1）	（2）
控制变量	No	Yes
Observations	589	589
Time fixed effect	Yes	Yes
Region fixed effect	Yes	Yes
Time×Region fixed effect	Yes	Yes
R^2-adj	0.9527	0.9592

注：***、**、*分别表示在1%、5%和10%水平上显著；括号内为相应的t值。
资料来源：作者根据Stata软件计算得出。

第三，采用动态面板计量模型的检验。事实上，不仅每个地区的环境污染排放量在时间上存在连续性的特征，政府对于环境污染的治理也可能存在时间滞后性，这使得地方政府围绕环境污染的区域协同治理活动在时间上可能存在"锁定"特征。基于此，本部分拟构建如下所示的动态面板计量经济学模型：

$$Cogovernance_{it} = \alpha_0 + \tau Cogovernance_{it-1} + \beta Segment_{it} + \gamma_j X_{jit} + \varepsilon_{it} \quad (6\text{-}12)$$

式（6-12）中，i和t分别表示截面数和时期数；α表示截距项；因变量*Cogovernance*表示环境污染的区域协同治理程度，τ为时间响应系数，表示前期的环境污染区域协同治理程度对当期的影响效应；其余变量含义与式（6-11）一致，这里不再赘述。就式（6-12）的估计方法而言，我们依然选择的是两步法系统GMM模型进行估计，估计结果如表6-6所示。就表6-6中第（2）列所示的系统广义矩估计（System-GMM）方法的结果来说，检验差分后残差一阶序列相关的AR（1）在1%水平上显著，而二阶序列相关的AR（2）在10%水平上仍然是不显著的，说明残差项存在一阶序列相关，不存在二阶序列相关，符合两步法系统GMM的要求；*Sargan*检验也显示采用一阶滞后值的工具变量是有效的，不存在过度识别约束。且环境污染区域协同治理的一阶滞后项（*L.Cogovernance*）系数显著为正，说明前一期的环境污染协同治理程度会对当期产生显著的正向影响，这也进一步验证了环境污染区域协同治理存在时间"锁定"特征。区域市场分割（*Segment*）对环境污染区域协同治理的影响效应依然是显著为负，即区域市场分割不利于地方政府之间的环境协同治理，这与前文的估计结论是一致的。

表 6-6 稳健性检验 3 的估计结果

	（1）	（2）
Constant	0.0116*** (178.80)	-0.7842*** (-8.29)
L. Cogovernance	0.9835*** (83.71)	0.6073*** (93.29)
Segment	-0.0003*** (-80.43)	-0.0001*** (-3.41)
控制变量	No	Yes
Observations	558	558
AR (1)	0.0000	0.0000
AR (2)	0.1253	0.1004
Sargan	30.8908 (1.0000)	29.2299 (1.0000)
Wald test	9527.00 (0.0000)	10251.84 (0.0000)

注：***、**、*分别表示在1%、5%和10%水平上显著；括号内数值为相应的t值。
资料来源：作者根据Stata软件计算得出。

四、区域市场分割与中国环境协同治理的路径

本书在测算中国环境污染区域协同治理过程中，采用复杂系统协同度模型，并从环境污染治理投入的角度构建了各子系统（各省区）的序参量指标体系，主要包含人员投入、资金投入、政策投入和组织投入四个方面。且从这四种投入本身来说，人员投入和资金投入具有相对显性、直接、见效较快等特征，而政策投入和组织投入则具有相对隐性、间接、见效较慢等特征，这不仅使得区域市场分割对不同环境污染区域协同治理投入的影响可能存在一定的差异，也为本书进一步考察区域市场分割影响环境污染协同治理的路径提供了启示。接下来，本书还将探究区域市场分割对不同环境污染协同治理投入的影响，以此揭示区域市场分割影响环境污染协同治理的路径。

（一）环境协同治理的人员投入

环境的保护与污染的治理离不开环保人员的投入。投入更多的环境保护人员是地区进行环境保护和环境治理的重要途径，也是地区之间开展环境污染协同治理的重要路径之一。近年来，中国各级地方政府为了更加有效地开展环境治理，不断加大环保人员的投入力度。如图6-6所示的2002~2020年中国各地区环保人员投入（环保系统人员总数）均值，从时间变化趋势来看，考察期内中国环保人员投入均值由2002年的4916人上升至2020年的7780人，大量的环保人员投入为各地区的环境治理奠定了重要基础。

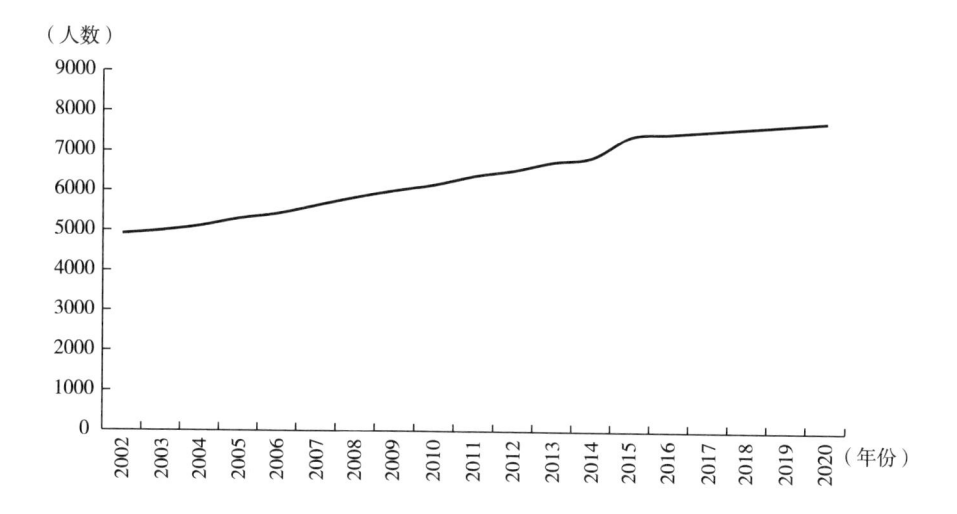

图6-6　2002~2020年分年度环保人员投入均值

资料来源：作者测算得出。

更为重要的是，在环境污染的区域协同治理过程中，各地区不仅要投入更多的环保人员，还需要实现人员投入的协同与匹配。在我们前面关于环境污染区域协同治理复杂系统中，人员投入是其中一个重要的序参量，环保人员投入的协同就体现为人员投入序参量的有序度提升。因此，我们将进一步检验区域市场分割对环境污染协同治理复杂系统中人员投入子系统有序度的影响，并构建了如下所示的计量经济学模型：

$$Cogovernance_{it}^{Labor} = \alpha_0 + \beta Segment_{it} + \gamma_j X_{jit} + \lambda_i + \eta_t + \varepsilon_{it} \quad (6-13)$$

式（6-13）中，i 和 t 分别表示截面数和时期数；因变量 $Cogovernance^{Labor}$ 表

示各地区环境污染协同治理中人员投入序参量的有序度指标,其他变量含义与前文一致。关于式(6-13)的估计结果如表6-7所示。其中,第(1)列为未加入控制变量且未控制地区和时间个体特征的估计结果,第(2)列为未加入控制变量但控制地区、时间个体特征的估计结果,第(3)列为加入控制变量且未控制地区和时间个体特征的估计结果,第(4)列为加入控制变量且控制地区和时间个体特征的估计结果。

表6-7 考虑人员投入序参量的估计结果

	(1)	(2)	(3)	(4)
Constant	0.1002*** (19.27)	−0.0354*** (−4.02)	−0.7026*** (−13.23)	1.2119*** (4.76)
Segment	−0.0060*** (−16.25)	−0.0025*** (−6.45)	−0.0020*** (−7.16)	−0.0027*** (−7.24)
控制变量	No	No	Yes	Yes
Observations	589	589	589	589
Time fixed effect	No	Yes	No	Yes
Region fixed effect	No	Yes	No	Yes
R^2-adj	0.3092	0.9138	0.8116	0.9312

注:***、**、*分别表示在1%、5%和10%水平上显著;括号内为相应的t值。
资料来源:作者根据Stata软件计算得出。

由表6-7所示的估计结果可知,无论是否加入其他控制变量以及不可观测的地区和时间个体特征,区域市场分割对环境污染协同治理中人员投入序参量有序度的影响效应都是为负的,且均通过了1%的显著性检验,这说明区域市场分割不利于各地区政府围绕环境协同治理过程中人员投入的有效匹配和协同,也说明了区域市场分割在制约环境污染协同治理过程中也阻碍了各地区环保人员投入的协同。一方面,市场分割加剧了信息不对称。各个地区只有充分掌握彼此关于环保人员投入的信息,才能有效地保障环境协同治理过程中人员投入的匹配与协同。但是,区域市场分割加剧了区际间信息不对称,并导致地区间环保人员投入相关信息的不匹配,进而使得各地区政府无法有效且充分地获取彼此关于环保人员投入的信息,这会大大降低环境治理过程中人员投入的匹配与协同度。另一方面,市场分割降低了投入积极性。市场分割加剧了不同地区"各自为政""以邻为壑"的发展模式,使得作为独立经济实体的地方政府更加倾向于追求自身利益最大化和片面追求地区经济增长,从而使得不同区域缺乏对环境污染治理的关注度和对跨区域协同治理的重视程度。这会大大降低不同地区参与环境污染协同治理的积极性，其直接体现在各地区不愿意投入更多的环境保护人员进行相互协作。

（二）环境协同治理的资金投入

环保人员与环保资金的投入是保障环境保护与环境治理的两大最基本的要素。与人员投入相类似，资金投入也是各地方政府开展环境治理的重要投资之一，资金投入能够直接用于购置环境污染治理的设备，也可以用于加快环保技术更新、维持环保系统的正常运转。更为重要的是，各地区在实现环境污染协同治理过程中不仅要增加环境治理的资金投入，更要实现彼此之间的相互协同和协作。如果各自之间无法进行有效协同，可能会出现各地区环境治理投入快速增加，但是相互协作不足而出现资金浪费。尤其是对于那些需要进行协同治理的具有较高溢出性的污染物来说，单独增加资金投入可能难以达到预期目标，而是需要借助彼此之间的有效协作。然而，在区域市场分割的情况下，其可能会阻碍地方政府之间围绕环境协同治理的资金投入有序度的增加。为此，本书构建了如下所示的计量经济学模型对此进行检验：

$$Cogovernance_{it}^{Capital} = \alpha_0 + \beta Segment_{it} + \gamma_j X_{jit} + \lambda_i + \eta_t + \varepsilon_{it} \tag{6-14}$$

式（6-14）中，i 和 t 分别表示截面数和时期数；因变量 $Cogovernance^{Capital}$ 表示各地区环境污染协同治理中资金投入序参量的有序度指标，其他变量含义与前文一致。式（6-14）的估计结果如表6-8所示。

表6-8 考虑资金投入序参量的估计结果

	（1）	（2）	（3）	（4）
Constant	0.1016*** (26.85)	0.0283*** (6-71)	-0.1846*** (-4.45)	0.2417* (1.82)
Segment	-0.0011*** (-4.21)	-0.0001** (-2.01)	-0.0002*** (-2.86)	-0.0003*** (-3.15)
控制变量	No	No	Yes	Yes
Observations	589	589	589	589
Time fixed effect	No	Yes	No	Yes
Region fixed effect	No	Yes	No	Yes
R²-adj	0.0276	0.9502	0.6943	0.9505

注：***、**、* 分别表示在1%、5%和10%水平上显著；括号内为相应的t值。
资料来源：作者根据Stata软件计算得出。

由表 6-8 所示的估计结果可知，无论是否加入其他控制变量以及不可观测的地区和时间个体特征，区域市场分割对环境污染协同治理中资金投入序参量有序度的影响效应都是显著为负的，且通过了 1% 或 5% 的显著性检验，这既说明区域市场分割不利于各地区政府围绕环境协同治理过程中资金投入的有效匹配和协同，也说明区域市场分割在制约环境污染协同治理过程中阻碍了各地区环保资金投入的协同。与上文环保人员投入类似，区域市场分割加剧了地区间信息不对称，导致不同地区难以有效获取彼此环保资金投入的信息。此外，区域市场分割同样降低了地区政府在投入环保资金以及参与跨区域环境协同治理等方面的积极性。由此可见，区域市场分割不利于环境协同治理过程中资金投入的有效匹配与协同。

（三）环境协同治理的政策投入

事实上，环境污染的治理不仅需要必要的资金和人员投入，更需要政府有效的政策干预。尤其是环境污染治理这种具有较强负外部性的活动来说，其不仅依赖于地方政府之间的相互协同，还依赖于不同政府之间政策的有效耦合和协同。近年来，随着中国环境污染问题的逐渐加剧，强化政策干预也一直是各级地方政府进行环境治理的重要手段之一。笔者从北大法宝数据库中检索了 2002~2020 年中国 31 个省区地方政府颁布的各类型环境保护政策法规文件，其增量的时间变化趋势如图 6-7 所示。可以发现，在 2002~2020 年，由 31 个省区每年新颁布的各类环境保护政策法规数量在整体上呈现出递增的趋势，说明不断强化政策投入已成为中国环境治理的重要组成部分。

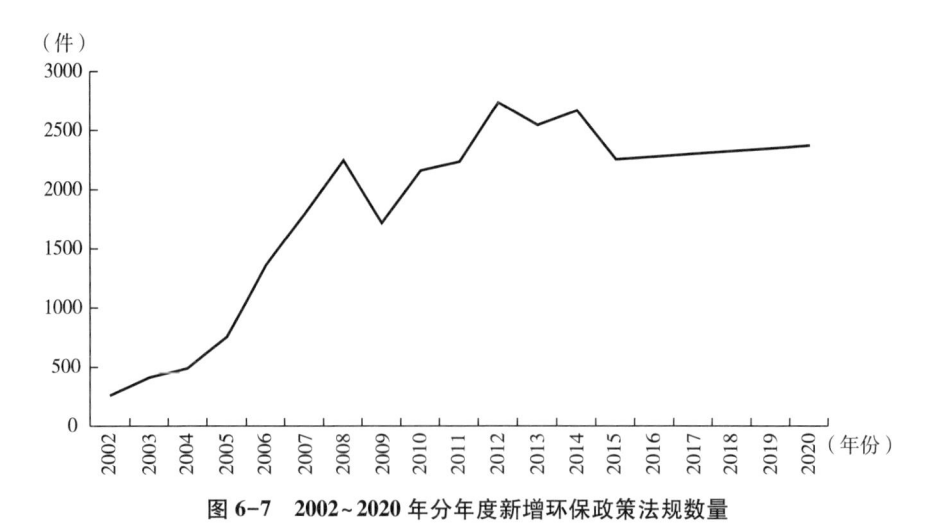

图 6-7 2002~2020 年分年度新增环保政策法规数量

资料来源：作者测算得出。

在中国环境保护法规政策数量快速增加的背景下,强化地方政府之间的政策协同也是一个值得关注的重要问题。如果不同地方政府之间的政策相互冲突,其不仅会降低政策的实施效果,甚至会产生一些不利影响。在区域市场分割的情况下,地方政府为了保护本地区的经济利益,会出台一些"以邻为壑"的环境保护措施,从而不利于环境污染的区域协同治理。在本章中,我们也将对此进行进一步的检验和识别,并构建如下所示的计量经济学模型:

$$Cogovernance_{it}^{Policy} = \alpha_0 + \beta Segment_{it} + \gamma_j X_{jit} + \lambda_i + \eta_t + \varepsilon_{it} \quad (6\text{-}15)$$

式(6-15)中,i 和 t 分别表示截面数和时期数;因变量 $Cogovernance^{Policy}$ 表示各地区环境污染协同治理中政策投入序参量的有序度指标,其他变量含义与前文一致。关于式(6-15)的估计结果如表6-9所示。

表6-9 考虑政策投入序参量的估计结果

	(1)	(2)	(3)	(4)
$Constant$	0.0945*** (19.30)	-0.0408*** (-4.98)	-0.7536*** (-14.60)	0.8494*** (3.50)
$Segment$	-0.0042*** (-12.06)	-0.0017*** (-4.66)	-0.0003** (-2.01)	-0.0018*** (-5.15)
控制变量	No	No	Yes	Yes
$Observations$	589	589	589	589
$Time\ fixed\ effect$	No	Yes	No	Yes
$Region\ fixed\ effect$	No	Yes	No	Yes
$R^2\text{-}adj$	0.1972	0.9073	0.7671	0.9182

注:***、**、*分别表示在1%、5%和10%水平上显著;括号内为相应的t值。
资料来源:作者根据Stata软件计算得出。

由表6-9所示的估计结果可知,无论是否加入其他控制变量以及不可观测的地区和时间个体特征,区域市场分割对环境污染协同治理中政策投入序参量有序度存在着负向的影响,且在1%或5%水平上显著,这既说明区域市场分割不利于各地区政府围绕环境协同治理过程中政策投入的有效匹配和协同,也说明区域市场分割在制约环境污染协同治理过程中也阻碍了各地区环保政策投入的协同。在市场分割的背景下,各个区域将更多的资源和精力投入至自身发展,更多地关注本地区的环境保护,往往忽视了区域之间的合作联动与共创共享,从而阻碍了政策投入的有效匹配与协同。由此可见,区域市场分割程度的提高,导致各个地方政府在制定环境治理政策的过程中忽视了政策投入的匹配与协同,这必然不利于区域间环保政策投入协同度的提高。

(四) 环境协同治理的组织投入

地方政府环境治理过程中的组织投入主要体现为地方政府的环境保护机构设置。在环境保护和环境治理过程中,不仅需要地方政府的人员、资金和政策投入,还需要设置一定数量和层次的组织机构。近年来,为了更加有效地支撑环境治理工作,各级地方政府也设置了大量的环境保护机构。根据《中国环境统计年鉴》数据,2002~2020年,中国省级地方政府的环境保护机构数量由11769个增加至15520个。在环境污染治理过程中,有效的组织投入不仅体现为环境保护和环境治理机构数量的增加,更体现为不同地区之间环保组织机构的有效协同。本部分内容将进一步检验区域市场分割对环境协同治理组织投入序参量有序度的影响,并构建如下所示的计量经济学模型:

$$Cogovernance_{it}^{Organization} = \alpha_0 + \beta Segment_{it} + \gamma_j X_{jit} + \lambda_i + \eta_t + \varepsilon_{it} \tag{6-16}$$

式 (6-16) 中,i 和 t 分别表示截面数和时期数;因变量 $Cogovernance^{Organization}$ 表示各地区环境污染协同治理中组织投入序参量的有序度指标,其他变量含义与前文一致。关于式 (6-16) 的估计结果如表 6-10 所示。

表 6-10 考虑组织投入序参量的估计结果

	(1)	(2)	(3)	(4)
Constant	0.1115*** (25.84)	0.0514*** (11.37)	-0.3515*** (-9.50)	0.6569*** (4.95)
Segment	-0.0032*** (-10.53)	-0.0012*** (-6.03)	-0.0009*** (-4.50)	-0.0013*** (-6.67)
控制变量	No	No	Yes	Yes
Observations	589	589	589	589
Time fixed effect	No	Yes	No	Yes
Region fixed effect	No	Yes	No	Yes
R^2-adj	0.1575	0.9619	0.8381	0.9668

注:***、**、*分别表示在1%、5%和10%水平上显著;括号内为相应的t值。
资料来源:作者根据Stata软件计算得出。

由表6-10所示的估计结果可知,无论是否加入其他控制变量以及不可观测的地区和时间个体特征,区域市场分割对环境污染协同治理中组织投入序参量有序度的影响效应都是显著为负的,既说明区域市场分割不利于各地区政府围绕环境协同治理过程中组织投入的有效匹配和协同,也说明区域市场分割在制约环境污染协同治理过程中也阻碍了各地区组织机构设置的协同。在环境保护和环境治理过程中,各地方政府需要设置一定数量和层次的组织机构。近年来,为了更加有效地支撑环境治理工作,各级地方政府也设置了大量的环境保护机构。然而在"以邻为壑"的市场分割背景下,地方政府在设置环境保护机构的过程中,往往仅将本地区的环境治理需求纳入考量之中,并不会充分考虑其与其他区域之间所存在的相互制约、相互影响的关系,这势必会阻碍协同治理过程中组织投入的有效协调。此外,在市场分割的局势下,不同区域的环境治理机构在治理环境污染的过程中往往缺乏联系与沟通,这同样不利于环境污染协同治理过程中各地区组织机构设置的协同与匹配。

第七章 区域市场分割与"跨界污染"

前文在考察区域市场分割影响中国环境污染及其区域协同治理过程中，并没有关注环境污染的空间溢出性和"跨界污染"问题，采用的进行加权处理的环境污染综合指数也无法有效地考察地方政府在不同污染物排放过程中的策略性行为。事实上，本书所选取的三种污染物的空间溢出性存在着差异，地方政府往往更倾向于支持那些排放污染物具有较高溢出性企业的发展，从而可以较少地承担相应的治理成本，形成"跨界污染"。因此，本章将进一步考察区域市场分割对不同环境污染物"跨界污染"的影响特征，识别具有不同溢出性质的污染物受到区域市场分割的影响效应差异。此外，本书还将考察区域市场分割对不同环境污染物协同治理的影响效应，以期更加全面地认识区域市场分割背景下地方政府对不同环境污染物排放及治理的策略选择。

一、问题的提出

我国目前的环境污染问题较为复杂，其不仅体现在污染排放主体和区域治理的复杂性，更在于污染物种类的复杂性。工业化和城镇化发展过程中所产生的环境污染物种类众多，而各种污染物本身的扩散性质，以及影响这些污染物产生的外部因素均可能存在显著差异。而由于不同污染物在扩散性质上的差异，以及它们在"跨界污染"程度上的不同都会使得地方政府对于不同污染物治理所采取的措施存在差异。

本书所选取的污染物主要包含废水、二氧化硫、固体废弃物等，这三种污染物就其物理性质可以概括为废水污染、废气污染和固体废弃物污染，不同污染物的空间外溢性和扩散性存在差异,这也可能会影响地方政府的行为决策。具体来说,二氧化硫等废气污染物的空间外溢性最强,废水污染物的空间外溢性次之,而固体废弃物的空间外溢性相对较低。对于那些空间外溢性较强的污染物来说,由于其环境成本可以非常容易地转嫁给其他地区,本地区政府不需要承担这些污染物所造成的全部损失和成本,容易形成"跨界污染",并使得地方政府更加具有动机去扶持以废气为主要污染物行业的发展。但是,对于那些空间外溢性较差的污染物来说,其所造成的不利影响和成本主要由本地区承担,较难形成"跨界污染",这也使得在舆论和社会压力下,一些地方政府可能降低对以这些污染物为主的企业的保护力度。

不仅如此,就不同环境污染物的协同治理来说,对于那些空间外溢性较为明显的污染物,地方政府可以较为容易地将污染转嫁给其他地区,从而也更加容易形成污染治理的"搭便车",导致更加容易受到区域市场分割行为的不利影响;而对于固体废弃物等空间外溢性较差的污染物来说,其往往依赖于本地区政府的单独治理,对于区域市场分割的敏感性较低。因此,对于不同环境污染物的区域协同治理,它们受到区域市场分割的影响程度也是不同的。本章拟对此进行重点分析,考察中国的区域市场分割对废水污染、废气污染和固体废弃物污染排放的异质性影响,进而识别在不同污染物的区域协同治理过程受区域市场分割的影响程度异质性。

二、区域市场分割对"跨界污染"的影响

(一) 中国"跨界污染"的整体特征

由于废气、废水和固体废弃物等环境污染物的扩散性质,以及目前中国各地区的产业结构和能源利用结构等空间分布等都具有空间集聚特征,这都使得环境污染呈现出空间"扎堆"现象。更为重要的是,环境污染物的溢出性以及由此所形成的负外部性使得地区在财政分权体制下更加愿意发展那些高污染行业,因为其所产生的环境成本可以通过溢出效应而转嫁到其他地方。空间计量经济学模型为此提供了一个很好的识别策略。本书采用 Moran 指数对考察期内中国市场分割和环境污染的空间自相关性进行检验,该指数能够从空间整体上考察观测变量在空间分布上的集聚状况,其用公式可以表示为:

$$Moran\ I = \frac{\sum_{i=1}^{N}\sum_{j=1}^{N}w_{ij}(x_i - \bar{x})(x_j - \bar{x})}{s^2 \sum_{i=1}^{N}\sum_{j=1}^{N}w_{ij}} \tag{7-1}$$

式（7-1）中，$\bar{x} = \sum_{i=1}^{N}x_i/N$，$s^2 = \sum_{i=1}^{N}(x_i-\bar{x})^2/N$，$w$ 表示空间权重矩阵。Moran 指数的取值主要位于-1 到 1 之间：当 Moran 指数位于 0 到 1 之间时，越接近 1 说明观测变量的正空间自相关性越强；当 Moran 指数接近 0 时，说明不存在空间自相关性；当 Moran 指数位于-1 到 0 之间时，即为负空间自相关性，呈现为高—低集聚的态势。基于此，2002~2020 年中国环境污染综合指数的 Moran 指数如表 7-1 所示；此外，本书还绘制了 2002 年、2010 年、2020 年和环境污染综合指数均值的 Moran 指数散点图（见图 7-1、图 7-2、图 7-3 和图 7-4）。

表 7-1 Moran 指数估计结果

年份	2002	2003	2004	2005	2006
Pollution	0.165** (0.046)	0.152* (0.058)	0.140* (0.069)	0.167** (0.045)	0.166** (0.047)
年份	2007	2008	2009	2010	2011
Pollution	0.152* (0.059)	0.154* (0.057)	0.152* (0.060)	0.123* (0.092)	0.207** (0.020)
年份	2012	2013	2014	2015	2016
Pollution	0.194** (0.025)	0.188** (0.029)	0.197** (0.024)	0.221** (0.015)	0.087 (0.153)
年份	2017	2018	2019	2020	均值
Pollution	0.058 (0.220)	0.058 (0.220)	0.140* (0.072)	0.139* (0.072)	0.150* (0.060)

注：***、**、* 分别表示在 1%、5% 和 10% 水平上显著；括号内数字为概率 P 值。
资料来源：作者根据 Stata 软件计算得出。

由表 7-1 所示的 Moran 指数结果可知，在 2002~2020 年，尽管在部分年份中环境污染综合指数（Pollution）的 Moran 指数在 10% 水平上是不显著的，但就整体（均值）而言，中国环境污染综合指数的 Moran 指数是显著为正的，说明中国各区域的环境污染呈现出显著的空间自相关和集聚特征，即如果本地区环境污染程度较高，那么其空间关联地区的环境污染程度也会相对较高，反之亦然。由散点图所示的结果可知，对于环境污染水平较高的地区，往往存在多个环境污染严重的地区与其相邻（"高—高的正相关"）；对于环境污染水平较低的地区，则至少存在一个环境污染水平低的地区与其相邻（"低—低的正相关"）。

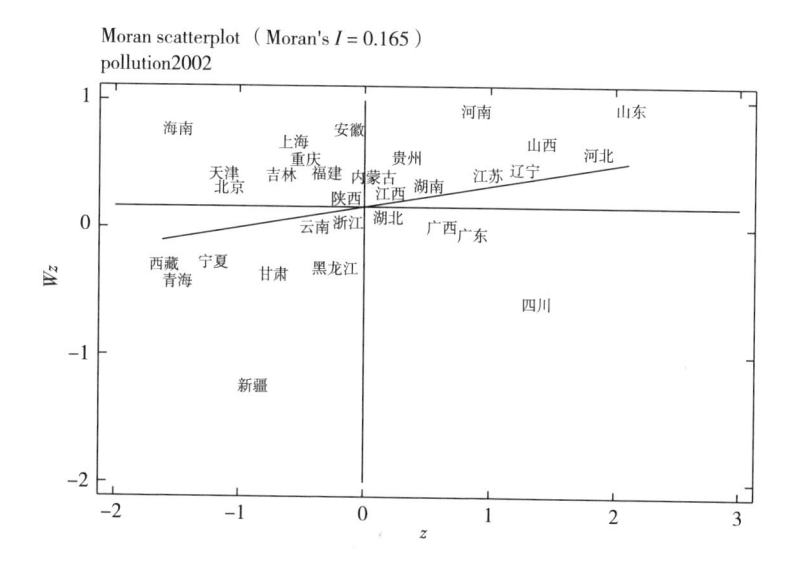

图 7-1 2002 年中国环境污染综合指数的 Moran 指数散点图

资料来源：作者根据 Stata 自行绘制。

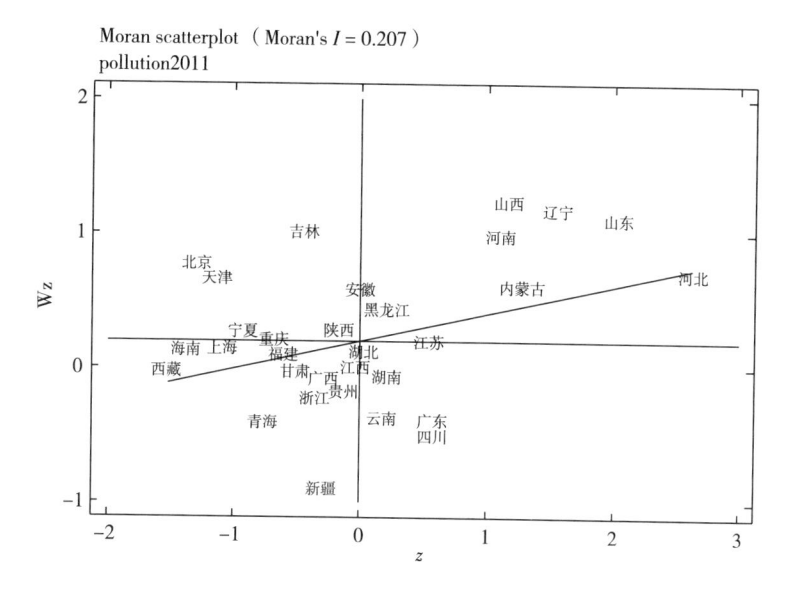

图 7-2 2011 年中国环境污染综合指数的 Moran 指数散点图

资料来源：作者根据 Stata 自行绘制。

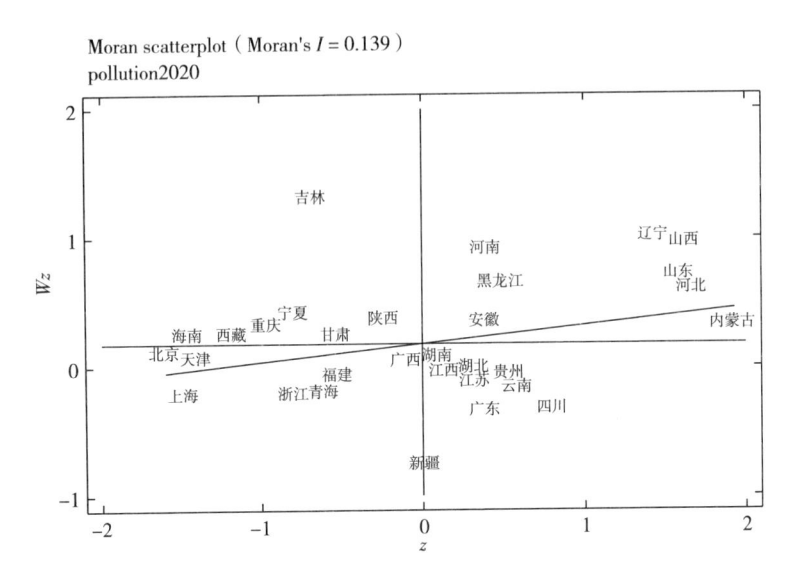

图 7-3　2020 年中国环境污染综合指数的 Moran 指数散点图

资料来源：作者根据 Stata 自行绘制。

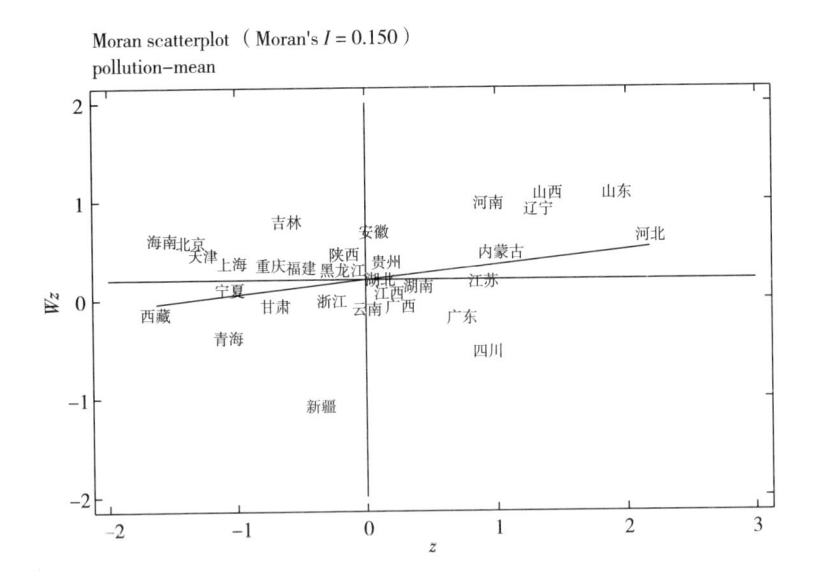

图 7-4　中国环境污染综合指数均值的 Moran 指数散点图

资料来源：作者根据 Stata 自行绘制。

（二）区域市场分割对"跨界污染"的影响效应评估

1. 空间计量模型的构建与指标选取

空间计量经济学模型为本书识别环境污染的溢出性和"跨界特征"提供了一个较好的策略。目前，研究中关于空间计量模型的设定大多为空间滞后模型（SAR）和空间误差模型（SEM），前者主要考察的是因变量的空间依赖关系，后者则侧重于误差项的空间性质，无法体现变量间的空间关系。因此，在实证检验区域市场分割对环境污染"跨界"效应的过程中，本书主要选择的是空间滞后模型。更为重要的是，根据 Elhorst（2012）的研究，变量之间的空间依赖关系不仅体现为地区之间当期的相关影响，还可能会受到地区之间跨期行为决策的作用。从实际的角度来说，某一地区的环境污染程度极有可能会受到前期的影响（这事实上已经被我们在第五章的实证研究中所验证）。因此，我们构建了如下所示的同时包含因变量时间滞后项和空间滞后项的动态空间面板滞后模型（DSAR），其可以如式（7-2）所示：

$$Pollution_{it} = \tau Pollution_{i,t-1} + \rho w Pollution_{it} + \beta Segment_{it} + \lambda X_{jit} + \varepsilon_{it} \tag{7-2}$$

式（7-2）中，i 和 t 分别表示截面数和时期数；因变量 $Pollution$ 表示环境污染综合指数；τ 表示相应的滞后响应系数；ρ 表示空间滞后系数，其含义为：与本地区存在空间依赖关系地区的环境污染综合情况对本地区环境污染综合情况的影响效应。这也是本书所要关心的核心系数，如果 ρ 显著不等于 0，说明地方政府之间在环境污染综合指数方面存在显著的关联性行为；如果 ρ 显著大于 0，说明地区之间的环境污染程度呈现出正向关联效应；如果 ρ 显著小于 0，则说明地区之间的环境污染程度是一种负向关联。w 依然表示的是一个满足 $n \times n$、对角线元素均为 0 且进行标准化处理的空间权重矩阵；核心自变量 $Segment$ 表示区域市场分割指数，β 表示相应的估计系数；X 表示 j 个可能影响环境污染排放量的控制变量，λ 表示相应的估计系数；ε 表示随机误差项。

关于动态空间面板模型的估计主要包含极大似然估计（ML）或拟极大似然估计（QML），以及工具变量（IV）或广义矩估计方法（SGMM）（Elhorst，2012）。尽管极大似然估计或拟极大似然估计方法能够得到模型参数的一致性估计（Yu 等，2008），但是其无法解决通过计算相关估计量的稳健方差协方差矩阵，构建有效的检验统计量，确保推断过程的有效性这一问题（范欣等，2017），而且本书的数据结构具有"大 N 小 T"的特征，这也难以满足拟极大似然估计方法的需要。基于此，本书将采用 SGMM 方法对动态空间面板模型进行估计，这一方法在不引入外部工具变量的前提下仍然能够选取到合适的工具变量（Elhorst，2012）。

本章实证研究所选取的样本仍然是 2002~2020 年中国 31 个省级行政区域的面板数据（中国台湾、中国香港和中国澳门等因数据缺失较多，暂不予考虑），相关原始数据来自各年度的《中国统计年鉴》《中国环境年鉴》《中国环境统计年鉴》和《中国区域经济统计年鉴》等。后文中，本书将详细介绍各变量的构造过程。

就指标选取而言，首先，对于空间权重矩阵（w）。空间权重矩阵主要衡量的是地区之间在空间上的相互关系，本书从地理空间邻接层面构建空间权重矩阵。地理邻接是最基本的空间关系，一般来说，那些在地理位置上相邻的地区之间在经济社会发展等方面具有更多的相似性，其联系也更加紧密，各类要素、商品在这些地区之间进行流动的距离较小，成本也较低；与此同时，地理相邻也可能会进一步加剧这些地区之间的竞争，并导致这些地区采取相互分割行为来进行地方保护。当然，从环境污染物扩散性质来说，就近溢出的特征使得相邻地区之间的环境污染程度也更加接近。因此，参考符淼（2009）的研究，本书依据各地区之间是否相邻（相邻=1，不相邻=0），构建一个基于地理邻接关系的二进制空间权重矩阵。基于稳健性的考虑，在后续的稳健性检验中我们也将辅助性地采用地理距离权重对此进行再次衡量。

其次，对于区域市场分割的测度，本章实证研究过程中还是参照第三章中基于相对价格法构建的市场分割指数。

再次，对于环境污染综合指数的测度，依然采用的是第四章中构建的方法，即选取了基于废水、二氧化硫和固体废弃物三种环境污染物的环境污染综合指数。

最后，对于控制变量的选取，主要包括经济发展水平（Economy）、产业结构（Structure）、对外开放水平（Open）、技术创新水平（Technology）、人力资本水平（Human）、环境规制水平（Control）、城镇化水平（Urbanization）、人口密度（Population）。其中，经济发展水平所采用的衡量指标是 2002~2020 年各省区的人均地区生产总值，并采用以 2002 年为基期的 CPI 指数对其进行去价格化处理。产业结构的衡量指标主要是第二产业产值占地区生产总值的比例。就对外开放水平来说，本章仍然采用基于人民币单位的各地区单位外资企业的投资总额对其进行表征，并利用以 2002 年为基期的 GDP 指数对其进行去价格化处理。对于技术创新水平，本书采用各地区专利申请授权数指标对其进行衡量。对于人力资本水平，本书选取的衡量指标依然是基于地区人口的平均受教育年限。选取考察期内各省区工业污染治理投资作为环境规制水平的衡量指标，并以 2002 年为基期的 GDP 平减指数对其进行去价格化处理。对于城镇化水平来说，选取的是各地区城镇建成区面积占该地区面积的比重。最后，本部分研究还控制了人口密度对环境污染协同治理的影响，并采用考察期内各地区年末人口总数占行政区域面积的比重对其进行衡量。

2. 基准回归模型的估计结果

正如前文所述，本书重点关注因变量的空间滞后系数，故选择了空间滞后模型进行分析。当然，在进行回归分析之前，有必要对空间计量模型进行识别和检验，以进一步验证本书采用动态空间滞后模型的合理性。本书采用基于残差的拉格朗日乘子统计量（LM）及其稳健形式（Robust LM）来进行验证：即根据 LeSage 和 Pace（2009）的观点，LM 统计量越显著，说明模型更具有拟合性。不仅如此，本书还分析了基于时间和空间固定效应的联合显著性似然比 LR 检验来判断本书采用动态空间滞后模型的合理性。本书采用表 7-2 报告了基于地理邻接权重矩阵的 LM 统计量及其稳健形式（Robust LM）的结果。

表 7-2　空间面板模型 LM 检验

No lag	2.8321 *
	（0.0924）
Robust no lag	31.4409 ***
	（0.0000）
LR-test joint significance spatial fixed effects	2036.2112 ***
	（0.0000）
LR-test joint significance time-period fixed effects	252.2654 ***
	（0.0000）

注：***、**、*分别表示在 1%、5% 和 10% 水平上显著；括号外为卡方分布值，括号内为相应的概率 P 值。

由表 7-2 可知，空间滞后模型的 LM 检验统计量及其稳健形式 Robust LM 统计量在 10% 水平上均是显著的，这说明空间滞后模型具有较好的拟合效果。基于固定效应模型的联合显著性似然比 LR 检验在 1% 水平上拒绝了时间和空间固定效应联合不显著的原假设，说明模型应该包含时间和空间固定效应。综上所述，本书选择动态空间滞后模型具有较好的合理性。本书将采用 SGMM 方法对动态空间面板模型进行估计，结果如表7-3所示，其中第（1）列为未加入控制变量的回归结果，第（2）列为加入控制变量的回归结果。

表7-3 基准回归模型估计结果

	（1）	（2）
τ	0.9181*** (11.76)	0.9575*** (11.05)
ρ	0.1325*** (9.51)	0.1245*** (8.97)
$Segment$	0.0045** (2.07)	0.0078** (2.48)
$Economy$		0.0332** (1.99)
$Structure$		0.1079* (1.84)
$Open$		0.0108** (2.52)
$Technology$		-0.0057*** (-3.63)
$Human$		-0.0019** (-2.28)
$Control$		-0.0087*** (-2.71)
$Urbanization$		1.0278** (2.57)
$Population$		0.0497*** (3.58)
$Observations$	558	558
R-sq Adjusted	0.9963	0.9935

注：***、**、*分别表示在1%、5%和10%水平上显著；括号内数据为相应的t值。

由表7-3所示的估计结果可知，本书以加入所有控制变量的第（2）列结果为例，环境污染综合指数的时间滞后项系数τ为0.9575，且在1%水平上是显著的，这验证了环境污染具有较强的时间"锁定"特征，即前期的环境污染水平会对当期产生直接的正向影响。空间滞后系数ρ为0.1245，并在1%水平上是显著的,这也再次说明各省区在环境污染方面存在很强的空间相关性,即如果本地区的环境污染水平较高,那么其空间关联地区的环境污染水平也会相对较高,地区之间的环境污染程度在地理空间上存在着相互影响的关系,从而验证了中国环境污染在地理空间上存在着空间溢出效应。更为重要的是,在考虑了环境污染的空间溢出效应之后,区域市场分割对环境污染的影响效应仍是正向的,且通过了5%的显著性检验。一方面,这说明本地区的市场分割加剧了环境污染程度的恶化。在市场分割的背景下,地方政府往往仅关注自身经济的快速发展,倾向于采取保护本地区企业发展的行为,而这些被保护的企业往往具有高污染的特征。市场分割所引发的地方政府自我保护行为进一步加剧了本地区的环境污染。另一方面,空间关联地区的市场分割对本地区的环境污染也存在着正向影响。这是因为某地区所采取的自我保护策略和市场分割行为在恶化本地区环境污染的同时,也可能会刺激其关联地区的地方政府采取类似的应对策略,从而导致区域市场分割程度的进一步加剧和地区环境污染水平的进一步恶化。另外,由于环境污染具有空间外溢性特征,本地区的环境污染程度不仅取决于本地区的经济行为,还会受到关联地区环境污染的影响。综上所述,环境污染在地理空间上存在着溢出性特征,地区间的环境污染存在着相互影响的关系,区域市场分割导致本地区及关联地区环境污染程度的提高。

3. 稳健性检验

前文的基准回归模型中采用的是地理邻接形式的空间关联矩阵对区域之间的关系进行刻画。但是,地理邻接关系可能无法完全涵盖地区之间的空间关系,比如,那些在地理距离上相近,但又不邻接的地区之间可能也存在着一定的关系,即北京市和江苏省在空间位置上并不邻接,但是这并不意味着北京市和江苏省地方政府之间不存在关系,且北京市与江苏省之间的空间关联的程度与北京市和西藏自治区之间的空间关联程度也并不一致。如果单纯采用地理邻接矩阵可能也无法完全刻画区域之间的关系。因此,根据地理学第一定律的解释,任何经济事物与周围事物均存在着联系,且距离近的事物总比距离远的事物联系更为紧密(Tobler,1970)。参考 Paas 和 Schlitte(2006)的研究,本书进一步构建基于地区间空间距离的空间距离权重矩阵。其具体形式为:如果 i 不等于 j,则元素可以表示为:

$$w = \frac{1}{d_{ij}^2} \tag{7-3}$$

式(7-3)中,d 表示根据国家基础地理信息系统提供的地级市经纬度数据所测算的地区 i 和 j 之间的球面地理距离。基于空间距离权重矩阵,本书对式

(7-2)所示的动态空间面板杜宾模型进行了再次估计,并同样采用偏微分方法对估计结果进行分解,基准模型稳健性检验结果如表7-4所示。从表7-4所示的稳健性检验结果可知,采用基于空间距离权重矩阵的空间滞后面板模型后,无论是否加入其他控制变量,环境污染的时间滞后系数τ均在1%水平上显著为正,空间滞后系数ρ均在5%水平上显著为正,且地方政府之间的市场分割影响环境污染的效应均在1%水平上是显著的,即不同地区的环境污染在地理空间上存在着空间关联特征,区域市场分割对本地区及关联地区的环境污染程度存在着正向的影响,区域市场分割程度的提高会不断加剧整体的环境污染程度,这与前文基准回归模型的估计结果基本一致。

表7-4 稳健性检验的估计结果

	(1)	(2)
τ	0.9639*** (11.95)	0.9435*** (10.90)
ρ	0.1104** (2.10)	0.0073** (2.17)
Segment	0.0005*** (2.97)	0.0010*** (2.81)
控制变量	No	Yes
Observations	558	558
R-sq Adjusted	0.9965	0.9951

注:***、**、*分别表示在1%、5%和10%水平上显著;括号内数据为相应的t值。

三、区域市场分割与"跨界污染":污染物空间溢出的异质性

事实上,在考虑区域市场分割对"跨界污染"影响效应过程中还需要关注的一个重要问题就是不同污染物空间溢出的差异性。本书在前文分析中主要采用的是基于废水、二氧化硫、固体废弃物三种污染物加权处理的环境污染综合指数,且Moran指数也说明各地区的环境污染综合指数存在着较为明显的空间自相

关特征。但是，不可否认的是，这三种污染物在空间溢出性和扩散性方面还是存在着显著的差异，这也可能会影响地方政府的行为决策。具体来说，就污染物的空间扩散性质来看，二氧化硫等废气污染物的空间外溢性最强，其能够在大气流动中进行快速扩散，受到地面环境或地理边界的影响较小；废水污染物的空间外溢性次之，其在外溢过程中依赖于河道水系特征；固体废弃物的空间外溢性相对较低，在不借助人力的情况下基本上无法形成外溢。对于废气、废水等空间外溢性较强的污染物来说，其具有更加明显的空间关联性；由于其环境成本可以非常容易地转嫁给其他地区，本地区政府不需要承担这些污染物所造成的全部损失和成本，容易形成"跨界污染"，使得地方政府更加具有动机去扶持以废气为主要污染物行业的发展。但是，对于那些空间外溢性较差的污染物来说，其所造成的不利影响和成本主要由本地区承担，较难形成"跨界污染"，这也使得在舆论和社会压力下，一些地方政府可能降低对以这些污染物为主的企业的保护力度。

因此，从这一角度来说，区域之间的市场分割对废气、废水等具有较高空间外溢性污染物排放量的影响效应更为强烈，地方政府也会倾向于支持那些以废气、废水为主要排放物的行业的发展，因为地方政府可以在不支付较多治理成本的情况下而获得这些行业发展所带来的红利；区域市场分割对固体废弃物污染物排放量的影响效应可能不甚明显，地方政府也较少有激励支持那些以固体废弃物为主要排放物的行业的发展，因为固体废弃物排放所形成的环境损失和环境成本很难进行转嫁，而主要由本地区所承担。本部分内容将对此进行检验和识别。

（一）不同污染物空间溢出特征的识别

本书测度了2002~2020年中国废水污染物、废气污染物和固体废弃物污染物排放量的空间Moran指数（见表7-5、表7-6和表7-7），以及三类污染物排放量均值的Moran指数散点图（见图7-5、图7-6和图7-7）。由表7-5至表7-1中三类污染物的空间Moran指数可以发现，考察期内，各年度废气污染物排放量（P_2）及其均值的Moran指数水平最高，也更加显著；废水污染物排放量（P_1）及其均值的Moran指数次之，尽管部分年度是不显著的，但其均值依然通过了5%的显著性检验；各年度固体废弃物污染物排放量（P_3）的Moran指数几乎是不显著的，且其均值在10%水平上也是不显著的，即固体废弃物污染物排放量在整体上并未呈现出较为明显的空间关联性，这与我们的预期也是基本一致的。

表7-5 废水污染物的Moran指数估计结果

年份	2002	2003	2004	2005	2006
P_1	0.185** (0.032)	0.157* (0.054)	0.154* (0.057)	0.172** (0.041)	0.177** (0.038)
年份	2007	2008	2009	2010	2011
P_1	0.177** (0.038)	0.160* (0.051)	0.143* (0.069)	0.133* (0.080)	0.208** (0.020)
年份	2012	2013	2014	2015	2016
P_1	0.193** (0.027)	0.186** (0.031)	0.175** (0.038)	0.193** (0.027)	0.101 (0.119)
年份	2017	2018	2019	2020	均值
P_1	0.040 (0.269)	0.040 (0.269)	0.040 (0.269)	0.077 (0.172)	0.163** (0.048)

注：***、**、*分别表示在1%、5%和10%水平上显著；括号内数字为概率P值。
资料来源：作者根据Stata软件计算得出。

表7-6 废气污染物（二氧化硫）的Moran指数估计结果

年份	2002	2003	2004	2005	2006
P_2	0.223*** (0.014)	0.214** (0.016)	0.211** (0.011)	0.264*** (0.004)	0.275*** (0.004)
年份	2007	2008	2009	2010	2011
P_2	0.263*** (0.005)	0.276*** (0.004)	0.285*** (0.003)	0.243*** (0.005)	0.237*** (0.007)
年份	2012	2013	2014	2015	2016
P_2	0.225*** (0.009)	0.217** (0.011)	0.259*** (0.004)	0.282*** (0.003)	0.247*** (0.008)
年份	2017	2018	2019	2020	均值
P_2	0.252*** (0.006)	0.252*** (0.006)	0.252*** (0.006)	0.259*** (0.005)	0.264*** (0.004)

注：***、**、*分别表示在1%、5%和10%水平上显著；括号内数字为概率P值。
资料来源：作者根据Stata软件计算得出。

表 7-7 固体废弃物污染物的 Moran 指数估计结果

年份	2002	2003	2004	2005	2006
P_3	0.025 (0.312)	0.025 (0.312)	0.040 (0.267)	0.057 (0.222)	0.050 (0.240)
年份	2007	2008	2009	2010	2011
P_3	0.055 (0.227)	0.054 (0.231)	0.044 (0.257)	0.026 (0.308)	0.093 (0.142)
年份	2012	2013	2014	2015	2016
P_3	0.089 (0.150)	0.088 (0.159)	0.085 (0.159)	0.088 (0.153)	0.180** (0.033)
年份	2017	2018	2019	2020	均值
P_3	0.172** (0.038)	0.172** (0.038)	0.133* (0.080)	0.082 (0.168)	0.0068 (0.197)

注：***、**、*分别表示在1%、5%和10%水平上显著；括号内数字为概率P值。
资料来源：作者根据Stata软件计算得出。

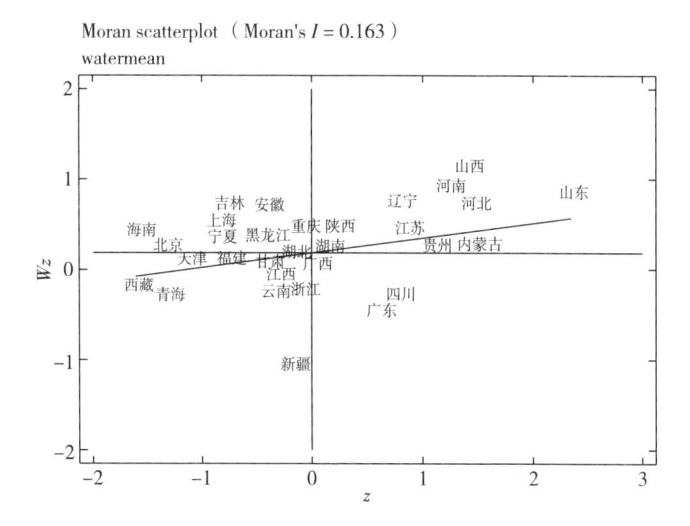

图 7-5 中国废水排放量均值的 Moran 指数散点

资料来源：作者根据Stata自行绘制。

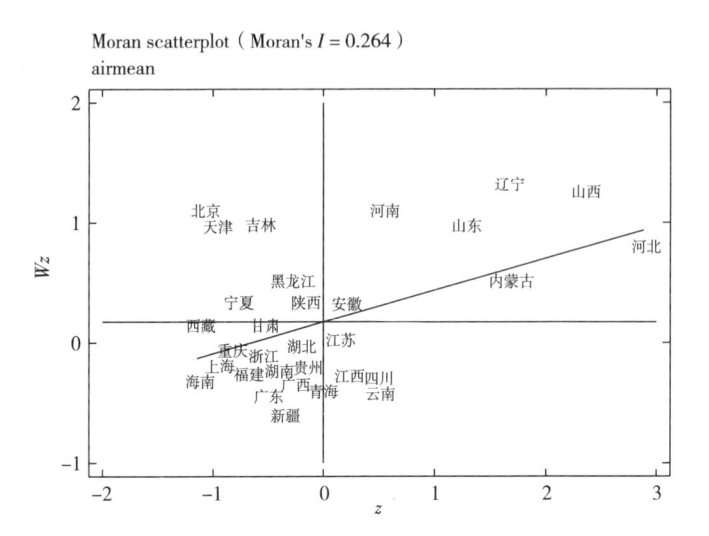

Moran scatterplot (Moran's I = 0.264)
airmean

图 7-6　中国废气排放量（二氧化硫）均值的 Moran 指数散点

资料来源：作者根据 Stata 自行绘制。

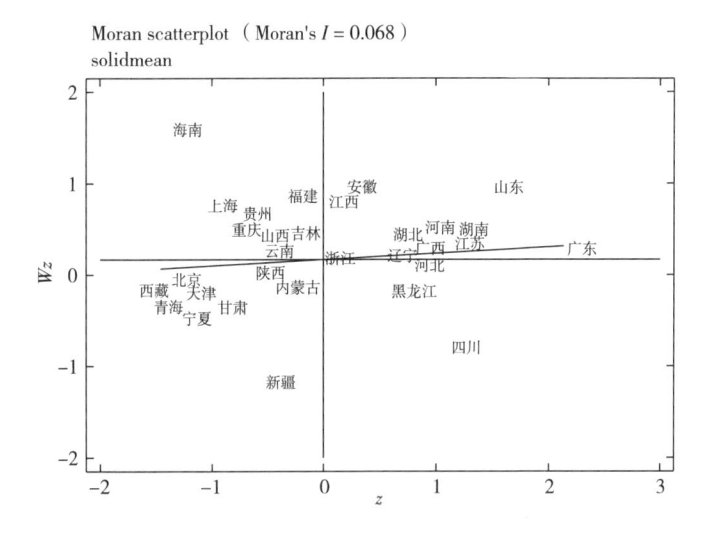

Moran scatterplot (Moran's I = 0.068)
solidmean

图 7-7　中国固体废弃物排放量均值的 Moran 指数散点

资料来源：作者根据 Stata 自行绘制。

（二）区域市场分割对不同污染物空间溢出的影响

在此基础上，本书将进一步构建动态空间面板滞后模型（DSAR），分别实证检验区域市场分割对废水污染物、废气污染物（二氧化硫）和固体废弃物污染物排放量的影响效应。本书分别选取 2002~2020 年各地区废水污染物中的化学需氧量排放量（P_1）、二氧化硫排放量（P_2）和固体废弃物排放量（P_3）作为废水污染物、废气污染物和固体废弃物污染物的衡量指标。空间权重矩阵仍然是基于地区地理邻接关系的二进制权重矩阵；区域市场分割是基于相对价格法测算得出，控制变量也与上一节一致。关于动态空间面板滞后模型的估计，依然选择的是 SGMM 方法。关于三种污染物的估计结果如表 7-8 所示，其中第（1）列、第（2）列是市场分割影响废水污染物排放量的估计结果；第（3）列、第（4）列是市场分割影响废气污染物排放量的估计结果；第（5）列、第（6）列是市场分割影响固体废弃物排放量的估计结果。

表 7-8 基于不同污染物排放量的估计结果

	废水污染物		废气污染物		固体废弃物污染物	
	（1）	（2）	（3）	（4）	（5）	（6）
τ	1.1772*** (10.20)	1.1748*** (10.60)	1.5030*** (15.09)	1.3906*** (15.12)	1.0637*** (11.37)	0.9132*** (14.80)
ρ	0.0184*** (3.09)	0.0149** (2.02)	0.1655*** (22.18)	0.1254*** (17.76)	0.0818 (1.37)	0.0464 (0.59)
Segment	0.0047*** (3.52)	0.0069* (1.88)	0.0227*** (12.89)	0.0317*** (13.07)	0.0006 (0.24)	0.0027 (1.02)
控制变量	No	Yes	No	Yes	No	Yes
Observations	558	558	558	558	558	558
R-sq Adjusted	0.9895	0.9895	0.9721	0.9806	0.9985	0.9976

注：***、**、*分别表示在 1%、5% 和 10% 水平上显著；括号内为相应的 t 值。

由表 7-8 所示的估计结果可知，对于废水污染物来说（以加入控制变量后的估计结果为例），其时间滞后项系数 τ 为 1.1748，且在 1% 水平上是显著的，这验证了废水污染物的排放量在时间维度上具有显著"锁定"特征，前期的废水污染物排放量对本期的废水污染物排放量存在显著的正向影响；空间滞后系数 ρ 为 0.0149，并在 5% 水平上是显著的，说明各地区的废水污染物排放量在地理空间上具有一定的空间关联性，本地区的废水污染物排放量会受到空间关联地区排放量的影响。而且，此时区域市场分割对废水污染物排放量的影响系数为 0.0069，且在 10% 水平上是显著的，说明区域市场分割提高了各地区的废水污染物排放量,随着区域市场分割程度的加剧,各地区的废水排放量会进一步提高。对于废气污染物来说(以加入控制变量后的估计结果为例),其时间滞后项系数τ为1.3906,且在1%水平上是显著的,即废气污染物的排放量(二氧化硫)在时间维度上具有显著"锁定"特征;其空间滞后系数ρ为0.1254,并在1%水平上是显著的,这不仅说明各地区的二氧化硫排放量在空间具有一定的空间关联性,而且其空间系数和显著性水平均要高于废水污染,说明二氧化硫等废气污染物的空间外溢性高于废水污染物的空间外溢性,这与本书的预期是一致的。这是因为废水污染物的外溢主要依赖于河道水系,只有河道水系经过的地区才有可能成为外溢区域,这使得废水污染物的外溢范围相对较小,外溢程度相对较低;而二氧化硫等废气污染物在空间扩散的过程中,受到地面环境或地理边界的影响较小,能够在大气流动中快速扩散,而且其外溢的范围较广,只要有空气流动的临近地区都有可能成为其外溢区域,这使得废气污染物的外溢程度相对较高。不仅如此,区域市场分割对废气污染物排放量的影响效应也是正的,且通过了1%的显著性检验。这是因为废水、废气污染物具有较高的空间外溢性,其在地理空间上的排放量不仅影响本地区的环境质量,还会加剧空间关联地区的环境污染问题。地方政府也会更加支持那些以废气、废水为主要排放物的行业的发展,并且也会导致政府间发展模式的竞相模仿,因为地方政府可以在不支付较多治理成本的情况下而获得这些行业发展所带来的红利。对于具有较高空间外溢性特征的废水、废气污染物而言,其容易引发较为复杂的跨界污染问题和跨区域协同治理难题,而这些难题的解决与区政府间市场分割存在着较为密切的关系。因此,区域之间的市场分割对废气、废水等具有较高空间外溢性污染物排放量的影响效应更为强烈。但是,对于固体废弃物排放量来说,无论是否加入其他控制变量,尽管其时间滞后项系数τ通过了1%水平的显著性检验,但是其空间滞后系数在10%水平上都是不显著的,说明各省区的固体废弃物排放量并不存在明显的空间自相关特征。这是因为固体废弃物在不借助人力的情况下很难产生外溢,固体废弃物的空间外溢性相对较低。更重要的是,区域市场分割对固体废弃物排放量的影响系数在10%水平上也是不显著的,即地方政府之间的地方保护主义和市场分割行为并未直接影响到地区固体废弃物的排放。这是因为,固体废弃物的空间外溢性相对较差,对其他地区的影响相对较小,其所造成的不利影响和治理成本主要是由本地区来承担的,很难形成跨区域的环境污染,这使得固体废弃物的治理问题主要发生于本地区,跨区域的治理问题相对较少。因此,区域间的市场分割程度对固体废弃物排放量的影响程度较小。

在这里，本书还基于空间距离权重矩阵，重新构建了动态空间面板滞后模型，以此作为对上述结果的稳健性检验。基于空间距离权重矩阵的稳健性结果如表7-9所示。由表7-9所示的结果可知，在采用空间距离权重矩阵后，三类污染物排放量的时间滞后系数均在1%显著性水平上是正的；废水及废气污染物排放量的空间滞后项系数均显著为正，而且废气污染物排放量的空间滞后系数最大，且在1%水平是显著的，废水污染物排放量的空间滞后系数相对较低，且在5%水平是显著的；但无论是否加入控制变量，固体废弃物污染物的空间滞后系数均是不显著的，区域市场分割的影响效应也是不显著的，这与前文的基准回归模型结果是一致的。

表7-9 基于不同污染物排放量的稳健性检验估计结果

	废水污染物		废气污染物		固体废弃物污染物	
	(1)	(2)	(3)	(4)	(5)	(6)
τ	1.2207*** (10.34)	1.1552*** (11.91)	1.3673*** (15.21)	1.2691*** (12.87)	1.0102*** (12.86)	1.0039*** (17.43)
ρ	0.0452** (2.29)	0.0202** (2.26)	0.2379*** (25.09)	0.2058*** (20.62)	0.2657 (1.32)	0.0987 (1.61)
$Segment$	0.0036*** (2.98)	0.0049*** (3.21)	0.2101*** (10.74)	0.4025*** (10.33)	0.0018 (0.66)	0.0025 (0.90)
控制变量	No	Yes	No	Yes	No	Yes
$Observations$	558	558	558	558	558	558
R-sq Adjusted	0.9895	0.9909	0.9731	0.9797	0.9969	0.9968

注：***、**、*分别表示在1%、5%和10%水平上显著；括号内为相应的t值。

四、区域市场分割对"跨界污染"协同治理的影响

（一）"跨界污染"协同治理的内在逻辑

上述研究结论显示，本书选取的废水、废气、固体废弃物三种污染物具有异质性的溢出特征，即以二氧化硫为代表的废气污染物具有较高的空间溢出性，其

污染所带来的环境损失可以较为容易地"转嫁"给其他地区,地方政府能够较少承担其环境污染和治理成本。在财政分权和以 GDP 为核心的地方政府竞争激励下,地方政府也更加愿意支持那些以废气为主要排放物的行业的发展。对于废水污染物也具有较为类似的特征。但是,对于固体废弃物来说,由于其溢出性较低,其污染所带来的社会福利损失和环境代价主要由本地区居民或政府承担,难以进行转嫁。在这种情况下,地方政府也可能会不支持或鼓励那些以固体废弃物为主要污染物的行业的发展,从而使得区域市场分割对固体废弃物排放量的影响效应是不显著的。更为重要的是,不同污染物在空间溢出性方面的差异构成了地方政府开展环境协同治理的重要影响因素。

具体而言,对于废气污染物、废水污染物等空间外溢性较为明显的污染物,地方政府可以较为容易地将其污染转嫁给其他地区,对于这些污染物的治理来说,地方政府也更加容易形成污染治理的"搭便车"。但是,对于这些污染物的治理来说,其往往更加依赖于协同治理,单一地区或地方政府难以有效地对这些具有较高空间外溢性的污染物进行治理。但是,在存在区域市场分割的情况下,这势必将不利于这些环境污染物的协同治理。而对于固体废弃物等空间外溢性较差的污染物来说,其往往依赖于本地区政府的单独治理,对区域协同治理的依赖性比较低,地方政府之间也不太愿意进行协同治理。因此,这些污染物的协同治理对于区域市场分割的敏感性也相对较低。从这一角度来说,对于不同环境污染物的区域协同治理,它们受到区域市场分割的影响程度也是不同的。根据环境污染协同治理的空间特征,本书计算出环境污染协同治理程度均值,并制作 Moran 指数散点图,具体如图 7-8 所示。由图 7-8 所示的 2002~2020 年中国各地区环境污染协同治理程度均值的空间 Moran 指数散点图可以发现,环境污染的协同治理呈现出显著的空间集聚态势和空间关联性。

(二)区域市场分割对"跨界污染"协同治理的影响

为了进一步验证区域市场分割对"跨界污染"区域协同治理的影响,我们也将继续采用空间计量经济学模型对此进行检验。这里,本书依然构建的是一个动态空间面板滞后模型,如下所示:

$$Cogovernance_{it} = \tau Cogovernance_{i,t-1} + \rho w Cogovernance_{it} + \beta Segment_{it} + \lambda X_{jit} + \varepsilon_{it} \quad (7-4)$$

式(7-4)中,i 和 t 分别表示截面数和时期数;因变量 $Cogovernance$ 表示环境污染协同治理程度;τ 表示相应的滞后响应系数;ρ 表示空间滞后系数;w 依然表示的是基于空间邻接关系的二进制空间权重矩阵;核心自变量 $Segment$ 表示区

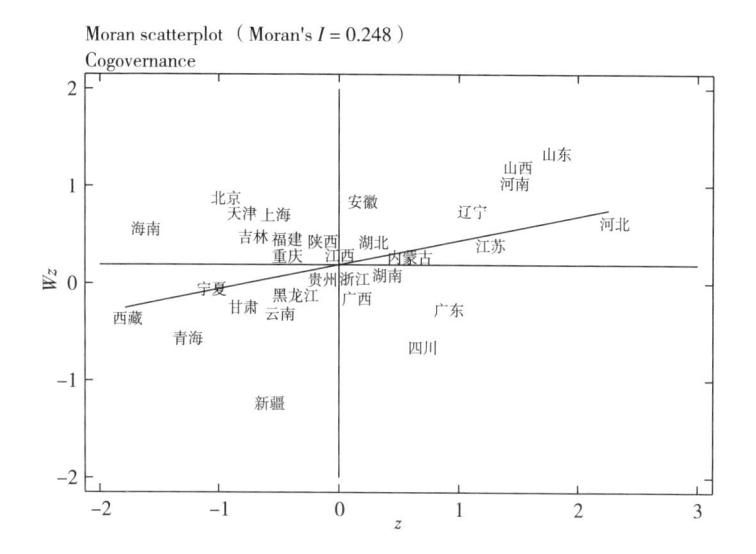

Moran scatterplot (Moran's I = 0.248)
Cogovernance

图 7-8　环境污染协同治理程度均值的 Moran 指数散点图

资料来源：作者根据 Stata 自行绘制。

域市场分割指数，β 表示相应的估计系数；X 表示 j 个可能影响环境污染协同治理的控制变量，λ 表示相应的估计系数；ε 表示随机误差项。

关于式（7-4）模型，我们依然采用的是 SGMM 方法。实证研究所选取的样本为 2002~2020 年中国 31 个省级行政区域的面板数据（中国台湾、中国香港和中国澳门等因数据缺失较多，暂不予考虑）。关于区域市场分割、环境污染协同治理、控制变量的选择等均与第七章是一致的，这里不再赘述。关于式（7-4）的估计结果如表 7-10 所示，其中第（1）列是以环境协同治理作为因变量的估计结果，第（2）列~第（5）列分别以人员投入有序度、资金投入有序度、组织投入有序度和政策投入有序度为因变量的估计结果。

表 7-10　区域市场分割对"跨界污染"协同治理的估计结果

	（1）	（2）	（3）	（4）	（5）
τ	1.6054***	1.5342***	1.2889***	1.0844***	0.5825***
	(23.49)	(26.64)	(136.56)	(41.74)	(19.05)
ρ	0.2131***	0.2178***	0.2515***	0.2443***	0.2426***
	(22.18)	(23.82)	(47.68)	(42.14)	(34.33)
Segment	-0.0002**	-0.0003**	-0.0003**	-0.0003*	-0.0002*
	(-2.09)	(-2.06)	(-2.24)	(-1.83)	(-1.85)

续表

	（1）	（2）	（3）	（4）	（5）
控制变量	Yes	Yes	Yes	Yes	Yes
Observations	558	558	558	558	558
R-sq Adjusted	0.8224	0.7016	0.8977	0.8479	0.9836

注：***、**、*分别表示在1%、5%和10%水平上显著；括号内为相应的t值。

由表7-10中第（1）列所示的估计结果可知，环境污染协同治理的时间滞后系数在1%水平上是显著为正的，说明其存在着显著的时间依赖特征，前期的环境污染协同治理程度会影响本期的环境污染协同治理程度。这是因为环境污染的跨区域协同治理是一个长期合作、循序渐进的过程，在这个过程中需要不断完善治理规则及治理方案，并逐渐积累治理经验，从而实现环境污染跨区域协同治理能力的提升和治理效果的改善。就其空间滞后系数来说，环境污染协同治理的空间滞后系数在5%水平上也是显著为正的，这说明各地区的环境污染协同治理过程存在着明显的空间关联性，即如果本地区的环境污染协同治理程度越高，则相关联（主要是地理空间邻接）地区的协同治理程度也更高。这是因为如果将环境污染区域协同治理视为一个复杂系统，各地区则为相应的子系统，那么这些子系统的环境污染协同治理能力是相互影响、相互制约的。就各地方政府在治理环境污染过程中的具体行为来说，环境污染的治理不仅需要必要的资金、人员投入以及组织机构的设置，更需要政府有效的政策干预。而且对于环境污染治理这种具有较强空间外溢性的活动来说，其不仅依赖于地方政府的积极参与，还依赖于不同政府之间在资金、人员、组织以及政策等方面的有效耦合和协同。这也进一步验证了协同治理的主要特征，只有两个或更多地区的共同参与，才能实现环境治理的有效协同。同样地，对于环境污染协同治理过程中的人员投入有序度、资本投入有序度、组织投入有序度、政策投入有序度来说，其也均在时间和空间维度上存在着显著的关联性。

（三）区域市场分割与异质性污染物的协同治理

前文结论表明，不同污染物在空间溢出性和扩散性方面存在着显著的差异，从而导致区域市场分割对不同环境污染物"跨界污染"产生不同的影响。不仅如此，由于环境污染在地理空间上存在空间溢出效应，各地区在环境污染协同治理过程中存在着显著的空间关联特征。基于此，还有一个值得关注的问题是，对于不同溢出性的环境污染物来说，其在空间溢出性方面的差异是否导致地方政府对于它们的协同治理选择存在着差异性,而且对于不同类型环境污染物的协同治理过程来说,其是否受到了区域市场分割的影响。本书将从以下两个方面对此进行验证。

一方面,检验环境污染协同治理对不同类型污染物的作用效果。根据本书的预期,对于废水、废气等具有较高空间溢出性的污染物来说,其更加依赖于地方政府之间的协同治理,即环境污染协同治理可以显著地降低废水、废气污染物的排放量,对于固体废弃物排放量的影响可能是不显著的,即环境污染协同治理不能有效减少地区固体废弃物的排放量。本书构建了一个动态空间面板滞后模型对此进行检验和识别,相关的变量和样本均与前文一致,其估计结果如表7-11所示。

表7-11 环境污染协同治理对不同污染物的估计结果

	(1)	(2)	(3)
τ	1.2127*** (9.51)	1.4165*** (16.24)	0.9356*** (16.02)
ρ	0.1535*** (25.54)	0.1373*** (19.00)	0.0456 (1.16)
Cogovernance	-0.6481*** (-2.89)	-0.3161*** (-3.54)	1.1251 (1.45)
控制变量	Yes	Yes	Yes
Observations	558	558	558
R-sq Adjusted	0.9897	0.9794	0.9976

注:***、**、*分别表示在1%、5%和10%水平上显著;括号内为相应的t值。

由表7-11中第(1)列和第(2)列所示的估计结果可知,对于废水污染物和废气污染物来说,其空间滞后系数在1%水平上均是显著为正的,说明这两种污染物在空间分布上存在着显著的空间关联性;更为重要的是,环境污染协同治理(Cogovernance)的估计系数也是显著为负的,说明环境污染的协同治理有助于显著降低废水、废气等污染物的排放量。但是,根据第(3)列所示的结果可以发现,固体废弃物的空间滞后系数是不显著的,且环境污染协同治理的作用效果在10%水平上也是不显著的,说明对于固体废弃物这种空间溢出性较低的污染物来说,协同治理并不能产生显著的效果。这是因为废水、废气等污染物的空间外溢性相对较强,而对于这些空间外溢性较为明显的污染物,地方政府能够较为容易地将其转嫁给其他地区,并且容易在污染治理过程中产生"搭便车"行为,从而加剧跨区域环境污染问题,这就需要地方政府积极参与环境污染的跨区域协同治理；而对于固体废弃物等空间外溢性较差的污染物来说，往往依赖于本地区政府的单独治理，其治理过程往往不过多地涉及跨区域的协同治理问题。由此可见，就不同环境污染物的协同治理而言，环境污染在空间溢出性方面的差异导致地方政府对于它们的协同治理选择也存在着较大的差异性。

另一方面，本书将进一步检验对不同类型环境污染物的协同治理过程来说，其是否受到了区域市场分割的影响。就研究方法来说，由于目前的统计资料中尚缺乏针对不同环境污染物的治理投资数据，因而在本章中所采用的研究方法是分别按照考察期内废水污染物中化学需氧量排放量、废气污染物中二氧化硫排放量和固体废弃物三类污染物排放量的中位数，将其区分为高污染区和低污染区，进而分别考察在高污染区和低污染区中的区域市场分割对环境污染区域协同治理的影响效应。需要指出的是，由于采用中位数对样本进行划分后样本难以满足空间邻接关系，这里本书采用的模型是控制地区和时间个体特征的普通面板数据固定效应模型，而没有继续采用动态空间面板滞后模型。基于废水、二氧化硫和固体废弃物等不同污染物的估计结果分别如表7-12所示，其中第（1）列、第（3）列和第（5）列表示的是低污染区的估计结果，第（2）列、第（4）列和第（6）列则为高污染区的估计结果。

表7-12 区域市场分割对不同污染物协同治理的估计结果

	废水污染物		废气污染物		固体废弃物	
	（1）	（2）	（3）	（4）	（5）	（6）
Constant	0.6941*** (3.75)	0.2279 (1.27)	0.6044*** (3.21)	0.3414* (1.88)	0.0715 (0.54)	0.1686 (0.95)
Segment	0.0004 (1.58)	-0.0014*** (-4.41)	0.0001 (0.81)	-0.0013*** (-4.32)	0.0001 (0.55)	0.0012 (1.03)
控制变量	Yes	Yes	Yes	Yes	Yes	Yes
Observations	294	295	268	321	295	294
Region fixed effect	Yes	Yes	Yes	Yes	Yes	Yes
Time fixed effect	Yes	Yes	Yes	Yes	Yes	Yes
R-sq Adjusted	0.9746	0.9590	0.9747	0.9619	0.9878	0.9431

注：***、**、*分别表示在1%、5%和10%水平上显著；括号内为相应的t值。

根据表7-12中第（1）列和第（2）列所示的结果来说，对于废水污染物排放量较低的地区来说，区域市场分割对环境污染区域协同治理的影响效应是不显著的，而对于那些废水污染物排放量越大的地区来说，地方政府的市场分割行为显著地影响其环境污染的区域协同治理程度。同样地，根据第（3）列和第（4）列所示的结果可以发现，区域市场分割对废气污染物排放量较高地区环境污染协同治理具有显著的负向影响，说明对于废气这种空间外溢性更高、存在"跨界污染"的污染物来说，其受到区域市场分割的影响也更加明显。这是因为在废水、废气等污染物排放量较高的地区，地方政府可能更加倾向于采取协同治理的方式来解决跨区域环境污染问题，而区域市场分割不利于各地区政府围绕环境协同治理过程中投入的有效匹配和协同，进而不利于环境污染跨区域协同治理的顺利开展。但是，根据第（5）列和第（6）列所示的结果，无论是在固体废弃物排放量较高还是较低的地区，区域市场分割对环境污染协同治理的影响效果均是不显著的，这是因为固体废弃物的溢出性相对较低，更多地依赖于地方政府的单独治理，受到区域市场分割的影响不明显。由此可知，地方政府对于不同环境污染的协同治理选择导致其受到区域市场分割的影响效应也存在着较大的差异。

第八章　区域市场分割的策略互动对环境污染的影响

　　地方保护主义和区域市场分割是一种"以邻为壑"的发展策略。地方政府在实施地方保护主义过程中势必存在着策略性互动，即如果其他相关联地区的地方保护主义程度越高，则本地区政府往往可能采用相似的应对策略，进而不仅导致区域市场分割呈现出"囚徒困境"的特征，也对环境污染及其协同治理产生了重要影响。本章拟重点考察中国经济转型时期地方保护主义和区域市场分割的策略互动特征，通过探究区域市场分割策略互动的内在逻辑以及"囚徒困境"的主要过程，厘清区域市场分割策略性互动对环境污染的影响，并采用空间自滞后模型对区域市场分割的这种策略性特征进行识别，检验其对环境污染的影响效应。最后，进一步考察了区域市场分割的策略互动对环境污染协同治理的影响。本章的研究不仅有助于进一步厘清区域市场分割影响环境污染的主要特征，也为我们寻求破解市场分割、加快经济绿色转型提供了有益启示。

一、问题的提出

　　在前文的分析与研究中，笔者发现分权体制下地方政府之间地方保护主义行为以及由此所形成的区域市场分割是影响环境污染的重要因素。研究过程中，笔者还关注到环境污染的空间溢出性和"跨界污染"等问题，发现即使将以上因素考虑进去，区域市场分割对环境污染的影响结果依然存在。这也说明了地方政府在开展环境治理过程中可能存在着一定的策略性，即在中国财政分权所衍生出的激励机制下，地方政府更加倾向于接纳那些以废气、废水等高溢出性为主要污染物产业，对这些企业实施地方保护主义，以实现本区域利益最大化目的（陆道平，2006），但是在治理环境污染这一问题上，地方政府又因为环境污染的空间外溢性和"搭便车"的负向激励，可能会寄希望于与其他地方政府进行协同治理，推诿自身环境治理责任。此外，本书在探讨地方政府的策略性特征时，还存在一个非常值得关注的问题，具体来说就是地方政府在开展地方保护主义时本身就存在着一定的策略性，这可能也会对地区的环境污染水平及其治理行动产生重要影响。

公共选择理论认为地方政府符合理性"经济人"的假设，而政府行为正是这一群人在现有的制度约束下表现出来的结果。中国分权体制下地方政府具有明显的"经济人"特征，地方政府往往基于自身利益出发，寻求符合本地区利益最大化的策略。因此，地方政府实施地方保护主义具有非常明显的策略性。石磊和马士国（2006）采用了一个简单的博弈模型发现，行政区域确实会因实施地方保护主义而获益，且随着实施地方保护主义的行政区域数目增加，行政区域可以得到的总体收益也是增加的，但是会使实施地方保护的行政区域的个体收益出现下降。更为重要的是，此时地方政府的互动决策是"囚徒困境"博弈问题，尽管行政区域的个体收益出现了下降，但是在其他行政区域都实施了地方保护主义的情况下，如果没有中央政府来打破这一均衡困境，没有哪一单个地方政府有积极性偏离这一均衡，地方保护主义是难以避免的。因此，地方保护主义的这种策略性也使得区域市场分割具有普遍性、相对性和策略性的特征。也就是说，在某一地方政府实施地方保护和市场分割策略的情况下，如果其他地方政府未采取类似的策略，这将会导致其利益受损（张宇，2018）。地方政府在市场分割上的策略互动更多的是一种"相机抉择"的策略行为，某一地方政府如果采取市场分割策略，会招致其他地方政府"以牙还牙"的策略维护自身利益（邓明，2014），从而导致越来越多的地方政府采取地方保护主义行为，并形成一种"占优策略均衡"。虽然从全局来看，整合的统一大市场有利于发挥规模效应，但是在缺乏更高级别或行动一致的外部约束下，没有任何一个地方政府具有打破这种均衡的动力和激励。各地区表面上都从地方保护主义和分割市场中受益，但是整体却呈现出规模不经济（陆铭和陈钊，2009）。总之，在某一个地区实施地方保护主义和区域市场分割行为后，会导致其他地区采取同样的措施，进而导致区域市场分割在各地区逐渐铺开。

不可忽视的是，地方保护主义和区域市场分割的策略性特征也会对地方的环境污染及其治理产生重要影响。如果其他辖区内地方政府选择了地方保护主义和区域市场分割策略，在不考虑与其他政府之间的互动反馈的情况下，该地方政府极有可能为了获得更多的财政收入、保护本地区的就业率和国有企业的发展等，选择支持那些具有见效快、税基大、就业吸纳率高的传统产业发展，尤其是那些高污染、高能耗的产业，即产生地区间环境规制"竞次"的现象（蔡嘉瑶和张建华，2018）。对于这些产业所排放出来的污染物，由于可能具有一定的空间溢出性，污染物可以通过"搭便车"较为容易地转移至其他地区，本地区政府可能不需要承担相应的污染成本和治理成本。地方政府如果选择对本地进行环境治理，治理的收益不会全部集中在本区域内，而是会溢出到其他地区（如周边的相邻地区）。在这种情况下，如果其他地区（如周边的相邻地区）不采取相同的措施，其不仅将面临其他地区的污染转移，随着污染物持续性地累积还会使得本地的环境承担容量、自然环境质量降低，最终会影响本地区的经济发展（陈诗一和陈登科，2018）。因此，在存在污染溢出的情况下，地方政府所采取的地方保护主义行为往往具有普遍性，即如果其他地区（如周边的相邻地区）的地方保护主义和区域市场分割程度越高，则本地区的市场分割程度也较高。总之，在存在污染溢出的情况下，地方政府所采取的地方保护主义行为往往具有普遍性，即如果其他地区（如周边的相邻地区）的地方保护主义和区域市场分割程度越高，则本地区的市场分割程度也较高。

本章拟重点考察区域市场分割的策略互动特征对环境污染及其协同治理的影响。通过构建一个基于古诺均衡的两阶段博弈模型，分析地方政府在实施地方保护主义和区域市场分割过程中的策略互动特征以及由此所引发的"囚徒困境"，进而采用一个空间自滞后模型（Spatial Lag-X Model，SLX），实证检验区域市场分割的策略互动特征对环境污染的影响，以及对地方政府之间的环境污染协同的影响。本章可能的创新点在于：一方面，相对于以往研究，本书专门构建了一个基于古诺均衡的博弈模型分析区域市场分割的策略性对环境污染的影响，借此识别区域市场分割的策略性影响环境污染的理论逻辑；另一方面，相对于以往研究，本书通过构建空间自滞后模型，实证分析区域市场分割策略性对环境污染的影响，这不仅为目前该领域的研究提供更多的实证分析策略，还有助于更加全面地认识区域市场分割的策略性影响环境污染的效果，为相关政策的科学制定提供有益启示。

二、区域市场分割的策略互动与"囚徒困境"

本书在关于中国的区域市场分割形成机制因素探究中提出引发中国区域市场分割的主要因素来源于制度层面和地理层面,即存在着"非自然意义的区域市场分割"和"自然意义的区域市场分割"。就这两种类型的区域市场分割来说,也都存在着相应的策略互动性。一方面,对于地方政府的政策因素,地方政府会更加倾向于与那些相关联区域之间进行一体化发展,预期达到政策协同、管理协同的状态有序和服务协同、资源协同的结果有序(李辉,2014)。这种一体化形成也是相互的,如果某一地方政府主动推进一体化发展,那么其关联区域往往也会采取这一策略;相反地,如果某一地方政府选择地方保护主义和市场分割的策略,其相关联区域也可能会采用相同策略。当然,地方政府在选择关联区域时往往会优先考虑那些相邻地区,因为一体化更多地强调制度规章、文化、身份等方面可能存在的区域认同感,重视内部要素资源的自由流动、市场主体紧密互动,谋求在整合过程中获取更多的比较收益、互补收益和选择收益(王秋玉等,2022),相邻地区因为与本地区具有更加接近的经济距离、社会距离和文化距离等,地区发展会存在较强的内生关联性。另一方面,对于交通基础设施建设,区域之间在交通基础设施建设方面的互联互通也具有高度互动性特征,地方政府往往会优先与相邻地区之间连通高速铁路、高速公路。加速劳动力、资本等生产要素跨区域流动,发挥交通基础设施对本地经济增长的空间溢出效应。现实生活中,不同区域下地方政府策略性行为可能并非一致(范欣,2017),如果本地区的地方政府采取市场分割的策略,不主动与周边的其他地区进行交通基础设施的互联互通,周边地区势必也无法与本地区连接。

这里,本书拟构建一个两阶段博弈框架的古诺博弈模型对地方保护主义和区域市场分割的这种策略性特征进行分析。假设存在一个仅包含两个地区(地区1和地区2)的简单经济体,地区1代表性企业的产出为q_1,成本为c_1;地区2代表性企业的产出为q_2,成本为c_2。

企业市场价格由市场所有企业共同决定,市场需求函数是线性的:

$$P = \alpha - \beta Q = \alpha - \beta(q_1 + q_2) \tag{8-1}$$

式(8-1)中,$\alpha > 0$,$\beta > 0$,β表示相应的需求价格弹性系数。

在第一阶段中，地区 1 和地区 2 各自设定一个地方保护主义强度 λ_1 和 λ_2，从而相互影响其他地区企业的边际成本（我们假设初始状态下两个代表性企业的边际成本均等于 c_m），使得在地方保护主义情况下两个代表性企业的边际成本分别为 $\lambda_1 c_m$ 和 $\lambda_2 c_m$；在第二阶段中，两个地区的企业会根据相应的边际成本决定产出水平。

根据两家企业利润最大化的一阶条件，可得两家企业在每个市场上的古诺均衡产量 q_1^* 和 q_2^*，其分别可以表示为：

$$\begin{cases} q_1^* = \dfrac{(\alpha - 2c_1 + c_2)}{3\beta} \\ q_2^* = \dfrac{(\alpha - 2c_2 + c_1)}{3\beta} \end{cases} \tag{8-2}$$

当代表性企业同时进入两个地区时，两个企业在两个地区的总产出等于：

$$\begin{cases} Q_1 = \dfrac{(\alpha - 2c_m + \lambda_1 c_m)}{3\beta} + \dfrac{(\alpha - 2\lambda_2 c_m + c_m)}{3\beta} \\ Q_2 = \dfrac{(\alpha - 2c_m + \lambda_2 c_m)}{3\beta} + \dfrac{(\alpha - 2\lambda_1 c_m + c_m)}{3\beta} \end{cases} \tag{8-3}$$

在地区 1 和地区 2 的地方政府实现本地利益（产出）最大化条件下，对其最优化问题进行求解，可得两个地区最优的地方保护主义水平为 $\lambda_1^* = \lambda_2^* = (\alpha + c_m)/2c_m$，均衡产出水平为 $q_1^* = q_2^* = (\alpha - c_m)/2\beta^*$。可以发现，如果地区 1 和地区 2 均不进行地方保护，则均衡的产出水平为 $2(\alpha - c_m)/3\beta$；如果有一个地区率先实行地方保护，而另一个地区还没有进行地方保护，则实行地方保护主义的地区的产出水平会提高至 $5(\alpha - c_m)/6\beta$，没有实行地方保护主义的地方产出水平降低至 $(\alpha - c_m)/3\beta$；进一步地，另一个地区进行"报复"，也实施了地方保护，则地区 1 和地区 2 的均衡产出水平均为 $(\alpha - c_m)/2\beta$。可以发现，两个地区都实行地方保护主义的最优产出水平低于初始没有实施地方保护主义时的最优水平，从而说明地区 1 和地区 2 陷入了地方保护主义的"囚徒困境"。

三、区域市场分割的策略互动对环境污染的影响

（一）区域市场分割策略互动的识别

如何准确地对地方政府之间在区域市场分割方面的策略互动特征进行识别也

是一个非常重要的问题。正如前文所述，地方政府之间在分割市场方面存在着一定的策略性行为，即某一地区地方政府的市场分割行为可能会带来其周边地区地方政府的"报复"。空间计量经济学领域近年来新起的空间自滞后模型为我们提供了一个很好的识别策略。参考 Vega 和 Elhorst（2015）、沈坤荣等（2017）的研究方法，本部分研究内容采用空间自滞后模型（SLX）对区域市场分割及其策略互动特征影响环境污染的效果进行估计。本书所设计的 SLX 模型如式（8-4）所示：

$$Pollution_{it} = \alpha + \beta_1 Segment_{it} + \beta_2 wSegment_{it} + \gamma X_{jit} + \lambda_i + \eta_t + \varepsilon_{it} \tag{8-4}$$

式（8-4）中，i 和 t 分别表示截面数和时期数；因变量 $Pollution$ 表示环境污染综合指数；α 表示截距项；$Segment$ 和 $wSegment$ 是本书的核心解释变量，前者表示本地的区域市场分割程度，而后者则表示相邻地区的区域市场分割程度，其主要是由空间关联矩阵 w 与市场分割程度 $Segment$ 乘积构成；w 为一个满足 $n \times n$、对角线元素均为 0 且进行标准化处理的空间关联矩阵，其主要识别的是地区之间关系的具体形式；β_2 表示本部分研究中所关注的核心系数，其在形式上表示了相邻地区的市场分割对本地区环境污染的影响效应，也表示了区域市场分割的策略行为对环境污染的影响；X 表示 j 个可能影响环境污染的控制变量，γ 表示其估计系数；λ_i 和 η_t 分别表示不可观测的个体（地区）特征和时间特征，ε_{it} 表示随机误差项。

事实上，空间自滞后模型（SLX）控制了外生交互效应，能够直接估计自变量影响的直接效应和邻近效应，无须进一步计算，且估计方法也具有普遍性，普通面板计量模型的估计技术（OLS、FE 等）仍然适用于 SLX 模型（Vega and Elhorst，2015）。当然，考虑到区域市场分割与环境污染之间可能存在的双向因果关系，本书也在后文中采用了 2SLS 方法对式（8-4）进行估计。在对模型进行估计前，本书进一步检验了区域市场分割指数的空间 Moran 指数，以此初步识别区域市场分割的空间关联性。我们采用图 8-1 描绘了 2002~2020 年区域市场分割均值的 Moran 指数散点图。由图 8-1 可知，考察期内，中国区域市场分割指数均值的 Moran 指数为 0.293，且在 1% 水平上是显著的，山东、河南、安徽、江西、湖北、湖南、陕西等省份均位于高高集聚的区域，说明区域市场分割存在着明显的空间关联性，即本地区的市场分割水平越高，则与之相邻接地区的市场分割水平也越高，这也初步验证了地方政府在开展地方保护主义和市场分割过程中的策略性。

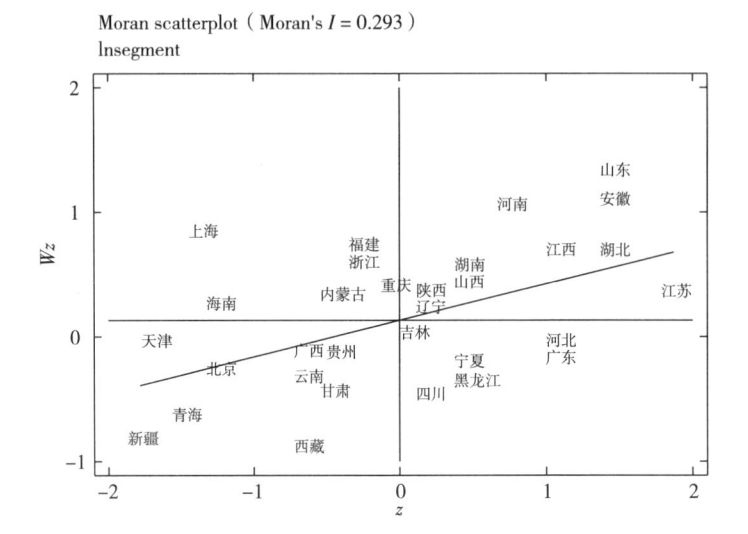

Moran scatterplot（Moran's I = 0.293）
lnsegment

图 8-1 区域市场分割均值的 Moran 指数散点图

资料来源：作者根据 Stata 自行绘制。

关于式（8-4）模型的估计，选取的样本为 2002~2020 年中国 31 个省级行政区域的面板数据（中国台湾、中国香港和中国澳门等因数据缺失较多，暂不予考虑），相关原始数据来自各年度的《中国统计年鉴》和《中国区域经济统计年鉴》等。对于区域市场分割、环境污染、控制变量的选取均与第五章基本一致，空间权重矩阵依然选择的是基于地理邻接关系（相邻=1，不相邻=0）的二进制空间权重矩阵（稳健性检验中我们尝试采用地理距离权重矩阵）。

（二）区域市场分割策略互动对环境污染的影响效果

1. 基准回归模型的估计结果

本书采用 Stata 软件对式（8-4）所示的空间自滞后模型进行了估计，其估计结果如表 8-1 所示。其中，第（1）列为未加入任何控制变量且未控制地区和时间个体特征的估计结果，第（2）列为未加入控制变量且同时控制地区和时间个体特征的估计结果，第（3）列为加入控制变量且未控制地区和时间个体特征的估计结果，第（4）列为加入控制变量且同时控制地区和时间个体特征的估计结果。

由表 8-1 所示的估计结果可以发现，无论是否加入其他控制变量，以及控制可能存在的地区个体特征和时间个体特征，区域市场分割对环境污染的影响系数（*Segment*）均是显著为正的，说明区域市场分割显著加剧了地区的环境污染，地

表 8-1　基准回归模型估计结果

	（1）	（2）	（3）	（4）
Constant	0.7476*** (31.60)	0.1517*** (6.12)	1.0483*** (5.11)	−2.1573*** (−3.39)
Segment	0.0094*** (7.05)	0.0038*** (3.74)	0.0058*** (5.61)	0.0022** (2.35)
wSegment	0.0874*** (8.89)	0.0129** (2.10)	0.0101** (2.28)	0.0163*** (2.70)
控制变量	No	No	Yes	Yes
Observations	589	589	589	589
Time fixed effect	No	Yes	No	Yes
Region fixed effect	No	Yes	No	Yes
R^2-adj	0.1337	0.9375	0.6973	0.9498

注：***、**、*分别表示在1%、5%和10%水平上显著；括号内为相应的t值。
资料来源：作者根据Stata软件计算得出。

方政府会选择性采取生态机会主义策略（李涛等，2011），这与第五章中的估计结果是基本一致的。值得关注的是，区域市场分割的空间滞后项对环境污染的影响系数（wSegment）也是显著为正的，这说明如果周边相邻地区的区域市场分割程度越高，则本地区的环境污染程度也越高。邻近地区的地方保护行为可能会刺激本地区的地方政府采取类似的应对策略，从而带来本地区环境污染的进一步提升，且由于环境污染的空间外溢性，这也会对本地区的污染水平产生促进作用，从而加剧了本地区的环境污染程度。这与郭月梅等（2021）在探讨税收竞争下地方政府动态博弈时发现地方政府会倾向于加强地方保护主义，选择策略性环境管制政策，从而加剧环境污染的结论类似。上述结论不仅说明了地方政府的地方保护主义和区域市场分割存在着策略性的特征，还进一步说明这种策略性的区域市场分割也能够对本地区的环境污染产生重要影响。

2. 内生性检验

由于区域市场分割影响环境污染过程中可能存在较强的内生性问题。一方面，地方政府之间的市场分割行为是影响环境污染的重要因素，地方政府接纳那些高污染、高能耗的企业，牺牲本地环境换取高额税收，地方政府的保护加剧了这些企业的污染排放，进一步恶化了本地区的环境质量（韩峰等，2014）；另一方面，环境污染水平也有可能对市场分割产生影响。鉴于污染物强大的空间外溢性,地方政府治理其辖区内污染时依然无法避免交叉污染、重复治理问题,"污染避难所效应"还会进一步抵消治理效果,造成治理效率低下(胡志高,2019)。传统的属地治理不但无法促进区域内环境绩效的提升,甚至无法确保本地环境问题解决。某一地区的污染水平可能会促使地方政府考虑开展协同治理,打破地方保护和市场分割的藩篱。不仅如此,尽管本书实证研究过程中尽可能选取了其他可能影响环境污染的因素,并采用面板数据对不可观测的固定效应进行控制,但是仍然可能会遗漏一些重要变量,如变量测量误差等因素都是造成内生性估计偏误的重要原因。鉴于此,本书拟为区域市场分割寻找合适的工具变量,采用两阶段最小二乘法(2SLS)对式(8-4)所示的模型进行估计。关于工具变量的选取,这里依然采用平均地理坡度与2002~2020年中国商品零售价格总指数的乘积项作为区域市场分割的工具变量($Slope$)。关于内生性检验的估计结果如表8-2所示。其中,第(1)列为未加入任何控制变量且同时控制地区和时间个体特征的第一阶段的估计结果,第(2)列为未加入任何控制变量且同时控制地区和时间个体特征的第二阶段的估计结果,第(3)列为加入控制变量且同时控制地区和时间个体特征的第一阶段的估计结果,第(4)列为加入控制变量且同时控制地区和时间个体特征的第二阶段的估计结果。

表8-2 内生性检验的估计结果

	(1)	(2)	(3)	(4)
	第一阶段	第二阶段	第一阶段	第二阶段
$Constant$	-2720.57*** (-3.83)	0.2914*** (9.44)	-0.1556.72 (-1.39)	-3.6132*** (-2.96)
$Slope$	393.73*** (3.83)		235.7789*** (5.45)	
$Segment$		0.0472*** (8.08)		0.0244* (1.66)
$wSegment$		0.0031** (2.48)		0.0084** (2.32)
控制变量	Yes	Yes	Yes	Yes
$Observations$	589	589	589	589
$Time\ fixed\ effect$	Yes	Yes	Yes	Yes
$Region\ fixed\ effect$	Yes	Yes	Yes	Yes
R^2-adj	0.8832	0.9427	0.8886	0.9493

注:***、**、*分别表示在1%、5%和10%水平上显著;括号内为相应的t值。
资料来源:作者根据Stata软件计算得出。

由表 8-2 的估计结果可知,无论是否加入其他控制变量,在第一阶段估计结果中,地理坡度对区域市场分割的估计系数在 1% 水平上都是显著为正的,说明地理坡度越高,区域市场分割程度越大,这说明地理坡度与区域市场分割具有较大的相关性,选取工具变量较为合适。在第二阶段估计结果中,区域市场分割对环境污染的影响系数是显著为正的,且区域市场分割的空间滞后项系数也是显著为正的,这与前文的估计结论是基本一致的。

四、区域市场分割的策略互动对环境污染协同治理的影响

(一) 区域市场分割策略互动影响环境污染协同治理的逻辑

事实上,地方保护主义和区域市场分割的策略性特征不仅是影响地区环境污染的重要因素,其也会对地方政府的环境治理行为产生影响。恰如本书在第六章中所提出的,环境污染物具有极强的空间溢出性,并不会因为行政区域分割而分割,只有通过多区域协力合作治理才能彻底处理好环境问题(杨海生等,2008)。地方政府在开展环境污染的协同治理过程中本身就存在着策略性的特征,它们更加倾向于与其他地方(如相邻的周边地区)的政府共同治理那些空间溢出性比较强的污染物,如废气污染、废水污染等。值得关注的是,地方政府之间开展地方保护主义的策略性特征也会对环境污染的协同治理产生影响,即其他地方政府的地方保护主义行为也会影响本地区的环境污染协同治理程度。

具体而言,如果其他地方的政府采取了地方保护主义策略,通过采用各种显性和隐性措施对该地区的企业进行保护,这不仅会导致本地区的政府采取相同的策略,还会降低本地区的政府与之开展环境污染协同治理的意愿和积极性,并阻碍彼此之间进行协同合作的渠道。也就是说,如果其他地区的区域市场分割程度越高,则本地区的环境污染协同治理程度越低。

(二) 区域市场分割策略互动影响环境污染协同治理的效果分析

本章拟继续采用空间自滞后模型(SLX)对区域市场分割及其策略互动特征影响环境污染协同治理的效果进行估计,该模型如式 (8-5) 所示:

$$Cogovernmance_{it}=\alpha+\beta_1 Segment_{it}+\beta_2 wSegment_{it}+\gamma X_{jit}+\lambda_i+\eta_t+\varepsilon_{it} \quad (8-5)$$

式（8-5）中，i 和 t 分别表示截面数和时期数；因变量 Cogovernmance 表示环境污染协同治理程度；Segment 和 wSegment 是本书的核心解释变量，前者表示本地的区域市场分割程度，而后者则表示相邻地区的区域市场分割程度，其主要是由空间关联矩阵 w 与市场分割程度 Segment 乘积构成；β_2 为本章研究中所关注的核心估计系数，表示为相邻地区的市场分割对污染区域同治理的影响效应，也表示了区域市场分割的策略行为对协同治理的影响；X 为 j 个可能影响环境污染的控制变量，γ 表示其估计系数；λ_i 和 η_t 分别表示不可观测的个体（地区）特征和时间特征，ε_{it} 表示随机误差项。关于式（8-5）的估计，我们依然采用的是面板数据双向固定效应模型，相关指标选取也与第六章基本一致。关于式（8-5）的估计结果如表 8-3 所示。

表 8-3 区域市场分割策略性对环境污染协同治理的估计结果

	(1)	(2)	(3)	(4)
Constant	0.1141*** (19.03)	0.0159*** (2.63)	-0.5459*** (-13.29)	0.8526*** (5.40)
Segment	-0.0041*** (-12.08)	-0.0011*** (-4.20)	-0.0008*** (-4.03)	-0.0009*** (-4.09)
wSegment	-0.0071*** (-2.85)	-0.0086*** (-5.74)	-0.0050*** (-3.28)	-0.0110*** (-7.33)
控制变量	No	No	Yes	Yes
Observations	589	589	589	589
Time fixed effect	No	Yes	No	Yes
Region fixed effect	No	Yes	No	Yes
R^2-adj	0.2029	0.9469	0.8337	0.9561

注：***、**、* 分别表示在 1%、5% 和 10% 水平上显著；括号内为相应的 t 值。
资料来源：作者根据 Stata 软件计算得出。

由表 8-3 所示的估计结果可以发现，无论是否加入其他控制变量，以及控制可能存在的地区个体特征和时间个体特征，区域市场分割对环境污染协同治理的影响效应均是显著为负的，"以邻为壑"的地区发展模式阻碍了地方政府之间围绕环境污染所开展的协同治理行动。这与前文的估计结论是一致的。此外，区域市场分割的空间滞后项（wSegment）对环境污染协同治理的影响系数也是显著为负的,说明与本地区存在空间邻接关系的周边地区的地方保护主义和市场分割程度越高,则本地区政府的环境污染协同治理水平越低。类似地,蔡嘉瑶和张建华(2018)发现强市、强县之间的横向竞争加剧了市场分割,辖区内非合作博弈使得环境共同治理也更加困难。不仅如此,本书还进一步估计了区域市场分割及其策略性特征对环境污染协同治理过程中人员投入有序度、资金投入有序度、政策投入有序度和组织投入有序度的影响效果,其估计结果如表8-4所示。

表8-4 区域市场分割策略性对不同协同治理投入的估计结果

	(1) 人员投入有序度	(2) 资金投入有序度	(3) 政策投入有序度	(4) 组织投入有序度
Constant	1.3775*** (5.66)	0.2887** (2.20)	0.9756*** (4.13)	0.7349*** (5.74)
Segment	-0.0019*** (-5.18)	-0.0002** (-2.26)	-0.0012*** (-3.43)	-0.0009*** (-4.76)
wSegment	-0.0174*** (-7.52)	-0.0049*** (-3.96)	-0.0132*** (-5.90)	-0.0082*** (-6.73)
控制变量	Yes	Yes	Yes	Yes
Observations	589	589	589	589
Time fixed effect	Yes	Yes	Yes	Yes
Region fixed effect	Yes	Yes	Yes	Yes
R^2-adj	0.9377	0.9519	0.9231	0.9496

注:***、**、*分别表示在1%、5%和10%水平上显著;括号内为相应的t值。
资料来源:作者根据Stata软件计算得出。

由表8-4中第(1)列~第(4)列所示的估计结果可知,对于地方政府在协同治理过程中四种类型的环境污染协同治理投入来说,区域市场分割均产生了显著的抑制作用,验证了人员投入、资金投入、政策投入和组织投入是区域市场分割影响环境污染协同治理的重要路径。而且区域市场分割的空间滞后项系数也是显著为负的,即周边相邻地区的地方保护主义和市场分割策略会阻碍本地区环境污染协同治理过程中的人员投入有序度、资金投入有序度、政策投入有序度和组织投入有序度的提升。首先,本地政府参与环境区域协同治理过程中,周边相邻地区的地方保护主义和市场分割策略存在,会增加信息不透明度,本地政府难以掌握到相邻区域污染治理成本、投入有效信息,如果制定了比较高的环境标准，可能会对本地区的经济发展产生较大影响，而起主导作用的地方政府在解决环境污染问题时还要承担无法妥善解决衍生的政治风险，这也会导致地方政府不愿意投入更多的人员和资金参与协同治理；其次，参与协同治理的相邻地区可能与本地区政策目标、诉求存在差异，导致执行过程中产生表面化、扩大化、停滞化等偏差，难以发挥协同治理的耦合效应，这可能会降低本地政府进一步参与协同治理的积极性；最后，由于参与协商交流的部门与最终执行的部门不统一，污染协同治理缺乏跨区域的执行力和约束力（程进，2020），如果与本地区存在空间邻接关系的周边地区地方保护主义和市场分割程度越高，基层环保部门的协调联动执行力也越弱，致使环境保护协作难以顺利推进。

第九章　全国统一大市场对中国绿色经济增长的影响

在前文的分析中发现，分权体制下地方政府之间的市场分割是加剧环境污染的重要因素。那么，如何更加有效地打破这种市场分割、构建全国统一的国内大市场便成为中国今后降低环境污染、加快经济绿色转型的重要路径。本章重点从当前中国构建全国统一大市场的角度探究其对于绿色经济转型的影响，通过对全国统一大市场的基本内涵、主要特征与形成路径进行剖析，结合绿色全要素生产率指标，实证分析了全国统一大市场建设对绿色经济增长的影响。此外，本章还进一步从绿色技术进步和绿色效率改善两个方面考察了全国统一大市场建设影响绿色经济增长的传导路径。本章的研究有助于进一步完善地方政府竞争与中国环境污染问题之间关系的研究内容，也为识别促进中国经济绿色转型的路径提供了更多的启示。

一、问题的提出

党的十九大报告提出，当前中国经济已经由高速增长阶段转向高质量发展阶段。2017年12月，中央经济工作会议明确指出，推动高质量发展是当前和今后一个时期发展思路、制定经济政策、实施宏观调控的根本要求。事实上，就经济高质量发展的内涵来说，其相对于传统的经济增长概念的最大特点在于范畴不仅仅限于经济，还囊括了社会、政治、文化、生态等方面的因素。因此，在新时代，经济高质量发展主要体现在产业产品的创新性、地区发展以及经济与其他领域的协调性、环境资源利用的可持续性、经济发展的对外开放性和发展成果的可共享性。

经济的可持续发展和生态环境的优化是高质量发展的重要组成部分。特别是在当前中国环境污染问题日益恶化、资源浪费逐渐严重的背景下，实现绿色经济增长是落实经济高质量发展、贯彻"五位一体"总体布局和"五大发展理念"的重要途径。而所谓的绿色经济增长正是在促进经济增长规模扩大、经济发展结构优化的同时，推动生态环境与经济发展的相互协调统一。然而，改革开放以来，在财政分权体制下，粗放式经济增长，让环境污染、生态破坏、资源浪费等问题接踵而至，引人反思。如何通过破除"以邻为壑"的市场分割、构建全国统一的大市场，进而在统一的大市场中实现"既要绿水青山，也要金山银山"的绿色经济增长成为社会各界关注的重要议题。

2022年4月10日发布的《中共中央国务院关于加快建设全国统一大市场的意见》中提出要构建全国统一的大市场，从市场基础制度统一、市场设施要互联互通、要素和资源市场统一、商品和服务市场统一、市场监管统一、规范不当市场竞争和市场干预行为六个维度对如何构建统一的大市场进行了部署。统一的全国大市场不仅有助于打破区域之间的市场分割，还能更加有效地发挥国内超大规模市场的规模经济优势，促进产业结构的转型升级，激励地区的技术进步，从而有助于促进绿色经济增长。

事实上，从事经济学领域研究的学者正试图从资源丰裕程度（李江龙和徐斌，2018）、技术创新（葛鹏飞等，2018）、环境规制（蔡乌赶和周小亮，2017）、财政分权体制（范子英和张军，2009）、对外开放（傅京燕等，2018）等方面考察影响中国绿色经济增长的内在因素和外在因素。这些研究为我们破解制约中国绿色经济增长之谜提供了有益的启示，特别是对于财政分权与绿色经济增长之间关系的研究，为我们从制度因素的角度考察影响绿色经济增长的因素提供了直接的借鉴意义。然而，遗憾的是，这些研究并未直接考察财政分权体制下的地方保护主义行为和市场分割对绿色经济增长的影响，更没有关注到打破市场分割、促进绿色经济增长这一问题，这势必将不利于我们更加全面地考察影响中国绿色经济增长的制度因素，也不利于我们更好地识别加快中国经济绿色转型的路径。

事实上，一方面，本书在第五章和第六章的研究结论已经表明，市场分割是导致环境污染，进而抑制各区域围绕环境污染所展开的协同治理活动的重要因素。另一方面，尽管"斯密—杨格定理"指出市场规模的扩大有利于促进分工，进而实现经济增长，地方保护和市场分割则会限制分工的扩大，从而对经济增长产生不利影响。从这一角度来看,打破市场分割、构建全国统一的大市场是降低环境污染、促进绿色经济发展的重要因素。那么,在促进经济发展与生态保护协调统一、"既要绿水青山,也要金山银山"的背景下,全国统一的大市场是否显著地影响了经济增长与环境污染的"共赢"局面呢?本书内容将对此作重点关注,将经济增长和环境污染纳入绿色经济增长的分析框架内,探讨全国统一大市场建设与绿色经济增长之间的内在关联。

基于此,本章研究内容的边际贡献主要在于三点:第一,在研究视角上,本章拟基于当前全面促进经济高质量发展的视角,将环境污染和经济增长纳入一个统一的分析框架内,考察全国统一大市场建设对绿色经济增长的影响效应,这不仅有助于更加全面地考察影响中国经济绿色发展的影响效应,还能够为识别影响绿色经济增长和促进经济发展与生态协调统一的高质量发展的制度因素提供新的思路。第二,在研究方法上,本书采用绿色全要素生产率来对绿色经济增长进行衡量,并结合基于数据包络分析模型的 Malmquist-Luenburger 指数(以下简称"ML 指数")测算绿色全要素生产率,这一指标能够同时将经济增长过程中的期望产出("好"的产出,如 GDP 等)和非期望产出("坏"的产出,如环境污染等)同时纳入模型中进行测算,从而能够更加精确地对经济增长过程中的产出进行识别,也有助于我们更加全面地衡量绿色经济增长。第三,由于绿色全要素生产率的提升主要来源于效率改善效应和技术进步效应两个方面,本书拟将进一步考察全国统一大市场建设对效率改善效应和技术进步效应的影响效果,以期更加全面地识别全国统一大市场影响绿色全要素生产率提升和绿色经济增长的主要通道,进而为相关决策的优化提供启示。

二、全国统一大市场的典型特征与形成逻辑

(一)全国统一大市场的主要内涵与典型特征

全国统一大市场主要是指国内不同区域之间市场的统一性程度和一体化状态,它体现了一定地理范围内地区之间商品贸易和要素流动的顺畅程度。陈朴等(2021)认为,国内统一市场包括消除区域之间阻碍生产要素流动以及商品与服务流动的区域壁垒和地方保护主义,消除行业之间和部门之间阻碍生产要素流动

的垄断行为与行业壁垒。值得关注的是,这种商品和要素自由流动的国内统一市场在形成过程中要具备规则统一、竞争充分、高度开放、运行有序等特征,存在规模巨大、结构完整、功能强大、机制灵活和环境优化等特征,可以有效地促进国内外经济循环(刘志彪和孔令池,2021)。

根据"一价定律"(Law of one price)的解释,完全意义上的全国统一市场一般是指在有贸易发生或贸易可以自由发生的情形下,某种商品在不同地区市场上减去交易成本后的同一货币价格相等(曹春方等,2017)。如果两个地区之间某种商品价格不相等,其原因可能在于各种形式的贸易壁垒,或因地理距离、交通运输等所形成的市场可达性障碍。因此,虽然也有学者从产品生产这一角度剖析市场分割与整合,利用产出结构、生产效率差异测度市场整合程度(Young,2000;白重恩等,2004),但多数学者主要从商品市场和商品价格的角度对国内不同区域之间的市场统一程度进行了研究。Fackler和Goodwin(2001)认为统一市场体现为一个地区供给和需求冲击传导至另一个地区的程度,其可以用两个地区之间价格传导的速度进行衡量。后期的很多研究也基本上沿用了这一思路,并采用两个地区之间商品价格的相对差异对国内市场的统一性进行衡量(Ke,2015;桂琦寒等,2006)。尽管从商品价格相对差异这一角度获取识别区域之间市场一体化程度的重要信息(Buccola,1983)。但是,这些研究侧重于商品市场,少有研究要素市场整合程度的文献,忽视了国内统一市场建设中要素市场的统一性问题。一般而言,要素市场整合是统一大市场形成的重要条件和结果,只有地区间要素真正能够自由流动时国内统一大市场才有可能实现。吕冰洋等(2021)测算了中国资本要素市场的分割问题,发现尽管近年来中国资本要素市场呈现出一定的整合态势,但是在部分区域、部分行业的分割问题依然不容小觑。在中国渐进式的"双轨制"改革过程中,商品市场和要素市场在推进市场化改革、实现统一化发展方面存在较大差距(白俊红和卞元超,2015),尤其是要素市场的建设问题迄今为止没有得到根本解决(刘志彪和孔令池,2021),这也使得在考察国内统一市场建设过程中要同时关注商品市场和要素市场的内在差异、典型特征和影响效应。

2022年4月10日,由中共中央、国务院发布的《关于加快建设全国统一大市场的意见》中指出,要加快建立全国统一的市场制度规则,打破地方保护和市场分割,打通制约经济循环的关键堵点,促进商品要素资源在更大范围内畅通流动,加快建设高效规范、公平竞争、充分开放的全国统一大市场,全面推动我国市场由大到强转变,为建设高标准市场体系、构建高水平社会主义市场经济体制

提供坚强支撑。从这一角度来说,构建全国统一大市场中的主要任务在于以下六个方面:

第一,市场基础制度要统一。构建完善统一的知识产权保护制度、实行统一的市场准入制度、维护统一的公平竞争制度、健全统一的社会信用制度。第二,市场设施要互联互通。建设现代化的物流网络,完善市场信息交互渠道、推动交易平台的优化升级。第三,要素和资源市场要统一。形成城乡统一的土地和劳动力市场、加快发展区域一体化的资本市场、培育统一的技术和数据市场、建设全国统一的能源要素市场、发展全国统一的生态环境市场。第四,商品和服务市场要统一。建立健全一体化的商品质量体系、构建完善的标准和计量体系、全面提升消费服务质量。第五,市场监管要统一。建立健全统一的市场监管规则、强化统一的市场监管执法、全面提升市场监管能力的统一性。第六,规范不当市场竞争和市场干预行为。要着力强化反垄断,查处不正当竞争行为、破除地方保护主义和区域贸易壁垒、清理和废除妨碍执法平等准入和退出的规则、清理招标采购领域违反统一市场建设的规则和做法等。

从整体上来看,全国统一大市场的基本特征包括统一性、开放性、竞争性。其中,统一性不仅强调商品和服务市场的统一、要素和资源市场的统一、交通基础设施的联通,还强调各类市场基础规则、市场监管的统一,形成统一的"软基础"和"硬条件"。开放性不仅强调国内不同区域之间的相互开放,也在于市场进入退出机制的开放,促进各类商品和要素在区域之间能够实现自由流动、自由贸易,各类市场主体也能够有效、有序地进入和退出市场,消除各种不正当的市场干预。竞争性不仅体现为不同地区之间的相互竞争,更在于所有市场主体在更大范围内的竞争,还强调要消除各种不利于市场竞争的规则与机制。

(二)全国统一大市场的形成逻辑

事实上,全国统一大市场的重点在于消除各种类型的市场分割因素,打破市场分割也为建设全国统一大市场提供了重要思路。因此,目前研究中一些学者也对此进行了讨论,重点是探讨如何打破由制度因素所形成的"非自然意义的市场分割"和由自然地理环境等所引发的"自然意义的市场分割"。

一方面,一些学者认为,加快构建统一的大市场需要破除地方保护主义,尤其是在制度层面上完善地方政府的激励机制,合理引导地方政府的竞争,破除"以邻为壑"的发展模式,促进地方政府之间的合作与交流。中国经济转型时期地方政府之间的激励扭曲及其所引发的地方保护主义是区域性分割、阻碍国内统一市场建设的主要因素。Mok和Wu（2013）认为，财政分权是导致社会福利的地方化和地方保护主义的重要因素。刘小勇和李真（2008）发现，中央和地方政府之间围绕财政收入和支出的分权行为在本质上是一种中央政府、地方政府和企业之间的三层契约关系，构成了央地关系和地方政府之间关系的核心组成部分，从而形成市场分割。邓明（2014）在考虑地方政府采取市场分割行为的策略互动行为后，发现财政分权强化了地区间市场分割的策略互动。

另一方面，还有一些学者认为地理环境因素会导致"自然意义上的市场分割"（吕越等，2018），阻碍国内统一市场的建设，这也使得加快交通基础设施建设成为破除这种市场分割、推进国内市场统一的关键所在。一般来说，作为贸易成本的重要组成部分，运输成本与空间距离之间呈现出正向的关系（毛琦梁和王菲，2018），落后的基础设施建设水平会提高贸易成本，阻碍地区参与市场统一的进程（Shepherd and Wilson，2007）。交通运输的发展能够降低地区间的交易成本，改变产业空间布局的向心力和离心力之间的动态平衡（Fujita et al.，1999）。Studer（2008）发现，由于高昂的运输成本等因素的存在，印度粮食市场的一体化程度低于西欧等地区。刘生龙和胡鞍钢（2011）的研究结果发现交通基础设施的改善能够进一步促进区域贸易，进而加快区域经济的市场一体化。颜色和刘丛（2011）发现由于南方地区的交通运输业较为发达，特别是水路运输，这使得北方地区市场的整合程度明显低于南方市场。范欣等（2017）也认为基础设施建设有助于打破"以邻为壑"的分割状态，加快区域之间的市场由片块化走向统一化，也有助于消除地区间要素资源流动壁垒和信息不对称（马光荣等，2020）。梁若冰和汤韵（2021）基于企业增值税发票的微观数据，发现高速公路连通能够改善异地贸易，从而促进更大区域范围的市场整合。潘爽和叶德珠（2021）则是通过研究高铁开通对企业异地并购的影响，发现交通基础设施确实有助于区域内市场整合以及城市协调发展。

三、全国统一大市场对绿色经济增长的影响效果分析

(一) 实证策略与变量选取

为了实证检验全国统一大市场对中国绿色经济增长的影响效应,我们构建了如下所示的面板数据计量经济学模型,其可以如式 (9-1) 所示:

$$GreenDevelop_{it} = \alpha_0 + \beta Unified_{it} + \gamma X_{jit} + \lambda_i + \eta_t + \varepsilon_{it} \tag{9-1}$$

式 (9-1) 中,i 和 t 分别表示截面数和时期数;因变量 $GreenDevelop$ 表示绿色经济增长,我们基于绿色全要素生产率的角度,并采用第四章中基于 DEA 方法的 Malmquist-Luenburger 指数对其进行测度;α 表示相应的截距项;核心自变量 $Unified$ 表示全国统一大市场指数,β 为相应的估计系数,表示全国统一大市场对绿色经济增长的影响效应;X 表示 j 个可能影响绿色经济增长的控制变量,γ 表示其估计系数;λ_i 和 η_t 分别表示不可观测的地区和时间固定效应;ε 表示随机误差项。其余变量含义与前文一致,不再赘述。

本部分实证研究过程中所选取的样本为 2002~2020 年中国 31 个省级行政区域的面板数据(中国台湾、中国香港和中国澳门等因数据缺失较多,暂不予研究)。需要指出的是,由于基于 ML 指数的全要素生产率是一项动态指标,为了确保基期一致,降低因价格和时间变动等因素所造成的干扰,我们在测算该变量过程中均是以 2001 年作为基期,相关原始数据选取的是 2001~2020 年,最终测算的绿色全要素生产率结果为 2002~2020 年的数据。本部分实证研究中的原始数据来自各年度的《中国统计年鉴》和《中国区域经济统计年鉴》等。后文中,我们将详细介绍各变量的构造过程。

就相关变量的选取而言,对于全国统一大市场指标 ($Unified$),本部分实证研究过程中的全国统一大市场主要体现为国内不同区域之间市场的统一性程度和一体化状态,它体现了一定地理范围内地区之间商品贸易和要素流动的顺畅程度。因此,本书在对其进行测度过程中也采取了这一思路,通过在第三章测算市场分割的基础上,进一步构建全国统一大市场指数,其表示为:

$$Unified_{it} = \frac{1}{Segment_{it}} \tag{9-2}$$

式 (9-2) 中，Unified 即表示全国统一大市场指数，是区域市场分割的倒数。关于区域市场分割的测度依然采用相对价格法，不再赘述。

对于绿色经济增长指标（GreenDevelop），本书主要采用基于 ML 指数的绿色全要素生产率指标对绿色经济增长进行衡量，这一指标能够同时将经济增长过程中的期望产出和非期望产出纳入经济增长的分析框架内，从而可以准确地衡量绿色经济增长。具体测算过程在前文已经介绍，不再赘述。

本书还同时控制了其他一系列可能影响绿色经济增长的因素，主要包括：产业结构（Structure）、对外开放水平（Open）、技术创新水平（Technology）、人力资本水平（Human）、环境规制水平（Control）、城镇化水平（Urbanization）和人口密度（Population）。其中，产业结构的衡量指标主要是第二产业产值占地区生产总值的比例。就对外开放水平来说，研究仍然采用基于人民币单位的各地区单位外资企业的投资总额对其进行表征，并利用以 2002 年为基期的 GDP 指数对其进行去价格化处理。对于技术创新水平，依然采用各地区申请专利授权数对其进行衡量。对于人力资本水平，选取的衡量指标依然是基于地区人口的平均受教育年限。同样地，就环境规制水平来说，选取考察期内各省区工业污染治理投资作为衡量指标，并以 2002 年为基期的 GDP 平减指数对其进行去价格化处理。对于城镇化水平来说，研究依然选取的是各地区城镇建成区面积占该地区面积的比重对其进行衡量。最后，研究还控制了人口密度对环境污染协同治理的影响，并采用考察期内各地区年末人口总数占行政区域面积的比重对其进行衡量。

（二）基准回归模型估计结果分析

本部分研究将继续采用 Stata15 软件对式（9-1）所示的面板数据计量经济学模型进行估计。这里，本书采用表 9-1 报告了基准回归模型的估计结果，其中第（1）列和第（3）列分别表示加入和未加入其他控制变量、未控制地区和时间个体特征的估计结果，第（2）列和第（4）列则分别表示加入和未加入其他控制变量、控制地区和时间个体特征的估计结果。

表 9-1 基准回归模型估计结果

	(1)	(2)	(3)	(4)
Constant	0.6856*** (221.02)	0.6056*** (55.65)	0.1944*** (3.58)	1.9036*** (8.89)

续表

	(1)	(2)	(3)	(4)
Unified	0.1189*** (11.11)	0.0068*** (2.63)	0.0075*** (2.59)	0.0034** (2.36)
Structure			-0.0875** (-2.47)	-0.0628** (-2.28)
Open			0.0006 (0.18)	0.0019 (0.53)
Technology			0.0001** (2.03)	0.0132*** (3.41)
Human			0.0002** (2.02)	0.0014** (2.05)
Control			0.0003 (0.13)	-0.0031 (-1.60)
Urbanization			-0.4029*** (-4.03)	-0.2454*** (-3.21)
Population			-0.0104*** -(3.75)	-0.2172*** (-10.45)
Observations	589	589	589	589
Time fixed effect	No	Yes	No	Yes
Region fixed effect	No	Yes	No	Yes
R^2-adj	0.1723	0.7609	0.4161	0.8224

注：***、**、*分别表示在1%、5%和10%水平上显著；括号内为相应的t值。
资料来源：作者根据Stata软件计算得出。

由表9-1所示的估计结果可知，无论是否加入其他控制变量，以及无论是否控制时间和地区个体特征，全国统一大市场（Unified）影响绿色全要素生产率的影响效应均是显著为正的，说明全国统一大市场建设能够显著促进本地区绿色全要素生产率的提升、加快绿色经济增长。早期，地方政府保护以及由此形成的市场分割阻碍了外来企业参与本地市场竞争，弱化了本地市场竞争环境，本地企业缺乏参与绿色创新技术研发动力，助长了企业"创新惰性"。然而，在全国统一的大市场中，地方政府不仅通过采用各种措施降低对本地区企业的地方保护，使得要素资源得以自由流动，地方政府之间还形成了一种有效的竞争机制，而非唯GDP作为竞争的唯一标准。这种竞争机制迫使企业家把要素资源投入绿色技术创新活动，有利于区域内生产效率的提高，而粗放式的高污染和高能耗产业的盈利能力在新技术、新产品的冲击下不断降低，原本占有的市场份额被高技术企业不断蚕食，有的甚至在市场竞争中被淘汰，从而也降低了本地区的环境污染，实现了经济增长和环境保护的"双赢"。更为重要的是，在统一的全国大市场中，地方政府不仅可以建立多种多样的合作与交流机制，使得研究机构、企业以及社会组织等多方利益主体的诉求得以传递，从而为政府决策提供新的视角（胡静等，2020），还可以围绕环境污染、地区经济发展同企业、社会民间组织等开展各种协作与交流，形成多主体、多层级、多领域集成推进的良好态势，最终将有助于促进本地区的绿色经济增长。

（三）模型的稳健性与内生性检验

第一，基于规模报酬可变假设 ML 指数的稳健性检验。前文研究中本书所测算的 ML 指数是基于规模报酬不变的假设进行的，即假定所有的厂商都是在最优规模条件下进行生产。但是，在实际中，企业的生产前沿可能会受到不完全竞争以及外部性等因素的干扰，这导致企业时常在一个非最优生产规模报酬中，此时的生产前沿面表现为规模报酬可变。基于此，本书再次使用 MaxDEA 软件测算了基于规模报酬可变假设的 ML 指数，并将其作为绿色全要素生产率的替代指标纳入面板数据计量经济学模型中，以此作为本书的第一个稳健性检验。其估计结果如表 9-2 中的第（1）列和第（2）列所示。由估计结果可知，采用基于规模报酬可变假设的 ML 指数后，全国统一大市场对绿色全要素生产率的影响效应依然显著为正，说明统一的大市场能够促进中国绿色经济增长，这与基准回归模型的结果亦具有较好的一致性。

第二，基于动态面板数据模型的稳健性检验。这里，与第六章和第七章的稳健性检验方法类似，本书采用动态面板数据模型和两步法系统 GMM 模型对全国统一大市场与绿色经济增长之间的关系进行稳健性检验。稳健性检验结果如表 9-2 中的第（3）列和第（4）列所示。采用动态面板模型的估计结果可以发现，无论是否加入其他控制变量，绿色全要素生产率的时间滞后项依然是显著为正的，说明绿色全要素生产率存在着显著的时间锁定特征。且全国统一大市场建设的估计系数也是显著为正的，即全国统一大市场建设有助于促进绿色经济增长，这与前文的估计结果也是基本一致的，说明本书的估计结果具有较好的稳健性。

表 9-2　稳健性检验的估计结果

	(1)	(2)	(3)	(4)
Constant	0.6134*** (78.02)	2.2960*** (14.58)	0.3223*** (38.21)	0.4697*** (8.05)
L.GreenDevelop			0.5382*** (47.59)	0.2725*** (8.73)
Unified	0.0011*** (3.22)	0.0004** (2.14)	0.0569*** (14.67)	0.0151*** (2.69)
控制变量	No	Yes	No	Yes
Observations	589	589	558	558
Time fixed effect	Yes	Yes	No	No
Region fixed effect	Yes	Yes	No	No
AR(1)			0.0002	0.0003
AR(2)			0.7145	0.5197
Sargan			30.4916 (1.0000)	30.0328 (1.0000)
Wald test			5241.70 (0.0000)	5697.16 (0.0000)
R^2-adj	0.7653	0.8205		

注：***、**、*分别表示在1%、5%和10%水平上显著；括号内为相应的t值；SGMM估计结果中，AR(1)和AR(2)统计量报告的结果是其相应的概率P值。

资料来源：作者根据Stata软件计算得出。

四、全国统一大市场与绿色经济增长：技术进步还是效率改善

正如前文所述，基于ML指数的绿色全要素生产率可以进一步分解为效率改善效应和技术进步效应，这也构成了绿色全要素生产率增长的主要来源。因此，全国统一大市场对绿色全要素生产率的影响也可能是通过效率改善效应和技术进步效应两个方面产生作用的。本部分内容也将进一步考察全国统一大市场建设对技术进步效应和效率改善效应的影响，以此检验全国统一大市场影响绿色经济增

长的传导路径。

就绿色效率改善效应和绿色技术进步效应的内涵来说,前者表示实际生产点向生产前沿面的移动,后者则体现了生产前沿面整体向前移动。从经济学的角度来说,由实际生产点向前沿面移动所带来的效率改善主要是指通过制度创新、管理变革以及规模效率提升和资源配置效率提高,增加绿色产出,进而对绿色全要素生产率能够产生促进作用;而由生产前沿面向外移动所引发的技术进步的含义主要是:在不增加要素投入的情况下,使用更加先进的绿色技术和清洁工艺、通过新创造和新发明等手段增加绿色产出,这也能够促进绿色全要素生产率的提升。因此,为了更加清晰、全面地识别全国统一大市场对绿色全要素生产率的影响效应,本书还将进一步考察全国统一大市场对绿色效率改善效应和绿色技术进步效应的影响。

(一) 全国统一大市场建设与绿色技术进步

就全国统一大市场建设与绿色技术进步效应之间的关系而言,全国统一大市场建设过程中对于各类商品流动壁垒的清除有助于促进各类商品在区域之间的自由贸易,降低各类商品的贸易成本,这能够在一定程度上扩大各地区企业的商品需求规模。尤其是当全国统一大市场建设得到各地区的积极响应后,各地区之间彼此降低市场分割和地方保护主义程度,这能够使得各地区企业的商品在更大的空间范围内进行销售。更为重要的是,商品销售范围的扩大势必会加剧各地区市场的竞争程度。在这一背景下,为了获得"逃离竞争优势",并在激烈的市场竞争中获得更多的主动权和市场份额,各地区企业会不断加强技术研发和技术创新。尤其是在绿色经济发展背景下,各地区企业会更加重视绿色技术的研发,这也有助于促进绿色经济增长和绿色全要素生产率的提升,形成绿色技术进步效应。

本部分内容将对此进行检验和识别。本书基于第四章所测度的绿色技术进步指数 (MLTC),构建面板数据计量经济学模型,实证检验了全国统一大市场建设对绿色技术进步效应的影响效果,其估计结果如表9-3所示。其中,第(1)列为未加入控制变量且未控制地区和时间个体特征的估计结果,第(2)列为未加入控制变量但控制地区、时间个体特征的估计结果,第(3)列为加入控制变量且未控制地区和时间个体特征的估计结果,第(4)列为加入控制变量且控制地区和时间个体特征的估计结果。

表9-3 全国统一大市场对绿色技术进步的估计结果

	(1)	(2)	(3)	(4)
Constant	0.6738*** (275.41)	0.5974*** (66.01)	0.5942*** (22.50)	1.8241*** (13.55)
Unified	0.0847*** (10.04)	0.0056*** (2.62)	0.0479*** (4.87)	0.0013** (2.17)
控制变量	No	No	Yes	Yes
Observations	589	589	589	589
Time fixed effect	No	Yes	No	Yes
Region fixed effect	No	Yes	No	Yes
R^2-adj	0.1450	0.7253	0.2862	0.7854

注：***、**、*分别表示在1%、5%和10%水平上显著；括号内为相应的t值。
资料来源：作者根据Stata软件计算得出。

根据表9-3所示的结果可知，无论是否加入控制变量，以及是否加入地区和时间不可观测特征，全国统一大市场建设对绿色技术进步效应具有显著的正向影响，说明全国统一大市场促进了绿色技术进步效应的发挥。地方政府之间的相互合作和一体化发展有助于提升企业开展绿色技术创新的积极性，从而有利于那些绿色技术和清洁工艺的研发，能够直接提高要素投入的生产效率和环境质量的改善。通常来说，企业技术绿色创新是促进经济发展同环境污染尽早"脱钩"的有效措施，各种类型绿色技术创新与前端防控、末端治理有机结合，可以有效提高绿色全要素生产率。另外，全国大一统市场的建设，为企业间交流提供合适的机会与平台，使得企业引进技术渠道日益丰富。现实中，企业可以通过引进回收分解技术与设备，实现废弃物绿色化循环化，提高资源利用效率，并且随着绿色技术的吸收与改造，企业还会进一步对生产环节进行优化设计、改进工艺流程，从而带来生产效率的提高。这一研究结论也说明绿色技术进步在全国统一大市场建设影响绿色经济增长过程中发挥了显著的传导作用。

（二）全国统一大市场建设与绿色效率改善

恰如前文所述，绿色全要素生产率增长不仅来源于绿色技术进步效应，还包括绿色效率的改善效应，即在绿色经济发展过程中采用制度创新、管理变革以及规模效率提升和资源配置效率提高，实现绿色产出的增加，体现为一种集约式的经济发展路径。就全国统一大市场建设与绿色效率改善效应之间的内在关系来说，全国统一大市场所导致的区域一体化发展模式不仅直接提升了规模效应的发挥，促进了要素的自由流动和资源的优化配置，提升了各类环境要素的配置效率，其对于市场竞争的促进作用还激励了企业进行制度革新和管理变革的积极性，从而有利于绿色效率改善效应的发挥。

基于此，本书进一步实证检验了全国统一大市场建设对地区绿色效率改善效应的影响，其估计结果如表9-4所示。其中，第（1）列为未加入控制变量且未控制地区和时间个体特征的估计结果，第（2）列为未加入控制变量但控制地区、时间个体特征的估计结果，第（3）列为加入控制变量且未控制地区和时间个体特征的估计结果，第（4）列为加入控制变量且控制地区和时间个体特征的估计结果。

表9-4 全国统一大市场对绿色效率改善的估计结果

	（1）	（2）	（3）	（4）
Constant	0.7036*** (359.32)	0.7014*** (107.23)	0.6077*** (29.59)	1.1857*** (11.00)
Unified	0.0363*** (5.38)	0.0011** (2.17)	0.0032*** (3.41)	0.0008** (2.12)
控制变量	No	No	Yes	Yes
Observations	589	589	589	589
Time fixed effect	No	Yes	No	Yes
Region fixed effect	No	Yes	No	Yes
R^2-adj	0.0453	0.7499	0.2480	0.7605

注：***、**、*分别表示在1%、5%和10%水平上显著；括号内为相应的t值。
资料来源：作者根据Stata软件计算得出。

由表9-4中所示结果可知，无论是否加入控制变量，以及是否加入地区和时间不可观测特征，全国统一大市场建设影响绿色效率改善效应具有显著的正向影响，说明全国统一大市场建设促进了效率改善效应的发挥。随着全国统一大市场建设，市场规模不断扩大带来专业化分工，致使区域内市场有效需求迅猛增加，刺激企业进行绿色创新的同时，还会促进劳动力、资本、土地等要素资源自由流动，使得区域内部共享、匹配和学习机制的集聚外部性溢出效应得以充分发挥，促进绿色效率提升。不仅如此，全国统一大市场所导致的区域一体化发展模式还提高了企业进行制度革新和管理变革的积极性，从而有利于绿色效率改善效应的发挥。上述研究结论也说明全国统一大市场建设对于绿色全要素生产率提升和绿色经济增长的影响路径主要是通过绿色效率改善和绿色技术进步两个方面产生作用的。

第十章 全国统一大市场建设与经济绿色转型的对策

制度因素是破解中国经济增长之谜的重要突破口,也是解决增长过程中各种问题的关键方面。对于中国这样一个扁平化的行政治理结构,如何更加有效地协调不同行政单元之间的关系、统筹区域协调发展、构建全国统一的大市场是推进供给侧结构性改革、实现绿色经济发展过程中需要考虑的关键问题。本部分内容将立足本书的主要研究结论,就如何构建全国统一大市场、加快经济绿色转型进行对策分析。

一、中国构建全国统一大市场的重点环节与逻辑框架

(一) 中国构建全国统一大市场建设的重点环节

对于中国破除经济转型时期的市场分割、加快构建全国统一大市场来说,其不仅需要打破地方保护主义等制度和非制度壁垒,形成规则一致的市场基础制度与全国统一大市场的"软基础";也需要强化交通基础设施建设,实现区域互联互通,构建全国统一大市场的"硬支撑"。既需要推动商品市场与服务市场的整合,也需要重视劳动力、资本、知识、数据等要素市场的统一性建设。既需要考虑市场监管的一致性,也要防范不正当竞争。事实上,2022年4月10日发布的《中共中央国务院关于加快建设全国统一大市场的意见》从强化市场基础制度规则统一、推进市场设施高标准联通、打造统一的要素和资源市场、推进商品和服

务市场高水平统一、推进市场监管公平统一、进一步规范不当市场竞争和市场干预行为六个方面明确了全国统一大市场建设的重点任务，旨在充分发挥国内超大规模市场优势，破除要素和产品流动障碍，进一步降低制度性和非制度性交易成本，优化营商环境，进而实现创新驱动发展和产业升级，培育国际竞争合作新优势，是完善社会主义市场经济体制，推动双循环新发展格局的重要举措。

1. 强化市场基础制度规则统一，打造统一大市场的"软基础"

市场基础性制度规则不统一是造成地方保护和区域市场分割的重要原因。企业在区位选择时也往往受到制度分割的约束或限制。强化市场基础制度规则的统一，规范市场基础制度是建设国内统一大市场的前提。因此，在统一大市场建设过程中，要完善知识产权保护制度，规范市场准入和公平竞争，形成良好的社会信用体系。具体而言：

第一，完善统一的产权保护制度，依法平等保护各种所有制经济产权。这将进一步保障企业和个人的基本财产安全，依法保护知识产权，避免因为区域制度不同，引起不必要的诉讼和纠纷，从而发挥市场主体的积极性，激发市场的创新活力，为统一大市场建设构建坚实的产权制度基础。第二，实行统一的市场准入制度，严格落实"全国一张清单"管理模式，重点是维护市场准入负面清单制度的统一性、严肃性、权威性。这有利于推动市场的公平、开放、透明，通过明确全国统一的负面清单和准入效能评估指标，打造公平公正的投资环境，构建市场主体进入便利和准入规范的市场制度基础，从而有利于促进营商便利化，吸引各类资金参与投资，激发市场投资活力，提高市场运行效率。第三，维护统一的公平竞争制度，重点是坚持对各类市场主体一视同仁、平等对待；加快建立公平竞争政策与产业政策协调保障机制，健全反垄断法律规则体系，完善公平竞争审查制度，确保市场发挥资源配置的决定性作用，完善市场主体公平参与市场竞争过程的制度基础。第四，健全统一的社会信用制度，健全以信用为基础的新型监管机制。这有利于降低市场主体开展经济交易的信息成本，减少由于信息不对称和道德风险产生的交易成本和市场效率损失，强化市场交易的信用制度基础。

2. 推进交通基础设施互联互通，打造统一大市场的"硬支撑"

基础制度规则统一后，要素和产品流动还受流通速度和流通成本的制约，推进市场设施高标准联通成为其中的关键手段。因此，在构建统一大市场过程中要注重现代流通网络、市场信息交互渠道、市场交易平台等重点市场基础设施建设和交通基础设施建设，通过多种举措实现市场基础设施的系统深度高标准联通，全面畅通社会再生产各个环节，最终形成协同高效的市场基础设施网络，促进商品要素在跨区域和跨行业间流通和有效配置,充分扩大市场规模容量。

首先,建设现代流通网络。大力发展物流行业,促进全社会物流降本增效,是建设现代流通网络中的重要一环。现代化流通网络体系有助于商品要素资源在更大范围内畅通流动,不断大幅度地降低交通运输成本和物流成本,提升市场运行效率。除传统物流网络外,"推进市场设施高标准联通"还包括建立健全城乡融合、区域联通的电信、能源等基础设施网络等。其次,完善市场信息交互渠道和推动交易平台优化升级。市场信息的互联互享和公共资源的市场化数字化配置不仅有利于降低信息传递成本与交易协调成本,还降低了企业间信息不对称问题,进而推进不同企业间的分工与协作,提升企业生产和市场供需匹配效率。而规范化、数字化、智能化的交易平台则通过拓展市场规模体量,全面提升市场交易的效率效能。

3. 打造统一的要素和资源市场,完善统一大市场的供给端

要素市场化配置是近年来中国经济体制改革的一项重点工作,也是建设全国统一大市场的关键领域,其能够在供给端奠定全国统一大市场的基础。当前,我国要素市场建设相对滞后,生产要素价格扭曲和要素垄断现象时有发生。要想破解要素资源市场分割的主要矛盾和突出问题,尤其要注重要素市场的统一,包括城乡土地和劳动力、资本、技术和数据、能源以及生态环境。一方面,要构筑有利于各类要素跨区域流动的体制机制,推动区域之间要素市场的协同性和一致性持续提升。另一方面,要有效打破区域封锁和市场分割,实现城乡间、区域间、行业间生产要素的统一高效配置。具体来看,在土地市场,需要完善指标跨区域交易机制;在劳动力市场,需要出台促进农业转移人口市民化的转移支付与用地政策;在资本市场,需要对资本监管的统一和多市场之间的有效衔接;在技术和数据市场,也需要进一步完善技术交易和资源共享服务体系,并加快数据资源的开发利用。此外,在中国绿色经济发展过程中,还需要结合绿色中国、碳达峰碳中和目标任务,建设全国统一能源市场和统一生态环境市场。

4. 推进商品和服务市场整合,夯实统一大市场的需求端

2000年以来,中国的商品市场呈现出区域一体化发展的趋势,并且这种趋势在不断加强,这也被一些学者的研究所证实。全国统一大市场的建立要求商品和服务市场实现更高水平的统一。在一个统一的商品和服务市场中,商品跨区域流通的各种有形和无形壁垒应被彻底扫除,政府采购和招投标中对外地企业的各种不合理限制应被彻底清理,消费者权益应得到有效保护。此外,还需要从注重商品质量体系、完善标准和计量体系、全面提升消费服务质量等方面入手。在商

品质量和标准体系方面，强调要建立国家统一的标准。对行业而言，能够有效防止"劣币驱逐良币"事件发生，保护高质量企业；对消费者而言，全面提升消费服务质量将有利于改善消费环境、强化消费者权益保护，提升居民的生活质量。此外，统一的商品质量体系、完善的标准和计量体系将有利于国内企业与国际市场接轨，提高中国品牌影响力。

5. 推进地区间市场监管公平的统一，打造统一大市场的保障体系

由于市场失灵的存在，政府需要发挥市场监管的重要职能，将市场和政府有机结合。而地方保护主义是造成区域市场分割的重要因素，在监管和优惠政策上区别对待本地企业和外地同质企业，降低了国内整体经济运行的质量，违背了市场正常的公平竞争。因此，构建公平统一、高效规范的市场监管体系是维护市场运行秩序和优化资源配置效率的有力保障，可以有效破除地方保护、市场分割、负外部性及垄断等障碍，实现对市场竞争过程的高效规范和公平公正监管。

在监管规则方面，要健全统一市场监管规则，加强市场监管标准化规范化建设，增强市场监管制度和政策的稳定性、可预期性，构建政府监管、平台自律、行业自治和社会监督多元协同治理新模式，不断提升跨行业、跨区域互通互认水平，切实遏制各自为政的地方保护和市场分割现象。在行政执法方面，首先，要强化监管执法的目标，强化部门联动，鼓励跨区域联合执法，统筹执法资源，提高综合执法效能，探索创新联合联动联管方式，消除碎片化被动式监管的弊端。其次，要提升市场监管能力，完善重点监管方式，丰富监管手段，健全协作机制，鼓励多元主体开展监督评议等。最后，要建立健全跨行政区域网络监管协作机制，全面提升高质量监管的组织能力、协同能力、技术能力和动态能力，全面提升全国统一大市场的综合监管能力。

6. 完善市场竞争和市场干预，健全统一大市场的微观基础

具有"准市场主体"地位的地方政府通过实行地方保护的财政补贴和税收优惠政策保护本地企业，造成分割市场的行政垄断。同时一些具有市场势力的垄断企业也会通过不正当市场竞争分割市场。因此，建设全国统一大市场必须着力规范不正当市场竞争和市场干预行为，打破行业垄断和地方保护。这其中，不仅要着力强化反垄断，还需要针对市场主体、消费者反映强烈的重点行业和领域，强调依法查处不正当竞争行为。针对涉企优惠政策、招商引资恶性竞争、歧视性的准入退出条件、违法设定与招标采购项目的资格、技术、商务条件等市场关注的热点问题作出禁止性规定，这势必将有效打破地方保护、区域封锁和市场分割，持续推动国内市场高效畅通和规模拓展。

（二）全国统一大市场建设的逻辑框架

1. 以政策协调促进全国统一大市场建设

我国市场基础制度、市场设施联通水平、要素资源配置效率、监管现代化水平等与推动经济高质量发展的要求相比还有差距，因此加快建设国内统一市场需要实现更高层次的分工协作。制度和政策协调，是抓好强化市场基础制度规则、推进市场设施高标准联通、打造统一的要素和资源市场、推进商品和服务市场高水平统一、推进市场监管水平这五个"统一"，是破除地方保护主义和企业的不正当竞争的关键。

在基础制度完善方面，2016年《中共中央 国务院关于完善产权保护制度依法保护产权的意见》发布强调了保护产权是坚持社会主义基本经济制度的必然要求，并就完善产权保护制度、依法保护产权提出了相关意见，筑牢了社会主义市场经济的产权制度基石。从2015年国务院印发的《关于实行市场准入负面清单制度的意见》明确了实行市场准入负面清单制度的总体要求、主要任务和配套措施，到2016年试行的《市场准入负面清单草案（试点版）》，再到2018年12月正式发布全国统一的市场准入负面清单，再经过五年的落地实施，市场准入环节的负面清单管理模式已经在全国范围确立，这不仅降低了"市场失灵"的存在可能导致的风险，也规范了政府行为，降低了"政府失灵"可能带来的风险。2016年，国务院印发了《关于在市场体系建设中建立公平竞争审查制度的意见》，部署开展公平竞争审查工作。2022年3月，中共中央办公厅、国务院办公厅印发的《关于推进社会信用体系建设高质量发展促进形成新发展格局的意见》强调以健全的信用机制畅通国内大循环，以良好的信用环境支撑国内国际双循环相互促进。

在市场设施联通方面，2020年以来，党中央、国务院密集部署新型基础设施建设，促进交通基础设施网、运输服务网、能源网与信息网络融合发展。2022年，交通运输部印发的关于《推动交通运输领域新型基础设施建设的指导意见》明确了三方面的主要任务：一是打造融合高效的智慧交通基础设施，以交通运输行业为主实施。以智慧公路、智能铁路、智慧航道、智慧港口、智慧民航、智慧邮政、智慧枢纽，以及新材料新能源应用为载体，体现先进信息技术对行业的全方位赋能。二是助力信息基础设施建设，主要是配合相关部门推进先进技术的行业应用，包括5G、北斗系统和遥感卫星、网络安全、数据中心、人工智能（如自动驾驶等）等。三是完善行业创新基础设施，主要是科技研发支撑能力建设，

第十章　全国统一大市场建设与经济绿色转型的对策

如实验室、基础设施长期性能监测网等。

在深化要素资源和商品服务市场整合方面，尽管目前我国已经建立了相对统一的商品和服务市场，但是推进高水平的商品和服务统一大市场还需要以提升质量为抓手。2021年10月，中共中央、国务院印发的《国家标准化发展纲要》提出了"到2025年，实现标准供给由政府主导向政府与市场并重转变，标准运用由产业与贸易为主向经济社会全域转变，标准化工作由国内驱动向国内国际相互促进转变，标准化发展由数量规模型向质量效益型转变"发展目标。标准化更加有效提升产品服务质量，推动国家综合竞争力提升，在促进经济社会高质量发展中发挥更大作用。

在要素资源市场整合方面，要素市场分割问题和流动障碍还比较突出，因此深化要素市场化改革是建设统一大市场的重要方向。2020年发布的《中共中央　国务院关于构建更加完善的要素市场化配置体制机制的意见》中指出，改革开放以来，我国97%以上的商品和服务价格已由市场定价，资本、土地、劳动力等要素市场从无到有、从小到大。但与商品和服务市场相比，要素市场建设仍相对滞后。2022年国务院办公厅印发的《要素市场化配置综合改革试点总体方案》（以下简称《方案》）聚焦要素市场建设的重点领域、关键环节和市场主体反映最强烈的问题，结合地方资源禀赋、优势特色和发展需要，明确各要素领域重点任务和要素市场制度保障，明确提出到2023年，力争在土地、劳动力、资本、技术等要素市场化配置关键环节上实现重要突破。土地要素方面，《方案》强调以推进土地集约高效利用和建立健全城乡统一的建设用地市场为重点，探索赋予试点地区更大土地配置自主权，支持产业用地实行"标准地"出让、不同产业用地类型合理转换，支持探索深化农村宅基地和集体建设用地改革。劳动力要素方面，《方案》提出要进一步深化户籍制度改革，试行以经常居住地登记户口制度，支持建立以身份证为标识的人口管理服务制度，推动加快畅通劳动力和人才社会性流动渠道，激发人才创新创业活力。资本要素方面，《方案》聚焦增加有效金融服务供给，建立公共信用信息同金融信息共享整合机制，推广"信易贷"模式，鼓励金融机构开发与中小微企业需求相匹配的信用产品，强化服务实体经济发展的功能。技术要素方面，《方案》指出要着力完善科技创新资源配置方式，探索对重大战略项目、重点产业链和创新链实施创新资源协同配置，构建项目、平台、人才、资金等全要素一体化配置的创新服务体系，强化企业创新主体地位，最终实现向现实生产力转化。数据要素方面，《方案》提出要探索建立流通技术规则，聚焦数据采集、开放、流通、使用、开发、保护等全生命周期的制度建设，推动部分领域数据采集标准化，分级分类、分步有序推动部分领域数据流通应用，探索"原始数据不出域、数据可用不可见"的交易范式，实现数据使用"可控可计量"，推动完善数据分级分类安全保护制度，探索制定大数据分析和交易禁止清单。资源环境市场方面，《方案》提出要加强制度建设。着力推动资源环境市场流通交易与制度创新，支持完善电力、天然气、矿业权等资源市场化交易机制，进一步健全碳排放权、排污权、用能权、用水权等交易机制，探索开展资源环境权益融资，探索建立绿色核算体系、生态产品价值实现机制以及政府、企业和个人绿色责任账户。同时，《方案》还聚焦要素市场治理，提出了推动完善要素市场化交易平台，加强要素交易市场监管等重点任务；并围绕进一步发挥要素协同配置效应，提出了提高全球先进要素集聚能力，完善按要素分配机制等重点举措。

在推进市场监管水平统一方面，国务院2022年发布的《"十四五"市场监管现代化规划》强调充分发挥市场监管对统一市场的支撑作用，从健全政策体系、破解堵点痛点、完善监管机制三个方面明确了市场监管护航全国统一大市场建设的路线图，并指出要围绕"大市场""大监管"，压实责任，强化措施，推动相关目标任务落地。

此外，破除地区行政和政策壁垒，规制企业组织的市场行为也需要制度保驾护航。贯彻执行国家统一的竞争政策，关键在于改革和优化地方政府的职能，破除行政区经济的形成基础。通过推进区域高质量一体化发展国家战略引导地方政府从过去强调经济竞争走向竞争基础上的合作和协同。为进一步加强对反不正当竞争工作的组织领导和统筹协调，维护公平竞争秩序，2020年经国务院同意建立了反不正当竞争部际联席会议制度，协同治理不正当竞争行为。

2. 以互联互通促进全国统一大市场建设

统一大市场建设需要破除地理阻隔和市场分割的障碍，实现各地区之间的互联互通，这就离不开大规模的交通基础设施建设。交通基础设施的互联互通是实现各地区市场信息和物流运输的联通与交互，从而进一步加深市场整合的关键举措。近代美国通过铁路网的建设，将东、西海岸连接到一起，促进了商品、资金在地区间的流动，奠定了大国经济循环的基础。而中国也通过全国范围内高等级路网的铺开，大大地降低了各个城市间交通运输成本，提高了国内市场整合程度。交通基础设施的便利推动了生产要素在行业间以及行业内企业间进行重新配置，使企业能够以更低的成本在可及的、扩大的国内市场中获取更高质量水平的投入品，进而会促进最终生产产品质量的提升。此时，高生产率的企业、具有比较优势的行业将具有更强的进一步扩张生产的能力。未来，我国将建设现代流通网络，通过优化商贸流通基础设施布局，推动国家物流枢纽网络建设和大力发展第三方物流，推进多层次一体化综合交通枢纽建设，推动交通运输设施跨区域一体化发展。

市场设施的高标准联通不仅局限在物流网络，还包括完善市场信息交互渠道、推动交易平台优化升级。信息与通信技术与数字经济的飞速发展提升了地区间信息可达性，拉近了各地区的时空距离，对各地区经济产出活动与分工模式产生了深刻影响。我国将统一产权交易信息发布机制，实现全国产权交易市场联通，推动各领域市场公共信息互通共享；深化公共资源交易平台整合共享，加快推进公共资源交易全流程电子化；积极破除公共资源交易领域的区域壁垒，加快推进大宗商品期现货市场建设，不断完善交易规则。

二、中国经济绿色转型的路径

（一）加快产业结构的绿色转型

改革开放以来，中国经济发展依靠"重点发展重工业"的方针实现了快速飞跃，将中国从一个农业国转型为工业制造国。1978年以来，中国经济增长保持了近10%的增速。然而这种高速增长在一定程度上是以牺牲生态环境为代价的，加速资本积累的大规模工业化带来了高能耗和高污染。这不仅造成了我国环境的巨大压力，也使能源与污染逐渐成为我国经济增长的硬约束，严重影响我国经济发展质量。同时，受国内外形势影响，中国经济增速放缓。在此背景下，中国经济结构转型成为经济高质量发展的关键。

过去依托国际产业转移的契机，以低成本劳动力为主要竞争优势的外向型经济模式随着中国人口红利的消失和发达国家制造业回流等因素的影响已经不再适应中国经济发展，产业发展失衡和普遍性产能过剩问题并存。与工业产能过剩相对应的是第三产业的供给不足，高端服务业发展缓慢。产业结构转型升级已成为中国经济实现新旧动能转换和绿色发展的关键：一是对落后产能、高污染的企业完善市场退出机制，推进高耗能、高污染企业的"瘦身"工作，降低低效率企业市场占比。二是推动高转化率、低耗能企业的发展和对其他落后企业的合并；

在增加行业内企业竞争的同时，确保领头企业的创新活动开展能力，形成鼓励行业内企业创新的市场分布格局和竞争格局。三是调整产业结构，从以劳动密集型工业为主逐步转向以资本密集型工业为主，转向以技术密集型工业为主，通过国际合作，以互利共赢为原则，将部分国内落后产能、劳动密集型工业、资本密集型工业转移到有需要的国家，实现国内产业的"瘦身"转型和国际生产布局的扩大，做好在全球价值链中以更高姿态展现自我的准备。

除此以外，中国还面临着超大规模市场消费需求引领的供给结构升级。消费结构升级正在从数量扩张型向质量导向型转变，这意味着产业供给侧不单只是增加数量，而且注重提供质量更好的商品和服务。随着人民对优质生态环境需求的增加，企业和居民会增加对清洁能源和清洁产品的消费，进而以能源消费结构调整刺激传统产业转型升级，增加绿色消费产品和服务的供给。这种质量导向型的需求升级会引领供给侧从数量扩张转入高质量发展的新阶段。解决当前中国内需增长的可持续发展策略，也是服务产业绿色发展的重要手段。

（二）促进绿色技术进步

技术进步是实现新旧动能转换的核心驱动力，在推动中国经济绿色转型中处于核心地位。党的十九大明确提出要坚定实施创新驱动发展战略，加快生态文明体制改革。技术进步最直接的影响是有利于改进企业生产技术和工艺，通过应用先进绿色生产技术和设备，减少生产过程中的污染排放，同时降低对生产要素的耗费，提高资源使用效率和循环利用，促进绿色全要素生产率的提高。除了生产过程创新外，产品创新也是技术进步的重要方面。产品创新有利于提高产品附加值，提高产品质量，扩大企业潜在目标市场，增加企业收益。更进一步地，产品创新的更新换代反向促进了新技术在行业间的推广应用，从而间接促进知识技术溢出，使高技术产业技术创新成果向传统产业扩散，提升了行业的绿色全要素生产率，最终实现整个行业向绿色发展转型。随着绿色发展理念的持续推进，环境规制的不断加强，环保产业与环保产品快速发展是未来发展的必然趋势，这将引导企业将绿色技术创新与产品技术创新相结合，从事广泛的创新实践，如环境和组织创新，加强生产力，进而促进绿色全要素生产率的提升。

创新是一种内生的发展方式，要想实现技术进步，主要依靠技术引进和自主创新两种途径。改革开放以后，中国经济体制改革和对外开放不断深化，在"技贸结合""工贸结合""以市场换技术"的理念下，引进技术成为中国企业技术进步的一个重要途径。通过引进先进的绿色技术帮助企业更快地提升绿色全要素生产率。引进然后模仿创新的模式使中国企业广泛地参与到全球分工体系当中，中国逐渐成为制造大国。然而，技术引进虽然可以帮助企业以较低的成本实现技术进步，但是难以靠近技术的最前沿。特别是近年来，贸易保护主义抬头，中美贸易冲突持续升级，全球范围内的贸易政策的不确定性显著增强，中国企业原始创新能力薄弱、前沿技术突破不足、基础技术、核心零部件和重大装备受制于人等突出问题被再次放大。要想真正把核心技术掌握在自己手中，在日趋激烈的国际竞争中建立自己的竞争优势，自主创新是必然之选。一方面，企业要自主提升绿色创新能力，加大绿色技术创新的研发投入，实现绿色转型；另一方面，政府要发挥绿色创新引领作用，完善税收抵免等绿色技术研发补贴政策，并推动数字绿色金融发展，深化产学研融合，形成绿色转型升级合力。

（三）强化区域协同治理

环境污染往往具有显著的跨域特征，尤其是空气污染和河流污染，因此传统的"自扫门前雪"式的行政区划治理并不能取得显著的成效。并且由于环境资源的公共品属性，"搭便车"行为普遍存在。为了提升环境治理成效，协同治理逐渐成为解决环境问题的必要选择，也是可持续发展的内在要求。德国物理学家哈肯指出，复杂系统中各个子系统相互配合彼此协作会促使各个子系统从无序的状态向平衡有序的状态演进，最终形成比各个子系统力量简单相加大得多的力量，因而将协调治理理念应用于生态治理对打赢污染防治"攻坚战"、推动经济高质量发展具有重要意义。

加强环境保护、推进生态文明建设是各级政府的重大责任和共同任务。《中华人民共和国环境保护法》第二十八条明确规定，"地方各级人民政府应当根据环境保护目标和治理任务，采取有效措施，改善环境质量"。地方政府在自然资源管理、实施和监管上承担着主体责任，因此协同治理首先需要构建政府间横向协同。地方政府在完成区域内的环境目标考核任务的同时，还应该对相邻地区的生态环境协同治理负责，这有利于纠正跨界污染、"搭便车"等环境污染负外部性。实现政府间横向协同首先需要统筹协调总体目标，针对本地环境与资源保护特征确定区域环境治理规划，制订有针对性的污染治理专项规划和修复保护计划，为明晰主体责任提供依据。其次需要开展区域分工协作，明确各级地方政府实行环境保护与污染治理的跨区域、跨流域的分工协作责任，加快形成生态环境联防联控，并完善环境协同治理的考核激励与监督问责机制。

当然，协调治理的主体并非只有政府这单一主体，而是由政府、非政府组织及其他机构等多元主体进行协同治理。政府作为有限理性的决策者,受信息不对称及企业寻租行为等的影响,在环境治理上会出现政府失灵。因此,多元共治是创新环境公共治理模式的关键路径。多元协同治理通过政府、企业、社会组织和公众等主体的协调合作,有利于依靠自主治理权力结构和监督管理约束公共权利,从而制定科学民主的环境政策决策,保证政府和公众利益的一致性。政府作为协同治理的主导者,在治理环境的同时要鼓励多方参与,构建环境信息共享平台,推进环境治理的市场化、数字化、智能化转型。而企业作为行为主体,也应实现绿色生产转型。社会组织与公众则作为第三方治理主体,应积极参与并充分发挥监督功能。"政府政策供给—市场利益驱动—社会公众参与"多元协同治理模式是实现绿色发展的有益探索。

(四)实现经济增长与环境治理共赢

很长时间以来受经济增长目标压力的影响,地方政府往往会减弱环境规制实施力度,以牺牲环境来换取短期利益诉求,这抑制了绿色发展效率的提高,导致环境规制与经济增长目标相互掣肘。早期的以环境为代价的粗放型发展模式现在已难以为继,探索中国经济绿色可持续发展方式亟待推进。2005年8月,时任浙江省委书记习近平同志在湖州安吉首次提出"绿水青山就是金山银山"的发展理念。如今,"绿水青山就是金山银山"的理念已深入人心,党的十九大报告更是将建设生态文明提升为到"中华民族永续发展的千年大计"之高度,并且"增强绿水青山就是金山银山的意识"被写进新修订的《中国共产党章程》之中。实现中国经济绿色转型的关键是实现"金山银山"经济效应与"绿水青山"环境效应的协同发展。

环境资源自身是重要的生产要素,即能够作为一种要素投入进入经济生产函数直接影响生产率,具有稀缺性和极高的经济价值。这就要求发展不能以破坏生态环境为代价换取不可持续的物质财富增长。同时物质生活水平的改善增强了人民对优质生态环境需求,这也使得环境资源逐渐成为居民效用函数的关键要素。习近平总书记提出的"如果能够把生态环境优势转化为生态农业、生态工业、生态旅游等生态经济的优势,那么绿水青山也就变成了金山银山",正是要求对于生态资源由消耗性利用方式转向非消耗性利用方式。这就要求发展与"绿水青山"共生共存的"内生性产业"和相派生的"外联性产业",最终实现生态环境产品作为一种发展要素的回归,更多地呈现生态环境的公共产品属性。

治理环境污染的根本目的是促进经济发展与生态环境的协调,提升人民群众的获得感与幸福感，最大化以人民群众利益为核心的社会福利，这是实现绿色现代化的内在要求。中央政府为加强环境治理，加快转变经济发展方式，将环境污染治理绩效纳入官员考核体系。在环境治理的高要求和新的晋升考核体系下，政府应对经济增长目标与环境保护双重目标的行为策略发生转变。转变经济增长方式，发展循环经济、建设资源节约型和环境友好型社会，在发展中保护生态环境，用良好的生态环境保证可持续发展。着力构建循环经济体系，强势推进绿色发展模式。

三、依托全国统一大市场促进经济绿色转型的策略

统一大市场建设是构建新发展格局的必然选择与内在要求，对打破地方保护主义和市场分割的藩篱，打通制约国内经济循环的关键堵点，促进要素资源在全国范围内畅通流动具有重要意义。如今，中国经济也面临着绿色转型，如何依托国内统一大市场实现经济可持续发展是推动经济高质量发展的重要议题。

第一，破除地方保护主义，构筑全国统一的大市场。

具体地，①分权体制下的地方政府激励机制是引发地方保护主义和市场分割的重要因素。在财政分权体制下，财政收支改革导致地方政府权责不对等、收支不匹配的问题日益突出。特别是近年来，面对经济下行和系统性风险剧增等多重因素，地方政府的财政压力逐渐增加，地方保护主义倾向再次抬头。因此，如何矫正分权体制下地方政府的激励机制是破除地方保护主义、促进区域市场整合的重要举措。对于中央政府来说，其需要进一步摒除"唯GDP至上"的考核机制，加大经济发展质量、环境保护、技术创新、民生改善等方面在地方政府官员考核中的比例，官员晋升考核机制的完善有助于合理引导地方政府之间的竞争，营造更加开放、更加公平的市场竞争环境。对于地方政府来说，也需要树立更加科学的政绩观念，把提升区域经济发展质量作为地方政府施政的核心和关键，主动增进与其他地区的交流与沟通。②区域市场整合的关键在于地方政府之间沟通机制的建立。区域市场整合需要"软""硬"兼施，在"软"的方面，需要地方政府之间建立更加科学、更加通畅、更加常态化的沟通机制，其重点不仅在于构建全方位的地方政府对话渠道，更在于增进地方性政策法规、制度安排的协同。特别是在产业政策和环境政策的制定方面，各地方政府需要加强沟通，避免重点产业

政策和环境政策的冲突和雷同,这也是破除地方保护主义的关键之一。③"先天性障碍"也是导致区域市场分割的"硬"因素,加快交通基础设施建设成为打破区域市场分割的重要保障。以交通基础设施建设等为载体,着力发展高速铁路、高速公路等,提升区域之间的互联互通,促进要素的自由流动,逐步消除市场分割的"先天性障碍"。

第二,促进产业升级与技术创新,推动资源优化配置。

具体地,①区域市场分割阻碍了区域经济规模的扩张,导致"片块化"的发展模式,使得区域经济发展付出了规模不经济的代价。因此,从这一层面来说,在今后的发展过程中,需要重点关注两个问题:一方面,"稳增长"依然是当前阶段中国国民经济发展的重中之重。目前,中国依然并将长期处于社会主义初级阶段,尽管国内生产总值的总体规模已经跃居世界第二位,但是在人均收入、发展质量等方面依然较低,发展区域经济、提升区域经济的总体规模是当前各级地方政府需要关注的重要方面。另一方面,区域经济规模效应的发挥依赖于要素和资源的空间集聚,各级政府需要打破阻碍要素和资源自由流动的体制机制障碍,提升各类基础设施的配套水平,合理引导企业在空间层面上的集聚,形成产业集聚区内的环境震慑效应。②产业结构的转型升级是提升环境质量的重要方面。长期以来,以传统制造业为主体的产业是各级地方政府财政收入的主要贡献者,是地方政府保护的核心对象,但其同时也是中国环境污染问题的重要来源。产业结构的转型升级是需要经历"阵痛"的,在短期内,产业结构的转型升级往往需要付出经济降速的代价,这与地方政府的利益最大化目标是相悖的。因此,在经济高质量发展背景下,各级地方政府需要转变利益最大化约束目标,把产业结构的转型升级作为地方政府工作的重点和关键,根据本地区的实际情况,瞄准产业发展前沿,支持和鼓励高新技术产业的发展,加强传统产业的技术改造和工艺升级,实现绿色化的产业结构。③技术创新是驱动经济增长的内在动力。在新时期,中国政府提出了创新驱动发展战略,党的十九大提出"创新是引领发展的第一动力,是建设现代化经济体系的战略支撑",依靠科技创新成为促进经济高质量发展的重要举措。因此,在今后的工作中,加快技术创新依然是企业生产经营过程中需要考虑的关键问题,企业要重点立足自主创新,加强自身研发投入、提升技术水平,实现关键技术的自主可控;在此基础上,增进开放式经营,加大技术引进、消化和吸收,特别是对于那些清洁生产技术和生产工艺,在对外开放中增强竞争压力和技术革新的动力。对于政府来说,其也是技术创新的重要组成部分。各级政府需要根据市场和企业的实际需要,建立全方位的技术创新支持体系,加强知识产权保护力度,为企业技术创新营造良好的制度环境。不仅如此,各级政府也要加大对企业技术创新的支持力度,在R&D补贴、税收优惠、信贷优惠等方面加大对企业的扶持。

第三,加快区域协同治理,提升环境质量。

具体地,①在对市场分割与环境污染区域协同治理之间关系,以及市场分割下京津冀地区环境污染区域协同治理内在困境进行分析过程中发现,地区经济发展不平衡所导致的地方政府利益分化是阻碍环境污染区域协同治理的关键因素。在分权体制下,利益关系仍然是各级政府之间关系的根本所在。因此,在环境治理过程中,如何设计更加科学的利益分配机制、兼顾各地方政府的利益最大化目标成为一个重要问题。在环境污染区域协同治理过程中,构建"互惠"的利益格局、平衡各地区的"利益差"有助于激发地方政府参与协同治理的积极性。就具体的措施而言,可以包含两个方面:一方面,建立更加科学、普惠的生态利益补偿机制。尽管近年来很多地方政府也在尝试建立生态补偿机制(如京津冀地区),但是在实际中,这种利益补偿机制并未从根本上消除发达地区和欠发达地区在生态保护动机上的差异,各地方政府在经济发展差距上的内在根源依然是地方保护主义和市场分割现象存在的根本原因,而这种利益补偿也很难彻底解决经济发展上的差距。因此,今后生态利益补偿机制的建立需要树立更加长远、更加根本的观念,实施产业生态补偿机制等。另一方面,地区性的环境污染区域协同治理基金也是协调各地方政府治理行为的关键,这种基金在使用过程中以地方政府在环境治理方面的贡献、成本—收益关系等为参考进行分配,这有助于调节不同地方政府在地区发展利益方面的不平衡。②经济发展利益上的不均衡是引发市场分割、阻碍环境污染区域协同治理的核心,而外部制度体系的完善则成为其中的关键。制度效率的低下不仅不利于地方政府之间协同行为的开展,甚至还会起到负面影响。在统筹区域协调发展的背景下,尽管一些区域尝试开展了区域协同发展,且诸如京津冀等地区也迈出了实质性的步伐。但是,从整体上说,目前大多数的区域协同发展战略均处于非实质性层面,体现为各种政策措施的非合法性和模糊性:很多区域协同发展行为只是地方政府之间围绕某一重大活动或事件所开展的临时性的行动,缺乏长久机制;在协同战略上,缺乏更高级别的监督与管理,对违约行为缺乏惩罚措施,导致地区利益依然高于违约成本;很多协同发展战略缺乏细节性描述和配套措施,在协同小组建立、协同分工定位、协同主体责任和义务等均缺乏强制性、合法性的规定。因此,在今后工作中,建立更加具有操作性、针对性、合法性、约束性的协同发展战略至关重要。特别是环境污染的区域协同治理方面，在建立协同治理机构过程中，不仅要赋予协同治理机构更多的实际性权责，还要考虑到机构的人员构成问题，避免职位高低等因素对于协同工作开展的影响。

第四，协力提升经济增长水平和环境质量，促进绿色经济发展。

具体地，①正如前文所述，当前我国正处于并将长期处于社会主义初级阶段，"稳增长"是未来相当长一段时间内各级政府工作的重要议题。但是，从世界经济发展的历史以及当前中国经济发展的现状来看，经济增长绝不能以牺牲环境为代价，而环境保护也绝不是与经济增长"不可兼得"，同时实现经济增长和环境质量提升"双赢"局面的绿色经济增长有助于实现国民经济高质量发展。因此，在今后工作中，各级政府要树立绿色发展"既要金山银山，也要绿水青山""绿水青山就是金山银山"的观念，摒弃那种"经济增长与环境保护不可兼得"的落后思维，大力发展循环经济、生态友好型经济和绿色经济，淘汰落后产能，促进产业结构向绿色化、高级化的方向进行转变，努力实现经济增长和生态环境保护的"双赢"。不仅如此，地方政府还需要建立环境保护的经济激励机制，营造绿色发展的地区氛围；加大对那些以牺牲生态环境、不落实环境保护责任的经济行为的惩罚力度等。②绿色技术进步和绿色效率改善是提升绿色全要素生产率、实现绿色经济增长的关键所在。各级政府要建立支持企业绿色技术创新的外部环境和政策体系。企业等市场主体不仅要加强绿色技术研发，立足自主创新，以绿色技术创新为重点，形成竞争优势；还需要加强本身的制度建设，在企业内部建立绿色发展的企业文化，形成绿色化管理，提升企业管理效率。

参考文献

[1] Acemoglu D, Zilibotti F. Productivity differences [J]. Quarterly Journal of Economics, 2001, 116 (2): 563-606.

[2] Acemoglu D. Institution, factor prices and taxation: Virtues of strong states? [J]. American Economic Review, 2010, 100 (2): 115-119.

[3] Aghion P, Howitt P. The economics of growth [M]. Cambridge: MIT Press, 2009.

[4] Akpan U F, Chuku A. Economic growth and environmental degradation in Nigeria: Beyond the Environmental Kuznets Curve [R]. MPRA Paper No. 31241, 2011.

[5] Alesina A, La Ferrara E. Who trusts others? [J]. Journal of Public Economics, 2002, 85 (2): 207-234.

[6] Anderson J E, Wincoop E V. Trade costs [J]. Journal of Economic Literature, 2004, 42 (3): 691-751.

[7] Ang J. CO_2 emissions, research and technology transfer in China [J]. Ecological Economics, 2009, 68 (10): 2658-2665.

[8] Antweiler W, Copeland B R, Taylor M. Is free trade good for the environment? [J]. American Economic Review, 2001, 91 (4): 877-908.

[9] Arellano M, Bond S. Some Tests of Specification for Panel Data: Monte Carlo Evidence and an Application to Employment Equations [J]. Review of Economic Studies, 1991, 58 (2): 277-297.

[10] Arellano M, Bover O. Another Look at the Instrumental Variable Estimation of Error-components Models [J]. Journal of Econometrics, 1995, 68 (1): 29-52.

[11] Bai C E, Du Y J, Tao Z G, Tong S Y. Local protectionism and regional specialization: Evidence from China's industries [J]. Journal of International Econom-

ics, 2004, 63 (2): 397-417.

[12] Banzhaf H S, Chupp B A. Fiscal federalism and interjurisdictional externalities: New results and an application to US air pollution [J]. Journal of Public Economics, 2012 (96): 449-464.

[13] Bardhan P. Decentralization of governance and development [J]. Journal of Economic Perspectives, 2002, 16 (4): 185-205.

[14] Bayoumi T, Eichengreen B. One money or many? on analyzing the prospects for monetary unification in various parts of the world [J]. Princeton Studies in International Finance, 1994, 76: 39-52.

[15] Bellenger M J, Herlihy A. T. An economic approach to environmental indices [J]. Ecological Economics, 2009, 68 (8-9): 2216-2223.

[16] Berliant M, Kun P S, Ping W. Taxing pollution: Agglomeration and welfare consequences [J]. Economics Theory, 2013, 10 (1): 199-212.

[17] Bimonte S, Stabile e A. EKC and the income elasticity hypothesis land for housing or land for future? [J]. Ecological Indicators, 2017 (73): 800-808.

[18] Blanchard O, Shleifer A. Federalism with and without political centralization: China versus Russia [R]. NBER Working Paper, 2000.

[19] Blundell R, Bond S. Initial Conditions and Moment Restrictions in Dynamic Panel Data Models [J]. Journal of Econometrics, 1998, 87 (1): 115-143.

[20] Bond S. Dynamic Panel Data Models: a Guide to Micro Data Methods and Practice [J]. Portuguese Economic Journal, 2002, 1 (2): 141-162.

[21] Brajer V, Robert W M, Xiao F. Searching for an environmental kuznets curve in China's air pollution [J]. China Economic Review, 2011, 22 (3): 383-397.

[22] Brand J A, Spencer B J. Export subsidies and international market share rivalry [J]. Journal of International Economics, 1985 (18): 83-100.

[23] Breton A, Scott A. The economic constitution of federal states [M]. Toronto: University of Tornto Press, 1978.

[24] Brock W A, Taylor M S. Economic growth and the environment: A review of theory and empirics [A]//In Aghion P., Durlauf S. N. (eds), Handbook of Economic Growth [J]. North Holland, 2005 (1).

[25] Buchanan J M. An Economic Theory of Clubs [J]. Economica, 1965, 32

(125): 1-14.

[26] Cai H B, Treisman D. Did government decentralization cause China's economic miracle? [J]. World Politics, 2006, 58 (4): 505-535.

[27] Cai X, Che X H, Zhu B Z, Zhao J, Xie R. Will developing countries become pollution havens for developed countries? an empirical investigation in the Belt and Road [J]. Journal of Cleaner Production, 2018, 198 (10): 624-632.

[28] Chandran-Govindaraju V G R, Tang C F. The dynamic links between CO_2 emissions, economic growth and coal consumption in China and India [J]. Applied Energy, 2013, 104: 310-318.

[29] Chang S H, Qin W H, Wang X Y. Dynamic optimal strategies in transboundary pollution game under learning by doing [J]. Physica A: Statistical Mechanics and Its Application, 2018, 490 (15): 139-147.

[30] Chen H Y, Hao Y, Li J W, Song X J. The impact of environmental regulation, shadow economy, and corruption on environmental quality: Theory and empirical evidence from China [J]. Journal of Cleaner Production, 2018 (195): 200-214.

[31] Cheng Z H, Li L S, Liu J. Industrial structure, technical progress and carbon intensity in China's provinces [J]. Renewable and Sustainable Energy Reviews, 2018, 81 (2): 2935-2946.

[32] Chung Y H, Fare R, and Grosskopf S, Productivity and Undesirable Outputs: a Directional Distance Function Approach [J]. Journal of Environmental Management, 1997, 51: 229-240.

[33] Cole M A, Rayner A J, Bates J M. The environmental kuznets curve: an empirical analysis [J]. Environment and Development Economics, 1997 (2): 401-416.

[34] Copeland B R, Taylor M S. North-South trade and the environment [J]. Quarterly Journal of Economics, 1994 (109): 755-787.

[35] Cropper M, Griffiths C. The interaction of populations, growth and environmental quality [J]. American Economic Review, 1994 (84): 250-254.

[36] Daly H. The perils of free trade [J]. Scientific American, 1993 (269): 24-29.

[37] Dean J M, Lovey M E, Wang H. Are foreign investors attracted to weak environmental regulations? Evaluating the evidence from China [J]. Journal of Develop-

ment Economics, 2009, 90 (1): 1-13.

[38] Doepke M, Zilibotti F. Parenting with style: Altruism and paternalism in intergenerational preference transmission [R]. NBER Working Paper, 2014.

[39] Donkelaar A, Martin R V, Brauer M, Kahn R, Levy R, Verduzco C, Villeneuve P J. Global estimates of exposure to fine particulate matter concentrations from Satellite-based Aerosol Optical Depth [J]. Environmental Health Perspectives, 2010, 118 (6): 847-858.

[40] Efthymia K, Xepapadeas A. Environmental policy, first nature advantage and the emergence of economics clusters [J]. Regional Science & Urban Economics, 2013, 43 (1): 101-116.

[41] Elhorst J P. Dynamic Spatial Panels: Models, Methods and Inferences [J]. Journal of Geographical Systems, 2012, 14 (1): 5-28.

[42] Erdogan A M. Bilateral trade and the environment: A general equilibrium model based on new trade theory [J]. International Review of Economics and Finance, 2014, 34 (20): 52-71.

[43] Fackler P L, Goodwin B K. Spatial price analysis [J]. Handbook of Agricultural Economics, 2001 (1): 971-1024.

[44] Fan C S, Wei X. The law of One Price: Evidence from the transitional economy of China [R]. Lingnan University Working Paper, 2003.

[45] Fare R, Grosskopf S, and Pasurka C, Accounting for Air Pollution Emissions in Measuring State Manufacturing Productivity Growth [J]. Journal of regional science, 2001, 41: 381-409.

[46] Fredriksson P, Millimet D. Strategic interaction and the determination of environmental policy across US states [J]. Journal of Urban Economics, 2002, 51 (1): 101-122.

[47] Frutos J D, Martín-Herrán G. Spatial effects and strategic behavior in a multiregional transboundary pollution dynamic game [J]. Journal of Environmental Economics and Management, 2017, 97 (12): 182-207.

[48] Fujita M, Krugman P, Venables A J. The spatial economy: Cities, regions and international trade [M]. Cambridge: MIT Press, 1999.

[49] Galeotti M, Lanza A. Desperately seeking (Environmental) Kuznets [R]. CRE Working Paper, No. 199901, 1999.

[50] Getachew L, Sickles R C. The policy environment and relative price efficiency of Egyptian private sector manufacturing: 1987-1995 [J]. Journal of Applied Econometrics, 2007, 22 (4): 703-728.

[51] Gill A R. Kuperan K V, Hassan S. The environmental kuznets curve (EKC) and the environmental problem of the day [J]. Renewable and Sustainable Energy Reviews, 2018, 81 (2): 1636-1642.

[52] Grossman G M, Krueger A B. Economic growth and the environment [J]. The Quarterly Journal of Economics, 1995, 110 (2): 353-377.

[53] Grossman G M, Krueger A B. Environmental impacts of the north american free trade agreement [R]. NBER Working Paper, No. 3914, 1991.

[54] Haken H. Synergetics: an introduction, 3nd ed [M]. Berlin: Spring Verlag, 1983.

[55] Hao Y, Deng Y X, Lu Z N, Chen H. Is environmental regulation effective in China? Evidence from city-level panel data [J]. Journal of Cleaner Production, 2018 (188): 966-976.

[56] Hao Y, Wu Y R, Wang Lu, Huang J B. Re-examine environmental Kuznets curve in China: Spatial estimations using environmental quality index [J]. Sustainable Cities and Society, 2018 (42): 498-511.

[57] He J, Wang H. Economic structure, development policy and environmental quality: An empirical analysis of environmental kuznets curves with Chinese municipal data [J]. Ecological Economics, 2012, 76 (4): 49-59.

[58] He L Y, Zhang L H, Zhong Z Q, Wang D P, Wang P. Green credit, renewable energy investment and green economy development: Empirical analysis based on 150 listed companies of China [J]. Journal of Cleaner Production, 2019, 208 (20): 363-372.

[59] He Q C. Fiscal decentralization and environmental pollution: Evidence from Chinese panel data [J]. China Economic Review, 2015 (36): 86-100.

[60] He X B, Liu Y. The public environmental awareness and the air pollution effect in Chinese stock market [J]. Journal of Cleaner Production, 2018 (185): 446-454.

[61] Heckscher E F. The effect of foreign trade on the distribution of income [J]. in H. S. Ellis, and L. A. Metzler (eds.), 1949. (English translation of the orig-

inal 1919 article in Economisk Tidsskriff)

[62] Hofstede G. Culture consequence [M]. Beverly Hills: Sage, 1980.

[63] Holtz-Eakin D, Selden T M. Stoking the fires? CO_2 emissions and economic growth [J]. Journal of Public Economics, 1995 (57): 85-101.

[64] Hossein H M, Kaneko S. Can environmental quality spread through institutions [J]. Energy Policy, 2013 (56): 119-130.

[65] Hsieh C T, Klenow P J. Misallocation and manufacturing TFP in China and India [J]. The Quarterly Journal of Economics, 2009 (4): 1403-1448.

[66] Hu Y N, Cheng H F. Water pollution during China's industrial transition [J]. Environmental Development, 2013 (8): 57-73.

[67] Hummels D. Transportation costs and international trade in the second era of globalization [J]. Journal of Economic Perspectives, 2007, 21 (4): 237-238.

[68] Inman R P, Daniel L R. The political economy of federalism [A]//In Dennis C. Mueller (eds.), perspectives of public choice: A handbook [M]. Cambridge and New York: Cambridge University Press, 1997.

[69] Jia R. X. Pollution for Promotion [R]. NBER Working Paper, 2013.

[70] Ke S. Z. Domestic market integration and regional economic growth—China's recent experience from 1995-2011 [J]. World Development, 2015 (66): 588-597.

[71] Konisky D M. Regulatory competition and environmental enforcement: Is there a race to the bottom? [J]. American Journal of Political Science, 2007 (51): 853-872.

[72] Krugman P. Increasing return and economic geography [J]. Journal of Political Economy, 1991 (99): 483-499.

[73] Kumar A. Economic reform and the internal division of labor in China: production, trade and marketing, in China deconstructs: politics, trade and regionalism [A] //edited by David S. G. Goodman and Gerald Segal [M]: London: Routledge, 1994.

[74] Lan J, Lenzen M, Dietzenbacher E, et al,. Structure change and the environment [J]. Journal of Industrial Ecology, 2012, 16 (4): 623-635.

[75] Li B, Wu S S. Effects of local and civil environmental regulation on green total factor productivity in China: A spatial Durbin econometric analysis [J]. Journal of Cleaner Production, 2017, 153 (1): 342-353.

[76] Li J, Qiu L D, Sun Q. Interregional protection: Implications of fiscal decentralization and trade liberalization [J]. China Economic Review, 2003, 14 (3):227-245.

[77] Li J, Sun P. The law of one price: New evidence from China (1997-2012) [R]. Working Paper, 2017.

[78] Li L, Lei Y L, Wu S M, et al, . Impacts of city size change and industrial structure change on CO_2 emissions in Chinese cities [J]. Journal of Cleaner Production, 2018, 195 (10): 831-838.

[79] Li L, Xia X B, Chen B, Sun L X. Public participation in achieving sustainable development goals in China: Evidence from the practice of air pollution control [J]. Journal of Cleaner Production, 2018 (201): 499-506.

[80] Li R Q, Ramanathan R. Exploring the relationships between different types of environmental regulations and environmental performance: Evidence from China [J]. Journal of Cleaner Production, 2018 (196): 1329-1340.

[81] Lin B Q, Chen Z Y. Does factor market distortion inhibit the green total factor productivity in China? [J]. Journal of Cleaner Production, 2018, 197 (1): 25-33.

[82] Lipsey R G. The theory of customs unions: A general survey [J]. Economic Journal, 1960 (70): 496-513.

[83] Lipsey R G. The theory of customs unions: trade diversion and welfare [J]. Economica, 1957 (24): 40-46.

[84] List J A, Gerking S. Regulatory federalism and environmental protection in the United States [J]. Journal of Regional Science, 2000 40 (3): 453-471.

[85] Liu C J, Feng Y. Low-carbon economy: Theoretical study and the development path choice in China [J]. Energy Procedia, 2011 (5): 487-493.

[86] Liu J, Zhang S H, Wagner F. Exploring the driving forces of energy consumption and environmental pollution in China's cement industry at the provincial level [J]. Journal of Cleaner Production, 2018 (184): 274-285.

[87] Liu Q Q, Wang S J, Zhang W Z, et al. Does foreign direct investment affect environmental pollution in China's cities? a spatial econometric perspective [J]. Science of the Total Environment, 2018 (613-613): 521-529.

[88] Lopez R. The environment as a factor of production: The effects of economic

growth and trade liberalization [J]. Journal of Environmental Economics and Management, 1994, 27 (2): 163-184.

[89] Ma Z, Hu X, Sayer A M, et al, . Satellite-based spatiotemporal trends in $PM_{2.5}$ concentrations: China, 2004 – 2013 [J]. Environmental Health Perspectives, 2016, 124 (2): 184-192.

[90] Markusen J R, Morey E R, Olewiler N. Noncooperative equilibria in regional environmental policies when plant locations are endogenous [J]. Journal of Public Economics, 1995, 56 (1): 55-77.

[91] Martin A, Lans L. Agglomeration and productivity: Evidence from firm-level data [J]. The Annals of Regional Science, 2011, 64 (3): 601-620.

[92] Maskin E, Qian Y Y., Xu C G. Incentives, information and organization form [J]. Review of Economic Studies, 2000, 67 (2): 359-378.

[93] Meade J E. The theory of customs unions [M]. Amsterdam, North-Holland, 1955.

[94] Meadows D H, Meadows D L, Randers J, Behrens W. The limits to growth [M]. Universe Books, New York, 1972.

[95] Millimet D. Assessing the empirical impact of environmental federalism [J]. Journal of Regional Science, 2003, 43 (4): 711-733.

[96] Mok K. H, Wu X F. Dual decentralization in China's transitional economy: welfare regionalism and policy implications for central-local relationship [J]. Policy and Society, 2013, 32 (1): 61-75.

[97] Musgrave R. The theory of public finance: A study in public economy [M]. New York: McGraw-Hill Book Company, 1959.

[98] Naughton B. How much can regional integration do to unify China's markets? [C]. Conference for Research on Economic Development and Policy Research, Stanford University, 1999.

[99] Niskanen W A. Bureaucracy and representative government [M]. Chicago: Aldine-Atherton, 1971.

[100] Oates W. Fiscal federalism [M]. New York: Harcourt Brace Jovanovich, 1972.

[101] Oates W. Recent advances in environmental economics [M]. Cheltenham UK and Northampton, USA: Edward Elgar, 2002.

[102] Ogawa H, Wildasin D. E. Think locally, act locally: Spillovers, spillbacks, and efficient decentralized policy making [J]. American Economic Review, 2009, 99 (4): 1206-1217.

[103] Ohlin B. Interregional and international trade [M]. Harvard University Press, 1933.

[104] Paas T, A Schlitte F. Regional income inequality and convergence processes in the EU-25 [R]. ERSA Conference Papers, 2006.

[105] Panayotou T. Demystifying the environmental kuznets curve: Turning a black box into a policy tool [J]. Environmental and Development Economics, 1997 (2): 465-484.

[106] Parsley D C, Wei S J. Limiting currency volatility to stimulate goods market integration: a price approach [R]. NBER Working Paper, 2001.

[107] Pendakur K, Pendakur R. Language as both human capital, ethnicity [J]. International Migration Review, 2002, 36 (1): 147-177.

[108] Perri R, Leat D, Seltzer K, et al. Towards Holistic Governance: The New Reform Agenda [M]. New York: Palgrave, 2002.

[109] Pittman R W., Multilateral Productivity Comparisons with Undesirable Outputs [J]. Economics Journal, 1983, 93: 883-891.

[110] Poncet S. A fragmented China: Measure and determinants of Chinese domestic market disintegration [J]. Review of International Economics, 2005, 13 (3):409-430.

[111] Poncet S. Measuring Chinese domestic and international integration [J]. China Economic Review, 2003, 14: 1-21.

[112] Qian Y Y, Xu C G. Why China's economic reforms differ: The M-form hierarchy and entry/expansion of the non-state sector [J]. Economics of Transition, 1993, 1 (2): 135-170.

[113] Qian Y, Roland G. Federalism and the soft budget constraint [J]. American Economic Review, 1998 (77): 265-284.

[114] Qian Y, Weingast B. R. Federalism as a commitment to preserving market incentives [J]. Journal of Economic Perspectives, 1997 (96): 584-595.

[115] Randall A. Market Solutions to Externality Problems: Theory and Practice [J]. American Journal of Agricultural Economics, 1972, 54: 175-183.

[116] Ren W, Zhong Y, Meligrana L, et al. Urbanization, land use, and water quality in Shanghai 1947-1996 [J]. Environment International, 2003, 29 (5): 649-665.

[117] Rondinelli D A. What is decentralization? [A]//In Litvack, J., Seddon, J., (eds), Decentralization Briefing Notes [R]. WBI Working Paper, 1999.

[118] Saboori B, Sulaiman J. Environmental degradation, economic growth and energy consumption: Evidence of the environmental Kuznets curve in Malaysia [J]. Energy Policy, 2013 (60): 892-905.

[119] Samuelson P A. The Pure Theory of Public Expanditure [J]. The Review of Economics and Statistics, 1954, 36 (4): 387-389.

[120] Saveyn B, Proost S. Environmental tax reform with vertical tax externalities in a federal state [R]. Energy, Transport and Environment Working Paper, 2004.

[121] Selden T, Song D. Environmental quality and development: Is there a Kuznets Curve for air pollution emissions? [J]. Journal of Environmental Economics and Management, 1994, 27 (2): 147-162.

[122] Shepherd B, Wilson J S. Trade, infrastructure, and roadways in Europe and Central Asia: New empirical evidence [J]. Journal of Economic Integration, 2007, 22 (4): 723-747.

[123] Sigman H. Letting states do the dirty work: State responsibility for federal environmental regulation [J]. National Tax Journal, 2003, 56 (1): 107-122.

[124] Song M L, Du J T, Tan K H. Impact of fiscal decentralization on green total factor productivity [J]. International Journal of Production Economics, 2018 (205): 359-367.

[125] Stephen P, Prescott E C. Monopoly rights: A barrier to riches [J]. American Economic Review, 1999, 89 (5): 1216-1233.

[126] Stephens E, Mabaya E, S. von Cramon-Taubadel, Barrett C. Spatial price adjustment with and without trade [C]. American Agricultural Economics Association Annual Meeting Paper, 2008.

[127] Stewart R. Pyramids of sacrifice? problems of federalism in mandating state implementation of national environmental policy [J]. Yale Law Journal, 1977 (86): 1196-1272.

[128] Studer R. India and the great divergence: Assessing the efficiency of great

markets in Eighteenth and Nineteenth century India [J]. Journal of Economics History, 2008, 68 (2): 393-437.

[129] Sun C W, Zhang F, Xu M L. Investigation of pollution haven hypothesis for China: An ARDL approach with breakpoint unit root tests [J]. Journal of Cleaner Production, 2017, 161 (10): 153-164.

[130] Tanaka S. Environmental regulations on air pollution in China and their impact on infant mortality [J]. Journal of Health Economics, 2015 (42): 90-103.

[131] Tang K K. Economic integration of the Chinese provinces: A business cycle approach [J]. Journal of Economic Integration, 1998 (13): 549-570.

[132] Thomson A M, Perry J L, Miller T K. Conceptualizing and measuring collaboration [J]. Journal of Public Administration Research and Theory, 2009, 19 (1):23-56.

[133] Tiebout C. Apure theory of local expenditures [J]. Journal of Political Economy, 1956 (64): 416-424.

[134] Tobler W R. A computer movie simulating urban growth in the Detroit region [J]. Economic Geography, 1970, 46 (2): 234-240.

[135] Ulucak R, Bilgili F. A reinvestigation of EKC model by ecological footprint measurement for high, middle- and low-income countries [J]. Journal of Clean Production, 2018, 188 (1): 144-157.

[136] Vega S H, Elhorst P. The SLX model [J]. Journal of Regional Science, 2015, 55 (3): 339-363.

[137] Viner J. The customs union issue [M]. New York: Carnegie Endowment for International Peace, 1950.

[138] Virkanen J. Effect of urbanization on metal deposition in the bay of Southern Finland [J]. Marine Pollution Bulletin, 1998, 12 (9): 39-49.

[139] Wood D, Gray B. Toward a comprehensive theory of collaboration [J]. The Journal of Applied Behavioral Science, 1991, 27 (2): 139-162.

[140] Woods D. Interstate competition and environmental regulation: A test of the race-to-the-bottom thesis [J]. Social Science Quarterly, 2006 (87): 174-189.

[141] Xu C G. The fundamental institutions of China's reforms and development [J]. Journal of Economic Literature, 2011, 49 (4): 1076-1151.

[142] Xu X P. Have the Chinese provinces become integrated under reform?

[J]. China Economic Review, 2002 (13): 116-133.

[143] Yang J, Guo H X, Liu B B, et al. Environmental regulation and the pollution haven hypothesis: Do environmental regulation measures matter? [J]. Journal of Cleaner Production, 2018, 202 (20): 993-1000.

[144] Ye C, Chen R, Chen M. The impacts of Chinese Nian culture on air pollution [J]. Journal of Cleaner Production, 2016, 112 (2): 1740-1745.

[145] Young A. The Razor's edge: Distributions and incremental reform in the people's republic of China [J]. Quarterly Journal of Economics, 2000, 115, (4): 1091-1136.

[146] Youssef A B, Hammoudeh S, Omri A. Simultaneity modeling analysis of the environmental Kuznets curve hypothesis [J]. Energy Economics, 2016 (60): 266-274.

[147] Yu J, de Jong R, Lee L F. Quasi-maximum Likelihood Estimators for Spatial Dynamic Panel Data with Fixed Effects When Both n and T are Large [J]. Journal of Econometrics, 2008, 145: 118-134.

[148] Zeng D, Zhao L. Pollution havens and industrial agglomeration [J]. Journal of Environmental Economics and Management, 2009, 58 (2): 141-153.

[149] Zhang B, Chen X L, Guo H X. Does central supervision enhance local environmental enforcement? Quasi-experimental evidence from China [J]. Journal of Public Economics, 2018 (164): 70-90.

[150] Zhang H M, Xiong L F, Qiu Y M, Zhou D Q. How have political incentives for local officials reduced the environmental pollution of resource-depleted cities? [J]. Energy Procedia, 2017 (143): 873-879.

[151] Zhao X M, Liu C J, Yang M. The effects of environmental regulation on China's total factor productivity: An empirical study of carbon-intensive industries [J]. Journal of Cleaner Production, 2018, 179 (1): 325-334.

[152] 白俊红, 卞元超. 政府支持是否促进了产学研协同创新? [J]. 统计研究, 2015 (11): 43-50.

[153] 白俊红, 吕晓红. FDI质量与中国环境污染的改善 [J]. 国际贸易问题, 2015 (6): 72-83.

[154] 白俊红, 聂亮. 环境分权是否真的加剧了雾霾污染? [J]. 中国人口·资源与环境, 2017 (12): 59-69.

[155] 白重恩, 杜颖娟, 陶志刚, 仝月婷. 地方保护主义及产业地区集中度的决定因素和变动趋势 [J]. 经济研究, 2004 (4): 29-40.

[156] 包群, 彭水军, 阳小晓. 是否存在环境库兹涅茨倒 U 型曲线?——基于六类污染指标的经验研究 [J]. 上海经济研究, 2005 (12): 3-13.

[157] 卞元超, 吴利华, 白俊红. 减排窘境与官员晋升——来自中国省级地方政府的经验证据 [J]. 产业经济研究, 2017 (5): 114-126.

[158] 蔡昉, 都阳, 王美艳. 经济发展方式转变与节能减排内在动力 [J]. 经济研究, 2008 (6): 4-11.

[159] 蔡海亚, 徐盈之. 贸易开放是否影响了中国产业结构升级? [J]. 数量经济技术经济研究, 2017 (10): 3-22.

[160] 蔡嘉瑶, 张建华. 财政分权与环境治理——基于"省直管县"财政改革的准自然实验研究 [J]. 经济学动态, 2018 (1): 53-68.

[161] 蔡乌赶, 周小亮. 中国环境规制对绿色全要素生产率的双重效应 [J]. 经济学家, 2017 (9): 27-35.

[162] 曹春方, 张婷婷, 范子英. 地区偏袒下的市场整合 [J]. 经济研究, 2017 (12): 91-104.

[163] 曹春方, 张婷婷, 刘秀梅. 市场分割提升了国企产品市场竞争地位吗? [J]. 金融研究, 2018 (3): 121-136.

[164] 陈刚, 李树. 司法独立与市场分割——以法官异地交流为实验的研究 [J]. 经济研究, 2013 (9): 30-42.

[165] 陈刚. FDI 竞争, 环境规制与污染避难所——对中国式分权的反思 [J]. 世界经济研究, 2009 (6): 3-7.

[166] 陈柳, 于明超, 刘志彪. 长三角的区域文化融合与经济一体化 [J]. 中国软科学, 2009 (11): 53-63.

[167] 陈敏, 桂琦寒, 陆铭, 陈钊. 中国经济增长如何持续发挥规模效应?——经济开放与国内商品市场分割的实证研究 [J]. 经济学(季刊), 2007 (1): 125-150.

[168] 陈朴, 林垚, 刘凯. 全国统一大市场建设、资源配置效率与中国经济增长 [J]. 经济研究, 2021 (6): 40-57.

[169] 陈诗一, 陈登科. 雾霾污染、政府治理与经济高质量发展 [J]. 经济研究, 2018 (2): 20-34.

[170] 陈向阳. 环境库兹涅茨曲线的理论与实证研究 [J]. 中国经济问题,

2015 (3): 51-62.

[171] 成艾华,赵凡.基于偏离份额分析的中国区域间产业转移与污染转移的定量测度 [J].中国人口·资源与环境,2018 (5): 49-57.

[172] 程进.长三角环境协同治理结构的演变与展望 [A]//载周冯琦,胡静.上海蓝皮书:上海资源环境发展报告 (2020) [M].北京:社会科学文献出版社,2020.

[173] 褚敏,靳涛.为什么中国产业结构升级步履维艰——基于地方政府行为与国有企业垄断双重影响的研究 [J].财贸经济,2013 (3): 112-122.

[174] 崔亚非,刘小川.中国省级税收竞争与环境污染——基于1998—2006年面板数据的分析 [J].财经研究,2010 (4): 46-55.

[175] 大卫·皮尔斯.绿色经济的蓝图——获得全球环境价值 [M].徐少辉,冉圣宏等译.北京:北京师范大学出版社,1996.

[176] 戴亦一,肖金利,潘越."乡音"能否降低公司代理成本?——基于方言视角的研究 [J].经济研究,2016 (12): 147-160.

[177] 邓明.中国地区间市场分割的策略互动研究 [J].中国工业经济,2014 (2): 18-30.

[178] 邓晓兰,鄢哲明,武永义.碳排放与经济发展服从倒U型关系吗?——对环境库兹涅茨曲线假说的重新解读 [J].财贸经济,2014 (2): 19-29.

[179] 董直庆,蔡啸,王林辉.技术进步方向、城市用地规模和环境质量 [J].经济研究,2014 (10): 111-124.

[180] 杜雯翠,夏永妹.京津冀区域雾霾协同治理措施奏效了吗?——基于双重差分模型的分析 [J].当代经济管理,2018 (9): 53-59.

[181] 范爱军,李真,刘小勇.国内市场分割及其影响因素的实证分析 [J].南开经济研究,2007 (5): 111-119.

[182] 范剑勇.市场一体化、地区专业化与产业集聚趋势 [J].中国社会科学,2004 (6): 39-51.

[183] 范欣,宋冬林,赵新宇.基础设施建设打破了国内市场分割吗? [J].经济研究,2017 (2): 20-34.

[184] 范子英,张军.财政分权、转移支付与国内市场整合 [J].经济研究,2010 (3): 53-64.

[185] 范子英,张军.财政分权与中国经济增长的效率——基于非期望产出

模型的分析［J］．管理世界，2009（7）：15-25．

［186］符淼，黄灼明．我国经济发展阶段和环境污染的库兹涅茨关系［J］．中国工业经济，2008（6）：35-43．

［187］符淼．地理距离和技术外溢效应——对技术和经济集聚现象的空间计量学解释［J］．经济学（季刊），2009（4）：1549-1566．

［188］付强，乔岳．政府竞争如何促进了中国经济快速增长：市场分割与经济增长关系再探讨［J］．世界经济，2011（7）：43-63．

［189］付强．市场分割促进区域经济增长的实现机制和经验辨识［J］．经济研究，2017（3）：47-60．

［190］傅京燕，司秀梅，曹翔．排污权交易机制对绿色发展的影响［J］．中国人口·资源与环境，2018（8）：12-21．

［191］傅勇，张晏．中国式分权与财政支出结构偏向：为增长而竞争的代价［J］．管理世界，2007（3）：4-13．

［192］傅勇．财政分权、政府治理与非经济性公共物品供给［J］．经济研究，2010（8）：4-16．

［193］葛鹏飞，黄秀路，韩先锋．创新驱动与"一带一路"绿色全要素生产率提升——基于新经济增长模型的异质性创新分析［J］．经济科学，2018（1）：37-51．

［194］顾宁，姜萍萍．中国碳排放的环境库兹涅茨效应识别与低碳政策选择［J］．经济管理，2013（6）：153-163．

［195］桂琦寒，陈敏，陆铭，陈钊．中国国内商品市场趋于分割还是整合：基于相对价格法的分析［J］．世界经济，2006（2）：20-30．

［196］郭峰，石庆玲．官员更替、合谋震慑与空气质量的临时性改善［J］．经济研究，2017（7）：155-168．

［197］郭月梅，高斌，潘雷．策略性环境政策视角下地方税收竞争对雾霾污染的影响研究［J］．财政监督，2021（1）：73-79．

［198］韩峰，冯萍，阳立高．中国城市的空间集聚效应与工业能源效率［J］．中国人口·资源与环境，2014（5）：72-79．

［199］韩永辉，黄亮雄，王贤彬．产业结构优化升级改进生态效率了吗？［J］．数量经济技术经济研究，2016（4）：40-59．

［200］郝枫，赵慧卿．中国市场价格扭曲测度：1952—2005［J］．统计研究，2010（6）：33-39．

[201] 赫尔曼·哈肯. 协同学——大自然构成的奥秘 [M]. 凌复华译. 上海: 上海译文出版社, 2005.

[202] 洪银兴. 以创新的理论构建中国特色社会主义政治经济学的理论体系 [J]. 经济研究, 2016 (4): 4-13.

[203] 胡鞍钢, 周绍杰. 绿色发展: 功能界定、机制分析与发展战略 [J]. 中国人口·资源与环境, 2014 (1): 14-20.

[204] 胡志高, 李光勤, 曹建华. 环境规制视角下的区域大气污染联合治理——分区方案设计、协同状态评价及影响因素分析 [J]. 中国工业经济, 2019 (5): 24-42.

[205] 黄玖立, 李坤望. 出口开放、地区市场规模和经济增长 [J]. 经济研究, 2006 (6): 27-38.

[206] 黄玖立. 对外贸易、区域间贸易与地区专业化 [J]. 南方经济, 2011 (6): 7-22.

[207] 黄寿峰. 财政分权对中国雾霾污染影响的研究 [J]. 世界经济, 2017 (2): 127-152.

[208] 黄赜琳, 王敬云. 地方保护与市场分割: 来自中国的经验数据 [J]. 中国工业经济, 2006 (2): 60-67.

[209] 金刚, 沈坤荣. 以邻为壑还是以邻为伴？——环境规制执行互动与城市生产率增长 [J]. 管理世界, 2018 (12): 43-55.

[210] 阚大学, 吕连菊. 要素市场扭曲加剧了环境污染吗——基于省级工业行业空间动态面板数据的分析 [J]. 财贸经济, 2016 (5): 146-159.

[211] 柯善咨, 郭素梅. 中国市场一体化与区域经济增长互动: 1995—2007 年 [J]. 数量经济技术经济研究, 2010 (5): 62-72.

[212] 孔江平, 王茂林, 黄国文, 麦涛, 肖自辉, 杨锋. 语言生态研究的意义、现状及方法 [J]. 暨南学报 (哲学社会科学版), 2016 (6): 2-28.

[213] 莱斯特·R. 布朗. B模式 2.0: 拯救地球, 延续文明 [M]. 林自新等译. 北京: 东方出版社, 2006.

[214] 李斌, 赵新华. 经济结构、技术进步与环境污染——基于中国工业行业数据的分析 [J]. 财经研究, 2011 (4): 112-122.

[215] 李辉. 区域一体化中地方政府间合作的预期与挑战——以协同理论为分析框架 [J]. 社会科学辑刊, 2014 (1): 107-110.

[216] 李江龙, 徐斌. "诅咒"还是"福音": 资源丰裕程度如何影响中国

绿色经济增长？［J］.经济研究，2018（9）：151-167.

［217］李锴，齐绍洲.贸易开放、经济增长与中国二氧化碳排放［J］.经济研究，2011（11）：60-72.

［218］李平，季永宝，桑金琰.要素市场扭曲对我国技术进步的影响特征研究［J］.产业经济研究，2014（5）：63-71.

［219］李强，高楠.城市蔓延的生态环境效应研究——基于34个大中城市面板数据的分析［J］.中国人口科学，2016（6）：58-67.

［220］李强.河长制视域下环境分权的减排效应研究［J］.产业经济研究，2018（3）：53-63.

［221］李善同，侯永志，刘云中，陈波.中国国内地方保护问题的调查与分析［J］.经济研究，2004（11）：78-84.

［222］李善同，刘云中，陈波.中国国内地方保护问题的调查与分析——基于企业问卷调查的研究［J］.经济学报，2006（2）：92-117.

［223］李胜兰，初善冰，申晨.地方政府竞争、环境规制与区域生态效率［J］.世界经济，2014（4）：88-110.

［224］李涛，黄纯纯，周业安.税收、税收竞争与中国经济增长［J］.世界经济，2011（4）：22-41.

［225］李拓.土地财政下的环境规制"逐底竞争"存在吗？［J］.中国经济问题，2016（5）：42-51.

［226］李香菊，刘浩.区域差异视角下财政分权与地方环境污染治理的困境研究——基于污染物外溢性属性分析［J］.财贸经济，2016（2）：41-54.

［227］李小平，卢现祥.国际贸易、污染产业转移和中国工业CO_2排放［J］.经济研究，2010（1）：15-26.

［228］李永友，沈坤荣.我国污染控制政策的减排效果［J］.管理世界，2008（7）：7-17.

［229］李正升.从行政分割到协同治理：我国流域水污染治理机制创新［J］.学术探索，2014（9）：57-61.

［230］梁平汉，高楠.人事变更、法制环境和地方环境污染［J］.管理世界，2014（6）：65-78.

［231］梁若冰，汤韵.交通改善、企业贸易与区域市场整合——基于增值税发票的经验研究［J］.财贸经济，2021（10）：36-51.

［232］林伯强，杜克锐.要素市场扭曲对能源效率的影响［J］.经济研究，

2013（9）：125-136.

[233] 林伯强，蒋竺均. 中国二氧化碳的环境库兹涅茨曲线预测及影响因素分析［J］. 管理世界，2009（4）：27-36.

[234] 林文. 财政分权、产业政策与中国国内市场整合［J］. 中国经济问题，2011（3）：70-77.

[235] 林毅夫，蔡昉，李周. 比较优势与发展战略——对"东亚奇迹"的再解释［J］. 中国社会科学，1999（5）：4-20.

[236] 林毅夫，刘培林. 地方保护和市场分割：从发展战略的角度考察［R］. 北京大学中国经济研究中心工作论文，2004.

[237] 刘凤委，于旭辉，李琳. 地方保护能提升公司绩效吗——来自上市公司的经验证据［J］. 中国工业经济，2007（4）：21-28.

[238] 刘洪铎，吴庆源，李文宇. 市场化转型与出口技术复杂度：基于区域市场一体化的研究视角［J］. 国际贸易问题，2013（5）：32-44.

[239] 刘华军，雷名雨. 中国雾霾污染区域协同治理困境及其破解思路［J］. 中国人口·资源与环境，2018（10）：88-95.

[240] 刘华军，彭莹，贾文星，裴延峰. 价格信息溢出、空间市场一体化与地区经济差距［J］. 经济科学，2018（3）：49-60.

[241] 刘建，许统生，涂远芬. 交通基础设施、地方保护与中国国内贸易成本［J］. 当代财经，2013（9）：87-99.

[242] 刘建民，王蓓，陈霞. 财政分权对环境污染的非线性效应研究——基于中国272个地级市面板数据的PSTR模型分析［J］. 经济学动态，2015（3）：82-89.

[243] 刘洁，李文. 中国环境污染与地方政府税收竞争——基于空间面板数据模型的分析［J］. 中国人口·资源与环境，2013（4）：81-88.

[244] 刘瑞明. 国有企业、隐性补贴与市场分割：理论与经验证据［J］. 管理世界，2012（4）：21-32.

[245] 刘瑞明. 晋升激励、产业同构与地方保护：一个基于政治控制权收益的解释［J］. 南方经济，2007（6）：61-72.

[246] 刘生龙，胡鞍钢. 交通基础设施与中国区域经济一体化［J］. 经济研究，2011（3）：72-82.

[247] 刘思华. 正确把握生态文明的绿色发展道路与模式的时代特征［J］. 毛泽东邓小平理论研究，2015（8）：33-38/90/91.

[248] 刘小勇，李真．财政分权与地区市场分割实证研究［J］．财经研究，2008（2）：88-98．

[249] 刘小勇．市场分割对经济增长影响效应检验和分解——基于空间面板模型的实证研究［J］．经济评论，2013（1）：34-41．

[250] 刘毓芸，戴天仕，徐现祥．汉语方言、市场分割及资源错配［J］．经济学（季刊），2017（4）：1583-1600．

[251] 刘志彪，孔令池．从分割走向整合：推进国内统一大市场建设的阻力与对策［J］．中国工业经济，2021（8）：20-36．

[252] 陆道平．乡镇治理模式研究：以昆山市淀山湖镇为例［M］．北京：社会科学文献出版社，2006．

[253] 陆铭，陈钊，严冀．收益递增、发展战略与区域经济的分割［J］．经济研究，2004（1）：54-63．

[254] 陆铭，陈钊．分割市场的经济增长——为什么经济开放可能加剧地方保护？［J］．经济研究，2009（3）：42-52．

[255] 陆铭，冯浩．集聚与减排：城市规模差距影响工业污染强度的经验分析［J］．世界经济，2014（7）：86-114．

[256] 陆铭．城市、区域和国家发展——空间政治经济学的现在和未来［J］．经济学（季刊），2017（4）：1499-1532．

[257] 陆旸，郭路．环境库兹涅茨倒 U 型曲线和环境支出的 S 型关系：一个新古典增长框架下的理论解释［J］．世界经济，2008（12）：82-92．

[258] 吕冰洋，聂辉华．弹性分成：分税制的契约与影响［J］．经济理论与经济管理，2014（7）：43-50．

[259] 吕冰洋，王雨坤，贺颖．我国地区间资本要素市场分割状况：测算与分析［J］．统计研究，2021（11）：101-114．

[260] 吕越，盛斌，吕云龙．中国的市场分割会导致企业出口国内附加值率下降吗？［J］．中国工业经济，2018（5）：5-23．

[261] 马光荣，程小萌，杨恩艳．交通基础设施如何促进资本流动——基于高铁开通和上市公司异地投资的研究［J］．中国工业经济，2020（6）：5-23．

[262] 马红旗，田园．市场分割对我国钢铁企业产能过剩的影响［J］．经济评论，2018（4）：59-71．

[263] 马丽梅，刘生龙，张晓．能源结构、交通模式与雾霾污染——基于空间计量模型的研究［J］．财贸经济，2016（1）：147-160．

[264] 马丽梅，张晓．中国雾霾污染的空间效应及经济、能源结构影响 [J]．中国工业经济，2014（4）：19-31．

[265] 毛其淋，盛斌．对外经济开放、区域市场整合与全要素生产率 [J]．经济学（季刊），2012（1）：181-210．

[266] 毛琦梁，王菲．交通发展、市场分割与地区产业增长 [J]．财贸研究，2018（8）：16-30．

[267] 孟庆松，韩文秀．复合系统协调度模型研究 [J]．天津大学学报，2000（4）：444-446．

[268] 潘家华．绿色化不是简单的绿色 [N]．人民日报，2015-04-22（007）．

[269] 潘爽，叶德珠．交通基础设施对市场分割的影响——来自高铁开通和上市公司异地并购的经验证据 [J]．财政研究，2021（3）：115-129．

[270] 彭水军，张文城，曹毅．贸易开放的结构效应是否加剧了中国的环境污染——基于地级城市动态面板数据的经验证据 [J]．国际贸易问题，2013（8）：119-132．

[271] 皮建才，赵润之．京津冀协同发展中的环境治理：单边治理与共同治理的比较 [J]．经济评论，2017（5）：40-50．

[272] Poncet S. 中国市场正在走向"非一体化"？——中国国内和国际市场一体化程度的比较分析 [J]．世界经济文汇，2003（1）：3-17．

[273] 祁毓，卢洪友，徐彦坤．中国环境分权体制改革研究：制度变迁、数量测算与效应评估 [J]．中国工业经济，2014（1）：31-43．

[274] 任志成，张二震，吕凯波．贸易开放、财政分权与国内市场分割 [J]．经济学动态，2014（12）：44-52．

[275] 邵帅，李欣，曹建华，杨莉莉．中国雾霾污染治理的经济政策选择——基于空间溢出效应的视角 [J]．经济研究，2016（9）：73-88．

[276] 申广军，王雅琪．市场分割与制造业企业全要素生产率 [J]．南方经济，2015（4）：27-42．

[277] 沈国兵，张鑫．开放程度和经济增长对中国省级工业污染排放的影响 [J]．世界经济，2015（4）：99-125．

[278] 沈坤荣，金刚，方娴．环境规制引起了污染就近转移吗？[J]．经济研究，2017（5）：44-59．

[279] 沈坤荣，金刚．中国地方政府环境治理的政策效应——基于"河长

制"演进的研究[J]. 中国社会科学, 2018 (5): 92-115.

[280] 沈立人, 戴国晨. 我国"诸侯经济"的形成及其弊端和根源[J]. 经济研究, 1994 (3): 11-19.

[281] 沈利生, 唐志. 对外贸易对我国污染排放的影响——以二氧化硫排放为例[J]. 管理世界, 2008 (6): 21-29.

[282] 盛斌, 毛其淋. 贸易开放、国内市场一体化与中国省际经济增长: 1985-2008年[J]. 世界经济, 2011 (11): 44-66.

[283] 盛誉. 贸易自由化与中国要素市场扭曲的测定[J]. 世界经济, 2005 (6): 29-36.

[284] 师博, 沈坤荣. 市场分割下的中国全要素能源效率: 基于超效率DEA方法的经验分析[J]. 世界经济, 2008 (9): 49-59.

[285] 施炳展, 冼国明. 要素价格扭曲与中国工业企业出口行为[J]. 中国工业经济, 2012 (2): 47-56.

[286] 石大千, 丁海, 卫平, 刘建江. 指挥城市建设能否降低环境污染?[J]. 中国工业经济, 2018 (6): 117-135.

[287] 石磊, 马士国. 市场分割的形成机制与中国统一市场建设的制度安排[J]. 中国人民大学学报, 2006 (3): 25-32.

[288] 史晋川, 赵自芳. 所有制约束与要素价格扭曲: 基于中国工业行业数据的实证分析[J]. 统计研究, 2007 (6): 42-47.

[289] 宋冬林, 范欣, 赵新宇. 区域发展战略、市场分割与经济增长——基于相对价格指数法的实证分析[J]. 财贸经济, 2014 (8): 115-126.

[290] 宋渊洋, 单蒙蒙. 市场分割、企业经营效率与出口增长[J]. 上海经济研究, 2013 (4): 39-49.

[291] 苏庆义. 国内市场分割是否导致了中国区域发展不平衡[J]. 当代经济科学, 2018 (4): 101-112.

[292] 孙元元, 张建清. 市场一体化与生产率差距: 产业集聚与企业异质性互动视角[J]. 世界经济, 2017 (4): 79-104.

[293] 汤维祺, 吴力波, 钱浩祺. 从"污染天堂"到绿色增长——区域间高耗能产业转移的调控机制研究[J]. 经济研究, 2016 (6): 58-70.

[294] 唐斯. 民主的经济理论[M]. 姚洋译. 上海: 上海人民出版社, 2005.

[295] 田培杰. 协同治理概念考辩[J]. 上海大学学报(社会科学版),

2014（1）：124-140.

[296] 汪伟全．空气污染的跨域合作治理研究——以北京地区为例［J］．公共管理学报，2014，11（1）：55-64.

[297] 王敏，黄滢．中国的环境污染与经济增长［J］．经济学（季刊），2015（2）：557-578.

[298] 王奇，吴华峰，李明全．基于博弈分析的区域环境合作及收益分配研究［J］．中国人口·资源与环境，2014，24（10）：11-16.

[299] 王秋玉，曾刚，苏灿，尚勇敏．经济地理学视角下长三角区域一体化研究进展［J］．经济地理，2022（2）：52-63.

[300] 王书斌，徐盈之．环境规制与雾霾脱钩效应——基于企业投资偏好的视角［J］．中国工业经济，2015（4）：18-30.

[301] 王宋涛，温思美，朱腾腾．市场分割、资源错配与劳动收入份额［J］．经济评论，2016（1）：13-25.

[302] 王小鲁，樊纲，马光荣．中国分省企业经营环境指数2017年报告［M］．北京：社会科学文献出版社，2017.

[303] 王孝松，李博，翟光宇．引资竞争与地方政府环境规制［J］．国际贸易问题，2015（8）：51-61.

[304] 王艺明，胡久凯．对中国碳排放环境库兹涅茨曲线的再检验［J］．财政研究，2016（11）：51-64.

[305] 魏楚，郑新业．能源效率提升的新视角——基于市场分割的检验［J］．中国社会科学，2017（10）：90-111.

[306] 王兵，刘光天．节能减排与中国绿色经济增长——基于全要素生产率的视角［J］．中国工业经济，2015（5）：57-69.

[307] 吴雪萍，高明，曾岚婷．基于半参数空间模型的空气污染与经济增长关系再检验［J］．统计研究，2018（8）：82-93.

[308] 吴意云，朱希伟．中国为何过早进入再分散：产业政策与经济地理［J］．世界经济，2015（2）：140-166.

[309] 吴玉鸣，田斌．省域环境库兹涅茨曲线的扩展及其决定因素——空间计量经济学模型实证［J］．地理研究，2012，31（4）：627-640.

[310] 席鹏辉，梁若冰，谢贞发，苏国灿．财政压力、产能过剩与供给侧改革［J］．经济研究，2017（9）：86-102.

[311] 谢荣辉，原毅军．产业集聚动态演化的污染减排效应研究——基于中

国地级市面板数据的实证检验［J］. 经济评论, 2016（2）：18-28.

［312］徐保昌, 谢建国. 市场分割与企业生产率：来自中国制造业企业的证据［J］. 世界经济, 2016（1）：95-122.

［313］徐佳慧. 税收竞争是否有碍市场整合［J］. 学术论坛, 2013（12）：158-159.

［314］徐现祥, 李郇, 王美今. 区域一体化、经济增长与政治晋升［J］. 经济学（季刊）, 2007（4）：1075-1096.

［315］徐现祥, 李郇. 市场一体化与区域协调发展［J］. 经济研究, 2005（12）：57-67.

［316］徐现祥, 刘毓芸, 肖泽凯. 方言与经济增长［J］. 经济学报, 2015（2）：1-32.

［317］徐艳飞, 刘再起. 市场化进程中地方政府经济行为模式与全要素生产率增长［J］. 经济与管理研究, 2014（10）：36-44.

［318］许广月, 宋德勇. 中国碳排放环境库兹涅茨曲线的实证研究——基于省域面板数据［J］. 中国工业经济, 2010（5）：37-47.

［319］许和连, 邓玉萍. 外商直接投资导致了中国的环境污染吗？——基于中国省际面板数据的空间计量研究［J］. 管理世界, 2012（2）：30-43.

［320］闫逢柱, 苏李, 乔娟. 产业集聚发展与环境污染关系的考察——来自中国制造业的证据［J］. 科学学研究, 2011（1）：79-83.

［321］颜色, 刘丛. 18世纪中国南北方市场整合程度的比较——利用清代粮价数据的研究［J］. 经济研究, 2011（12）：124-137.

［322］杨帆, 徐长生. 中国工业行业市场扭曲程度的测定［J］. 中国工业经济, 2009（9）：56-66.

［323］杨海生, 陈少凌, 周永章. 地方政府竞争与环境政策——来自中国省份数据的证据［J］. 南方经济, 2008（6）：15-30.

［324］杨仁发. 产业集聚、外商直接投资与环境污染［J］. 经济管理, 2015（2）：11-19.

［325］杨晓兰, 张安全. 经济增长与环境恶化——基于地级城市的经验分析［J］. 财贸经济, 2014（1）：125-134.

［326］杨振兵. 对外直接投资、市场分割与产能过剩治理［J］. 国际贸易问题, 2015（11）：121-131.

［327］杨子晖, 田磊. "污染天堂"假说与影响因素的中国省际研究［J］.

世界经济，2017（5）：148-172.

[328] 叶宁华，张伯伟. 地方保护、所有制差异与企业市场扩张选择［J］. 世界经济，2017（6）：98-119.

[329] 易志斌，马晓明. 论流域跨界水污染的府际合作治理机制［J］. 社会科学，2009（3）：20-25.

[330] 银温泉，才婉茹. 我国地方市场分割的成因和治理［J］. 经济研究，2001（6）：3-12.

[331] 余长林，高宏建. 环境管制对中国环境污染的影响——基于隐性经济的视角［J］. 中国工业经济，2015（7）：21-35.

[332] 余东华，刘运. 地方保护和市场分割的测度与辨识——基于方法论的文献综述［J］. 世界经济文汇，2009（1）：80-94.

[333] 余泳泽，刘大勇. 我国区域创新效率的空间外溢效应与价值链外溢效应——创新价值链视角下的多维空间面板模型研究［J］. 管理世界，2013（7）：6-20/70.

[334] 虞锡君. 太湖流域跨界水污染的危害、成因及其防治［J］. 中国人口·资源与环境，2008，18（1）：176-179.

[335] 袁航，朱承亮. 国家高新区推动了中国产业结构转型升级吗？［J］. 中国工业经济，2018（8）：60-77.

[336] 占华. 收入差距对环境污染的影响研究——兼对"EKC"假说的再检验［J］. 经济评论，2018（6）：100-112/166.

[337] 张彩云，陈岑. 地方政府竞争对环境规制影响的动态研究——基于中国式分权视角［J］. 南开经济研究，2018（4）：137-157.

[338] 张成，周波，吕慕彦，刘小峰. 西部大开发是否导致了"污染避难所"——基于直接诱发和间接传导的角度［J］. 中国人口·资源与环境，2017（4）：95-101.

[339] 张德钢，陆远权. 市场分割对能源效率的影响研究［J］. 中国人口·资源与环境，2017（1）：65-72.

[340] 张华. 地区间环境规制的策略互动研究——对环境规制非完全执行普遍性的解释［J］. 中国工业经济，2016（7）：74-90.

[341] 张杰，李克，刘志彪. 市场化转型与企业生产效率——中国的经验研究［J］. 经济学（季刊），2011（2）：571-602.

[342] 张杰，张培丽，黄泰岩. 市场分割推动了中国企业出口吗？［J］. 经

济研究, 2010 (8): 29-41.

[343] 张杰, 周晓艳, 郑文平, 芦哲. 要素市场扭曲是否激发了中国企业出口 [J]. 世界经济, 2011 (8): 134-160.

[344] 张军, 高远, 傅勇, 张弘. 中国为什么拥有了良好的基础设施? [J]. 经济研究, 2007 (3): 4-19.

[345] 张可, 汪东芳, 周海燕. 地区间环保投入与污染排放的内生策略互动 [J]. 中国工业经济, 2016 (2): 68-82.

[346] 张可, 汪东芳. 经济集聚与环境污染的交互影响及空间溢出 [J]. 中国工业经济, 2014 (6): 70-82.

[347] 张克中, 王娟, 崔小勇. 财政分权与环境污染: 碳排放的视角 [J]. 中国工业经济, 2011 (10): 65-75.

[348] 张磊, 韩雷, 叶金珍. 外商直接投资与雾霾污染: 一个跨国经验研究 [J]. 经济评论, 2018 (6): 69-85.

[349] 张如庆, 张二震. 市场分割、FDI 与外资顺差——基于省际数据的分析 [J]. 世界经济研究, 2009 (2): 3-6/28.

[350] 张松林. 经济开放与区域市场分割形成的内在机制——兼论中国区域市场分割的成因 [J]. 学习与实践, 2010 (2): 19-25.

[351] 张为付, 周长富, 马野青. 资本积累和劳动力转移驱动下开放型经济发展的环境效应 [J]. 南开经济研究, 2011 (4): 108-122.

[352] 张为付, 周长富. 我国碳排放轨迹呈现库兹涅茨倒 U 型吗? ——基于不同区域经济发展与碳排放关系分析 [J]. 经济管理, 2011 (6): 14-23.

[353] 张文彬, 张理芃, 张可云. 中国环境规制强度省际竞争形态及其演变——基于两区制空间 Durbin 固定效应模型的分析 [J]. 管理世界, 2010 (12): 34-44.

[354] 张宇. 地方保护与经济增长的囚徒困境 [J]. 世界经济, 2018 (3): 147-169.

[355] 张征宇, 朱平芳. 地方环境支出的实证研究 [J]. 经济研究, 2010 (5): 82-94.

[356] 赵建军. 中国的绿色发展: 机遇、挑战与创新战略 [J]. 人民论坛, 2013 (19): 80-85/95.

[357] 赵奇伟, 鄂丽丽. 行政性分权下的地方市场分割研究 [J]. 财经问题研究, 2009 (11): 123-128.

[358] 赵奇伟, 熊性美. 中国三大市场分割程度的比较分析: 时间走势与区域差异 [J]. 世界经济, 2009 (6): 41-53.

[359] 赵霄伟. 地方政府间环境规制竞争策略及其地区增长效应——来自地级市以上城市面板的经验数据 [J]. 财贸经济, 2014 (10): 105-113.

[360] 赵新峰, 袁宗威. 京津冀区域政府间大气污染治理政策协调问题研究 [J]. 中国行政管理, 2014 (11): 18-23.

[361] 赵玉奇, 柯善咨. 市场分割、出口企业的生产率准入门槛与"中国制造" [J]. 世界经济, 2016 (9): 74-98.

[362] 赵忠秀, 王苒, Hinrich Voss, 闫云凤. 基于经典环境库兹涅茨模型的中国碳排放拐点预测 [J]. 财贸经济, 2013 (10): 81-88.

[363] 周黎安. 晋升博弈中政府官员的激励与合作——兼论我国地方保护主义和重复建设问题长期存在的原因 [J]. 经济研究, 2004 (6): 33-40.

[364] 周业安, 冯兴元, 赵坚毅. 地方政府竞争与市场秩序的重构 [J]. 中国社会科学, 2004 (1): 56-65.

[365] 周振鹤, 游汝杰. 方言与中国文化 [M]. 上海: 上海人民出版社, 2006.

[366] 朱平芳, 张征宇, 姜国麟. FDI与环境规制: 基于地方分权视角的实证研究 [J]. 经济研究, 2011 (6): 133-145.

[367] 朱希伟, 金祥荣, 罗德明. 国内市场分割与中国的出口贸易扩张 [J]. 经济研究, 2005 (12): 68-76.

[368] 祝树金, 赵玉龙. 资源错配与企业的出口行为——基于中国工业企业数据的经验研究 [J]. 金融研究, 2017 (11): 49-64.

[369] 庄贵阳. 低碳经济: 气候变化背景下中国的发展之路 [M]. 北京: 气象出版社, 2007.

[370] 踪家峰, 岳耀民. 官员交流、任期与经济一体化——来自省级经验的证据 [J]. 公共管理学报, 2013 (4): 57-67.

[371] 踪家峰, 周亮. 市场分割、要素扭曲与产业升级——来自中国的证据 (1998-2007) [J]. 经济管理, 2013 (1): 23-33.